复旦大学韩国研究丛书

中文社会科学引文索引（CSSCI）来源集刊
中国学术期刊综合评价数据库（CNKI）来源集刊
万方数据（WANFANG DATA）来源集刊

复旦大学韩国研究中心 编

韩国研究论丛

CHINESE JOURNAL OF KOREAN STUDIES

总第四十一辑

（2021年第一辑）

社会科学文献出版社
SOCIAL SCIENCES ACADEMIC PRESS (CHINA)

为适应我国信息化建设，扩大本论丛及作者知识信息交流渠道，本论丛已被《中国学术期刊网络出版总库》（CAJD）、CNKI 及万方数据等系列数据库收录，其作者文章著作权使用费与本论丛稿酬一次性给付。免费提供作者文章引用统计分析资料。如作者不同意文章被收录，请在来稿时向本论丛声明，本论丛将做适当处理。

이 학술지는 2021 년도 한국학중앙연구원 해외한국학지원사업의 지원에 의하여 발행되었음（AKS‐2021‐P‐007）.

This publication was supported by the 2021 Korean Studies Grant Program of the Academy of Korean Studies（AKS‐2021‐P‐007）.

目录
CONTENTS

政治与外交

历史与文化

社会与经济

CONTENTS

Politics and Diplomacy

History and Culture

Economy and Society

..

CONTENTS

政治与外交

韩国的中东外交：现状、动因与前景

邢丽菊　赵　婧

【内容提要】韩国的中东外交始于 1957 年与土耳其建交，至今已发展 60 余年。在政治关系上，以"推销外交"和"贡献外交"为主；经济外交方面，能源和基建合作仍然占据较大比例，高科技项目需求上升，官方发展援助继续维持；文化外交方面，"韩流"是主要资源。韩国中东外交愈加积极的动因是结构制约和需求激励，前者包括韩美同盟、日本和朝鲜因素的影响，后者涉及韩国和中东国家当前的现实需求。未来，韩国中东外交将更多地表现为参与中东区域安全和发展治理。

【关键词】韩国　韩国外交　中等强国外交战略　中东　区域治理

【作者简介】邢丽菊，复旦大学国际问题研究院教授、博士生导师，主要从事中韩关系、文化与国际关系等研究；赵婧，复旦大学国际关系与公共事务学院博士生，主要从事文化与国际关系研究。

自 20 世纪 90 年代起，韩国开始塑造和宣传"中等强国"的国家身份与形象，践行中等强国外交战略是建立和维护中等强国形象的重要途径。具体而言，在政治和安全领域，协调和均衡大国关系与地区安全结构；在经济和发展领域，以自身经济实力为基础，通过区域和国际多边机制发挥经济领导力；在文化领域，继续开展公共外交和人文交流，强化软实力优势。[1]中等强国外交战略的实施要求韩国的外交目光不再局限于东北亚，而是积极拓

---

[1]　邢丽菊、安波：《韩国中等强国领导力的发展演变及特征》，《复旦国际关系评论》2020 年第 2 辑（总第 27 辑），上海人民出版社，2020，第 168～187 页。

展外交版图，与国际社会中各类国家打好交道。

　　韩国与中东国家在地理上相距较远，被东亚、中亚和南亚隔开，但双方同处于国际政治热点板块的枢纽位置，国内外环境受到大国竞争和博弈的影响，这种无形的"政治处境"将两地联系起来。以 1957 年韩国与土耳其建交为起点，[①] 韩国与中东国家关系的关键词不断变化，从 20 世纪 70 年代的"石油""基建"到 90 年代的"韩流"，再到 21 世纪以多元化发展为导向的"科技"和"人文"，韩国的中东外交也在其中等强国外交战略的全球视野下多方位铺开。

一　韩国的中东外交概况

　　韩国的中东外交从 1957 年与土耳其建交开始，经历了 60 多年的发展。当前，其外交成果在政治、经济和文化三大领域显现出来。从政治关系来看，以经济合作驱动的"推销外交"方兴未艾，致力于维护地区和平与稳定的"贡献外交"继续保持；经济外交方面，能源和建筑行业依然是主渠道，科技经济合作开始兴起，提供官方发展援助（ODA）也是经济外交的一部分；文化外交方面，以影视作品、流行音乐、饮食、服饰和美妆等为代表的韩国文化产业在中东地区形成"韩流"。

（一）韩国与中东国家的政治关系

　　冷战时期，韩国与中东国家陆续建交。1957 年韩土建交，在随后的 60年代，韩国先后同以色列、约旦、沙特阿拉伯和伊朗以及摩洛哥、利比亚和突尼斯建立了外交关系。[②] 目前为止，韩国在中东仅与叙利亚和巴勒斯坦未正式建交。[③] 其间影响韩国中东外交的主要因素发生了变化。在 20 世纪五

---

① 在韩国外交部网站上，土耳其被划归为欧洲国家，本文仍按照国内学界共识，将土耳其视为中东国家。参见 Ministry of Foreign Affairs of Republic of Korea, http：//www. mofa. go. kr/eng/nation/m_ 4902/view. do? seq = 125。

② 参见 Ministry of Foreign Affairs of Republic of Korea, "Middle East", http：//www. mofa. go. kr/eng/wpge/m_ 4911/contents. do。值得注意的是，1962 年韩国与伊朗建交时，巴列维王朝统治下的伊朗在对外政策上亲美。

③ 2005 年，韩国在巴勒斯坦设立办事处。参见 Representative Office of the Republic of Korea to Palestine, http：//overseas. mofa. go. kr/ps - en/index. do。

六十年代，韩国在中东选择建交国基本上出于国家安全和国际承认的考虑，前者是指优先与亲美国的中东国家开展政治交往，后者意为在朝鲜半岛南北分裂的背景下争取更多的国际社会承认。至70年代，在石油完全依赖进口及1973年石油危机的共同作用下，韩国开始更多地从石油安全和海外市场角度出发来调整中东政策。

冷战结束以来，在双方经济互有需求的背景下，韩国与中东国家的政治关系逐步升温，韩国的中东外交呈现更加积极主动的态势，突出表现是首脑外交和高层访问。2015年3月，韩国总统朴槿惠访问科威特、沙特阿拉伯、阿联酋和卡塔尔四个海湾阿拉伯国家合作委员会（GCC）成员国。2016年5月，朴槿惠出访伊朗，这是自1962年两国建交以来韩国总统首次访伊。2018年3月，文在寅总统访问阿联酋，阿联酋是韩国在中东的第一大贸易伙伴。同年12月，国务总理李洛渊访问马格里布国家阿尔及利亚、突尼斯和摩洛哥，2019年4月、7月分别到访科威特和卡塔尔，为韩国企业进入当地市场进行"推销外交"。①

韩国中东外交的另一大亮点是国际贡献外交，主要指参与联合国在中东地区的维和行动（PKO）。② 1993年，韩国派出工兵营前往索马里，这是其1991年成为联合国会员国后首次参与维和行动。③ 2007年，联合国批准韩国向黎巴嫩派驻维和部队。东明部队在当地进行医疗救助、铺设道路和维修公共设施等，被联合国驻黎临时部队评为最佳维和部队。④ 在新冠肺炎疫情

---

① 参见韩国外交部网站及韩联社相关报道，Ministry of Foreign Affairs of Republic of Korea，"The ROK-Middle East Relations"，http：//www. mofa. go. kr/eng/wpge/m_ 4911/contents. do；"Park to Meet with Rouhani，Supreme Leader"，Yonhap News Agency，May 2，2016，https：// en. yna. co. kr/view/AEN20160502000300315？section = search；"Leaders of S. Korea，UAE Agree to Upgrade Ties，Boost Economic Cooperation"，Yonhap News Agency，March 25，2018，https：// en. yna. co. kr/view/AEN20180325000200315？section = search；"PM Embarks on Three-Nation African Trip for Economic Cooperation"，Yonhap News Agency，December 16，2018，https：// en. yna. co. kr/view/AEN20181216000600325？section = search。

② 钮松：《伊斯兰教与韩国的中东外交》，《阿拉伯世界研究》2010年第2期，第30页。该文将韩国对中东国家的官方发展援助视为前者国际贡献外交的一部分，本文则将其划归经济外交。

③ Sangtu Ko，"Korea's Middle Power Activism and Peacekeeping Operations"，*Asia Europe Journal*，No. 10，2012，p. 292。

④ 《韩派兵黎巴嫩维和十年 创驻军最久纪录》，韩联社，2017年7月20日，https：//cn. yna. co. kr/view/ACK20170720004800881？section = search。东明部队（Dongmyung Unit）是指在黎巴嫩参加联合国维和行动的韩国部队。

全球暴发的背景下，韩国外交部强调要在官兵做好防护的基础上继续执行在黎维和行动，为全球和平事业作出贡献。①

（二）韩国的中东经济外交

韩国开展中东经济外交的基础是本国经济实力的增长。韩国经济在 20 世纪 70～90 年代飞速发展，韩国从接受国际社会援助的最穷国家发展为有能力向其他国家提供发展援助的经济大国。② 韩国及其经济腾飞现象被国际社会誉为"亚洲四小龙"和"汉江奇迹"。进入 21 世纪，已跻身发达国家行列的韩国经济表现依然不俗。根据国际货币基金组织（IMF）的数据，21 世纪前 10 年即 2000～2009 年，韩国经济平均增速为 4.92%，高于世界发达经济体的经济平均增速 1.83%；第二个 10 年即 2010～2019 年该数据为 3.31%，高于发达经济体的 2.02%。③

提到韩国和中东国家的经济关系，首要相关的就是能源业和建筑工程。作为一个石油完全依赖进口的国家，韩国十分重视与中东产油国的关系，近年来开始在当地的油田开发中享有大额股权。2012 年 3 月，韩国国家石油公司（KNOC）和 GS 集团分别以 30% 和 10% 的股权与阿布扎比国家石油公司（ADNOC）共同开发位于阿布扎比酋长国东南边境的哈利巴油田。④ 此外，早在 1997 年，韩国就参与了也门南部巴尔哈夫天然气项目，拥有 21.43% 的股权。⑤ 在建筑工程方面，韩国在 21 世纪头 10 年掀起了第二波"中东热潮"。⑥ 以 2014 年为例，韩国海外建筑工程订单总额在半年内就突破了 300 亿美元，其中来自中东国家的项目总额接近 246 亿美元，占

① "Foreign Ministry Calls for Continued Presence of S. Korea Peacekeeping Unit in Lebanon, South Sudan", Yonhap News Agency, September 11, 2020, https: //en. yna. co. kr/view/AEN2020091 1009400325? section = search.

② 《［光复 70 年回顾］韩国从世界最贫国晋升全球第 13 大经济体》，韩联社，2015 年 8 月 10 日，https: //cn. yna. co. kr/view/ACK20150804001300881? section = search。

③ 笔者根据 IMF 数据计算整理而得。International Monetary Fund, "Real GDP Growth", https: //www. imf. org/external/datamapper/NGDP_ RPCH@ WEO/OEMDC/ADVEC/WEOWORLD/KOR。

④ Korea National Oil Corporation, "U. A. E. Al Dhafra", https: //www. knoc. co. kr/ENG/sub03/sub03_ 1_ 5_ 3. jsp.

⑤ Korea National Oil Corporation, "Yemen LNG", https: //www. knoc. co. kr/ENG/sub03/sub03_ 1_ 5_ 2. jsp。2015 年 4 月以来，受也门内战影响，相关设施关闭。

⑥ 韩国建筑业的第一波"中东热潮"发生在 20 世纪 70 年代，大量韩国建筑企业进入沙特阿拉伯、科威特等中东国家市场。

80.51%，位列第一。① 在韩国企业进入中东市场的过程中，韩国政府扩大资金援助规模，通过财政支持和税收优惠吸引更多外国投资者投资韩国项目，这是韩国中东经济外交的重要组成部分。②

官方发展援助政策是韩国外交政策的重要组成部分，20世纪50年代开始至今，韩国经历了从受援国到受援国与援助国双重身份，再发展为净援助国的身份转变。③ 向中东国家提供官方发展援助是韩国中东经济外交不可忽视的一项内容。约旦、伊拉克、叙利亚、黎巴嫩和伊朗五个中东国家受到来自韩国的官方发展援助，在韩国对外双边援助中占比10%，主要内容包括参与伊拉克的战后重建，在这些国家开展教育援助、职业培训和卫生服务，以及进行水、电、网等基础设施网络的建设。④ 在2006～2015年的10年里，韩国向约旦、伊拉克、叙利亚、黎巴嫩和伊朗提供的官方发展援助数据分别是1.7776亿美元、1.9608亿美元、0.2667亿美元、0.2257亿美元和0.0777亿美元。⑤ 此外，韩国还向约旦河西岸和加沙地带提供援助。

表1 韩国向中东国家提供的官方发展援助（2006～2015年）

单位：百万美元

国家/地区	2006	2007	2008	2009	2010	2011	2012	2013	2014	2015
约旦	3.23	2.26	12.02	3.90	11.53	29.32	23.60	14.85	40.16	36.89
伊拉克	57.09	53.62	9.76	6.55	11.88	5.29	8.03	12.49	18.12	13.25
叙利亚	0.95	0.30	0.10	0.01	0.17	0.02	2.61	4.00	8.65	9.86
黎巴嫩	0.68	5.82	5.07	2.85	1.82	1.58	0.87	0.93	1.45	1.50
伊朗	0.60	4.85	0.66	0.11	0.35	0.36	0.27	0.04	0.30	0.23
约旦河西岸和加沙地带	1.21	0.96	2.41	7.32	7.38	3.22	5.18	4.40	5.53	5.05

资料来源：ODA Korea, "The Middle East", https://www.odakorea.go.kr/eng.result.Region Country_TheMiddleEast.do。

① 《韩国海外工程订单额在最短时间内破300亿美元》，韩联社，2014年5月28日，https://cn.yna.co.kr/view/ACK20140528000700881? section=search。

② 《韩政府拟提供280亿元资金力促韩企参与中东成套项目》，韩联社，2015年3月19日，https://cn.yna.co.kr/view/ACK20150319000600881? section=search。

③ 王圆：《韩国官方开发援助（ODA）发展历史与现状探析》，《东亚评论》2019年第2期，第181页。

④ ODA Korea, "The Middle East", https://www.odakorea.go.kr/eng.result.RegionCountry_TheMiddleEast.do.

⑤ ODA Korea, "The Middle East", https://www.odakorea.go.kr/eng.result.RegionCountry_TheMiddleEast.do.

（三）韩国的中东文化外交

韩国中东文化外交的主要表现是在政府的支持下，其文化产业在中东地区持续输出并随之形成"韩流"现象。韩国国际交流财团发布的《2020 地球村"韩流"现状》报告显示，截至 2020 年 9 月，"韩流"同好会会员历史上首次突破 1 亿人次，同比增长 5.5%；其中，中东和非洲增幅最大，从30 万人次增至 120 万人次。①

韩国影视剧是率先进入中东文化市场的"韩流"产品。2004 年，韩剧《蓝色生死恋》和《冬季恋歌》在埃及播放，成为韩剧进入中东的先声。2005 年，《海神》在土耳其播出，约旦、突尼斯和伊拉克也在同时热播《冬季恋歌》和《海神》；古装剧《大长今》则在伊朗创下近 90% 的收视纪录。② 2011 年 10 月 28 日至 11 月 3 日，由韩国广播通信委员会主办、韩国网络振兴院承办的"中东地区电视节目展示会"相继在土耳其伊斯坦布尔、埃及开罗和阿联酋迪拜举行，其间签订了数部韩剧的销售合约，有关节目交换和联合制作等内容也在商讨之列。③

近年来，韩国流行音乐（K-POP）和偶像团体在中东形成了巨大的文化影响力。2016 年 3 月，"韩流"文化主体庆典"KCON"在阿联酋阿布扎比最大的室外演出地 Du Arena 举行，这是该庆典首次在中东举办，"防弹少年团"等偶像团体及歌手登台演唱，吸引了来自阿联酋、埃及、沙特阿拉伯和科威特等国 8000 余人参加。④ 2018 年 1 月，韩国男子偶像团体 EXO 首次到迪拜开展活动，引发当地媒体热议 K-POP；7 月 14 日晚，在世界第一高建筑迪拜哈利法塔举行以 EXO 为主题的灯光秀，EXO 成为全球首个亮相

① 《全世界"韩流"粉丝突破 1 亿大关》，韩联社，2021 年 1 月 14 日，https：//cn. yna. co. kr/view/ACK20210114003600881？ section = search。

② 郝会娟：《韩国对中东的"韩流"外交》，《新财经》（理论版）2013 年 6 月（上），第 394 页；《"韩流"风潮席卷中东》，中国驻埃及大使馆经济商务处，2014 年 3 月 24 日，http：//eg. mofcom. gov. cn/article/ab/201403/20140300527483. shtml。

③ 《"韩流"将在中东再次劲吹》，韩联社，2011 年 11 月 3 日，https：//cn. yna. co. kr/view/ACK20111103002900881？ section = search。

④ 《K-POP 吹至中东 大型"韩流"庆典在阿联酋落幕》，韩联社，2016 年 3 月 28 日，https：//cn. yna. co. kr/view/ACK20160328000700881？ section = search。

哈利法塔灯光秀的偶像团体。^① 韩国国际广播电台阿拉伯语频道的主播表示每天会收到很多来自海湾国家、埃及、阿尔及利亚乃至叙利亚听众的电话和信件，K-POP 在中东不再是"地下文化"或亚文化，它已经跻身主流文化。^②

除了影视作品和流行音乐，韩国饮食、语言、服饰及美妆等也是韩国中东文化外交的重要抓手。一方面，韩国电视剧、电影和综艺节目等以"润物细无声"的方式将韩餐、韩语等呈现给中东地区的观众；另一方面，演唱会和推介会等线下活动使中东民众更直观地感受到韩国文化的魅力，进而带动了对相关产品的消费。2018 年上半年，韩国第一化妆品集团爱茉莉太平洋旗下彩妆品牌"伊蒂之屋"入驻迪拜购物中心，其受欢迎程度被"伊蒂之屋"发言人评价为"我们收到了热烈反响，开业两小时前就有很多人在外等候了，好像这个地区的每个人都喜欢韩国品牌"。^③ 德国和意大利的化妆品曾长期占据阿联酋美妆市场，但现在韩国化妆品因"物美价廉"越来越受到当地女性的欢迎。^④

二 结构制约与需求对接：韩国开展中东外交的动因分析

整体结构与单元功能是考察国际关系问题的重要视角。影响韩国中东外交的结构性因素有韩美同盟以及来自日本和朝鲜的压力，其中美国因素作用最大。就单元功能而言，主体和客体的需求是激励外交活动的主要动因。概言之，中等强国外交战略的布局及具体的经济往来利益是韩国开展中东外交的牵引力，中东国家经济和文化多元化的发展趋势是韩国进一步推动中东外交的契合点。

① 《"K-POP 王者"EXO 首次到访，震撼迪拜》，环球网，2018 年 1 月 18 日，https：//ent. huanqiu. com/article/9CaKrnK6oyz；《EXO 亮相世界第一高楼灯光秀》，韩联社，2018 年 7 月 15 日，https：//cn. yna. co. kr/view/ACK20180715000500881？section = search。

② "Why the Middle East Loves K-Pop", Gulf News, March 24, 2018, https：//gulfnews. com/entertainment/music/why－the－middle－east－loves－k－pop－1. 2193578.

③ "Many Takers for K-Beauty too", Gulf News, April 11, 2018, https：//gulfnews. com/lifestyle/fashion/many－takers－for－k－beauty－too－1. 2203817.

④ "Many Takers for K-Beauty too", Gulf News, April 11, 2018, https：//gulfnews. com/lifestyle/fashion/many－takers－for－k－beauty－too－1. 2203817.

（一）结构性因素对韩国中东外交的框定与制约

本文把对韩国中东外交产生直接影响的国际和地区力量分配情况归为结构性因素。① 第一，韩美同盟的框定与制约。韩美同盟对韩国中东外交的影响主要表现在两个方面：一是韩国与中东地区的亲美国家特别是美国的中东盟友关系更为密切；二是韩国与中东地区反美国家的关系受到美国中东政策的制约。韩国与土耳其、以色列、埃及和沙特阿拉伯、阿联酋等海湾国家在经贸、文化乃至军事上往来较多，它们是韩国中东外交的支点国家，一个基本的共同属性就是美国的盟友身份。1978 年伊斯兰革命以来，中东地区大国伊朗在对外政策上走"反美路线"，韩伊关系受到韩美同盟和美伊关系的共同影响。2021 年 1 月 4 日，韩籍运输船在波斯湾被伊朗伊斯兰革命卫队扣留，伊方的理由是该船"违反海洋环境相关法律条例"，而韩方认为与其冻结伊朗在韩资产有关；2 月 3 日，韩国外交部表示，韩美就通过技术方式解冻伊朗在韩资金达成一致，有望按照伊方的提议缴纳其拖欠的联合国会费，此前一天伊朗宣布将释放全体船员。② 可以看出，化解此次危机的关键就在于拜登政府同意韩国解冻伊朗在韩资产，韩美同盟是框定和制约韩国中东外交最重要的结构性因素。

第二，日本的竞争压力。在地区层面，韩国十分关注日本的发展和动向，日本在中东愈加积极主动的外交姿态在客观上给韩国带来了压力。尽管对中东的外交本身不构成韩日关系的结构性矛盾，但日本的中东外交的确是影响韩国中东外交的结构性因素。20 世纪，日本的中东外交具有鲜明的经济外交特征，主要目标是保证能源供应安全；③ 21 世纪头 10 年以后，在确保能源供应安全这一核心利益的基础上，日本开始谋求在中东的政治影响力和外交干预力。④ 安倍首相 2019 年 6 月访问伊朗，这是日本首相 41 年以来首次访伊，此行的重要外交意涵是日本试图扮演美国和伊朗之间的斡旋者。

---

① 有关主流国际关系理论的结构观，参见薛力《国际关系的结构概念》，《国际政治科学》2007 年第 3 期，第 130 ~ 154 页。

② 《韩外交部：被冻结油钱有望为伊朗缴联合国会费》，韩联社，2021 年 2 月 3 日，https：//cn. yna. co. kr/view/ACK20210203006800881？ section = search。

③ 林晓光：《战后日本的中东外交》，《日本学刊》1991 年第 2 期，第 90 页。

④ 林晓光：《日本的中东外交：以安倍首相访问伊朗为中心》，爱思想，2019 年 10 月 18 日，http：//www. aisixiang. com/data/118610. html。

面对日本中东外交的转型，韩国也开始更加重视中东在其外交版图中的位置和作用。

第三，朝鲜因素。韩朝在对外关系方面的对立与抗争在中东外交中也有所体现，具体包括在政治、军事、经济和文化领域分别与亲西方和反西方的国家开展互动与合作。① 二战结束至今，韩国在中东的外交日趋活跃，且不断取得外交成果，而朝鲜在中东的外交空间则逐渐缩小。② 2021 年初，联合国安理会一份涉朝报告显示，朝鲜和伊朗恢复了在远程导弹开发项目上的合作，彭博社称朝伊长期保持着秘密互惠关系。③ 尽管朝鲜中东外交的空间有限，但其与伊朗等国的关系对韩国来说仍属于要保持高度警惕的"敏感事项"。

（二）韩国外交的战略布局与利益需求

从外交主体韩国方面来看，宏观的外交战略布局和具体的国家利益需求是其开展中东外交的主要动因。

首先，地区外交是一个国家整体外交的有机组成部分，韩国的中等强国外交战略自我要求全方位提升国家外交能力和增强国际影响力，其内涵就自然包括了在中东地区开展更为活跃的外交。以金泳三政府（1993~1998 年）为起点，韩国政府开始建构其中等强国身份；2008 年李明博政府（2008~2013 年）提出"全球韩国"战略，正式使用中等强国概念来明确自身定位。④ 2020 年 5 月，文在寅总统发表就职三周年特别演讲，他着重指出韩国在抗疫方面已经走在世界前列，团结和支援其他国家的精神和行为成为韩国国际领导力的源泉，"我们的目标是成为引领世界的大韩民国"。⑤ 12 月，韩国外交部长康京和在巴林出席第 16 届麦纳麦对话会，其间与巴林、伊拉克和沙特阿拉伯等中东国家外长会面，共同商讨防疫工作及此后在经济和文

① 参见邢新宇《朝韩中东外交比较研究》，知识产权出版社，2016。
② 邢新宇：《朝韩中东外交比较研究》，知识产权出版社，2016，第 173 页。
③ 《安理会涉朝报告声称伊朝朝鲜秘密合作，拜登政府"更难了"？》，澎湃新闻，2021 年 2 月 9 日，https://www.thepaper.cn/newsDetail_forward_11287089。
④ 详见张群《韩国中等强国身份建构的路径与前景》，《韩国研究论丛》2016 年第 2 辑，总第 32 辑，社会科学文献出版社，2017，第 46~48 页。
⑤ Cheong Wa Dae, "Special Address by President Moon Jae-in to Mark Three Years in Office", May 10, 2020, http://english1.president.go.kr/BriefingSpeeches/Speeches/820.

化领域的合作。① 可见，开展中东外交是韩国中等强国外交战略布局中的重要一环，也是韩国在疫情防控常态化时代参与全球治理和地区治理的实践舞台。

其次，利益需求是驱使韩国发展与中东国家关系的强劲动力。一方面，从进口需求来看，韩国对中东国家的石油依赖度较高。2018～2020 年，韩国的石油贸易逆差额分别约为 804 亿美元、703 亿美元和 445 亿美元，主要源自沙特阿拉伯、阿联酋及科威特等中东产油国。② 另一方面，从出口需求来看，海外市场是韩国外向型经济发展的"必需品"，包括中东在内的亚太以外地区是其拓宽海外市场的新方向。根据韩国海关总署公布的数据，2018～2020 年，韩国对中东地区的出口额分别占其出口总额的 3.57%、3.25% 和 2.85%，份额不高，但仍是不可忽视的一部分。③ 卡塔尔石油公司于2020年 6 月宣布与韩国三大造船企业签署了规模高达 23.6 万亿韩元（约合人民币 1374 亿元）的液化天然气（LNG）船舶订单，青瓦台发言人称这是文在寅政府积极开展经济外交取得的成果，双边合作已经扩展至医疗、信息通信技术等领域，韩国近期为卡塔尔提供新冠病毒诊断设备也为双方的合作关系打下了基础。④

表 2　韩国与主要中东国家的贸易情况（2018～2020 年）

单位：亿美元

国家	2018 年			2019 年			2020 年		
	出口额	进口额	差额	出口额	进口额	差额	出口额	进口额	差额
阿联酋	45.9	92.9	-47.0	34.7	89.9	-55.2	36.5	56.9	-20.4
沙特阿拉伯	39.5	263.4	-223.9	37.0	218.4	-181.4	33.0	159.8	-126.8

① 《韩外长会见中东多国外长共商合作方案》，韩联社，2020 年 12 月 6 日，https：//cn. yna. co. kr/view/ACK20201206000300881？section = search。

② Korea Customs Service，"Trade Statistics-by HS Code"，https：//unipass. customs. go. kr/ets/index_ eng. do.

③ 2018 年，韩国出口总额为 6048.6 亿美元，出口中东地区 216.2 亿美元；2019 年，韩国出口总额为 5422.3 亿美元，出口中东地区 176.2 亿美元；2020 年，韩国出口总额为 5125.0 亿美元，出口中东地区 146.3 亿美元。需要注意的是，这里统计的韩国向中东地区出口的数据不包括土耳其和北非国家，因此实际占比更高。详见 Korea Customs Service，"Trade Statistics-by Continent"，https：//unipass. customs. go. kr/ets/index_ eng. do。

④ 《韩国三大船企签下卡塔尔 LNG 船逾千亿大单》，韩联社，2020 年 6 月 2 日，https：//cn. yna. co. kr/view/ACK20200602001000881？section = search；《韩青瓦台评韩企承揽造船大单为经济外交成果》，韩联社，2020 年 6 月 4 日，https：//cn. yna. co. kr/view/ACK20200604004500881？section = search。

续表

国家	2018 年			2019 年			2020 年		
	出口额	进口额	差额	出口额	进口额	差额	出口额	进口额	差额
埃　及	18.5	3.1	15.4	15.7	2.8	12.9	12.2	3.5	8.7
土耳其	59.8	11.9	47.9	53.0	11.9	41.1	55.4	13.2	42.2
以色列	14.5	12.7	1.8	14.3	9.0	5.3	14.2	10.8	3.4
伊　朗	23.0	40.9	−17.9	2.8	21.3	−18.5	1.9	0.1	1.8

资料来源：笔者根据韩国海关总署公布的数据整理而得。Korea Customs Service, "Trade Statistics-by Country", https：//unipass. customs. go. kr/ets/index_ eng. do。

（三）中东国家的发展需求

从外交客体中东国家来分析，其经济与文化领域的多元化发展需求与韩国经济和文化产业发展特色的契合性是后者更加积极有效地进行中东外交的重要动因。

其一，韩国高科技产业的发展与中东国家寻求经济多元化改革与发展的需求相匹配。中东国家在核能、水技术、通信技术和人工智能等领域存在需求缺口，而这正是韩国相关部门和企业在当地进行需求供给的机遇。近年来，中东主要国家都推出了致力于经济结构转型的国家发展计划，以突破过度依赖石油的单一经济结构，如沙特阿拉伯 2016 年发布的"2030 愿景"和阿联酋 2017 年启动的"2071 百年计划"。目前来看，阿联酋的经济多元化改革较为成功，非石油产业比重不断上升，并已逐步成为中东地区的金融、商贸和旅游中心。①《自然》杂志增刊"2020 自然指数年度榜单"显示，在自然科学领域，韩国的高质量科研产出排名全球第九位、亚洲第三位；② 在《2020 年全球创新指数报告》中，韩国位居全球第十名、亚洲第二名。③ 巴拉卡核电项目就是韩国与阿联酋通过科技创新合作激发经济转型潜能的典型例证。韩阿双方于 2009 年 12 月签下订单，1 号机组 2020 年 8 月成功实现电

---

① 《海湾国家力促经济多元化》，《人民日报》2020 年 8 月 6 日，第 17 版。

② "Ten Countries with High-Performing Hubs of Natural-Sciences Research", *Nature*, April 29, 2020, https：//www. nature. com/articles/d41586 - 020 - 01229 - 4.

③ Soumitra Dutta, Bruno Lanvin and Sacha Wunsch-Vincent, "Global Innovation Index 2020", World Intellectual Property Organization, https：//www. wipo. int/edocs/pubdocs/en/wipo_ pub_ gii_ 2020. pdf.

网并联供电，4 座韩国型核电机组全部启用后可提供阿联酋全国所需电力的25%，阿联酋也由此成为中东地区首个使用核电站的国家。[①]

其二，韩国文化产业的形式和内容与中东社会思想文化发展的新趋势存在结合点，包括当地民众对流行时尚的追求和女性意识的觉醒等，与此同时，年轻化的人口结构为"韩流"产品进入中东市场提供了基础，社交媒体的发达为信息的传播与观念的互动创造了有利条件。此外，韩国文化中的一些传统因素也比较符合中东当地的实际情况。例如，相比欧美国家的影视作品，韩剧和韩国电影在文化氛围相对保守的中东地区有着更高的接受度和普及率；再如，韩国传统食物泡菜在中东国家较受欢迎，阿联酋和卡塔尔 2020 年分别进口了价值 73 万美元和 23 万美元的韩国泡菜。[②]

三　区域治理与可持续发展：韩国中东外交的前景

韩国中东外交的前景取决于外交主体的意愿和能力，以及外交环境的具体情况。就意愿和能力而言，韩国希望中东地区成为其实践中等强国外交战略的一个板块，而根据自身的政治、经济和文化能力参与区域治理是较为务实的选择。就外交政策的实施环境来看，中东地区的安全问题和发展问题具有联动性，参与其安全和发展治理对韩国来说是更具前景的外交途径。

（一）通过贡献外交和斡旋外交参与区域安全治理

中东地区安全形势复杂，是国际安全热点问题的集中区域，可借鉴如下三组矛盾来形容当前的中东地区安全："分与合"，即民族自治乃至独立与国家统一之间的张力；"遏制与反遏制"，即域外大国与地区国家之间的地

---

① 《韩国承建阿联酋首座核电机组获运行许可》，韩联社，2020 年 2 月 17 日，https：//cn. yna. co. kr/view/ACK20200217006400881？section = search；《韩国承建阿联酋核电站首供电成功》，韩联社，2020 年 8 月 19 日，https：//cn. yna. co. kr/view/ACK20200819005400881？section = search。

② 《2020 年韩国泡菜出口同比约增 38% 创新高》，韩联社，2021 年 2 月 8 日，https：//cn. yna. co. kr/view/ACK20210208000400881？section = search。

缘政治冲突；"恐怖与反恐"则涉及非传统安全恐怖主义问题。① 从近期来看，在海湾、东地中海和马格里布这三个次级安全复合体②中，出现了阿拉伯国家和以色列联合制衡伊朗、土耳其的趋势，③ 具体表现是：在海湾次级复合体中，伊朗是阿以共同的敌人；在东地中海次级复合体中，土耳其成为阿以的对手。

在这样的安全形势下，韩国通过延续传统的国际贡献外交参与中东区域安全治理，并根据新情况和新变化的出现丰富国际贡献外交的内容，特别是将非传统安全议题纳入外交议程。巴里·布赞（Barry Buzan）指出，"关键事件"是国际安全研究演化的五种驱动力之一，④ 新冠肺炎疫情无疑是对国际安全及其研究产生影响的关键事件，公共卫生安全和生物安全的重要性凸显出来。韩国领导人在多个场合表示，"韩式防疫"树立了世界典范，愿与其他国家开展防疫合作。⑤ 韩国外长康京和2020年末到访巴林和阿联酋，韩国国会议长朴炳锡2021年初访问巴林，韩方表达了联合防疫和共同进行卫生治理的合作愿望。⑥ 中东地区各国公共卫生体系的建设水平差距较大，很多国家都急需国际社会的卫生援助，韩国在中东进行卫生外交是在非传统安全领域参与中东区域安全治理的有效途径，这也是对传统上以维和为主要

① 孙德刚：《从顺势到谋势：论中国特色的中东安全治理观》，《复旦学报》（社会科学版）2020年第5期，第181页。

② 巴里·布赞和奥利·维夫认为中东地区是一个标准的地区安全复合体，它逐渐发展为三个次级复合体，"两个主要次级复合体的中心分别在地中海东部地区和海湾地区，一个相对较弱的次级复合体在马格里布地区"。参见〔英〕巴里·布赞、〔丹〕奥利·维夫《地区安全复合体与国际安全结构》，潘忠岐等译，上海人民出版社，2010，第177~206页。

③ 目前，埃及、约旦、阿联酋和巴林4个阿拉伯国家与以色列达成和平协议，苏丹和以色列于2020年10月同意实现关系正常化，摩洛哥和以色列于2020年12月同意建立全面外交关系。具体分析可参考文少彪《以色列与阿拉伯国家缘何走近》，《中国国防报》2020年10月26日，第4版。

④ 〔英〕巴里·布赞：《论非传统安全研究的理论框架》，余潇枫译，《世界经济与政治》2010年第1期，第127~128页。其他四种驱动力分别是大国政治、技术发展、学术争论和制度化。

⑤ 《韩总理：韩自主研发新冠疫苗有望明年底亮相》，韩联社，2020年12月31日，https：//cn. yna. co. kr/view/ACK20201231002400881？ section = search。

⑥ 《康京和麦纳麦对话会演讲强调国际社会携手共克疫情》，韩联社，2020年12月6日，https：//cn. yna. co. kr/view/ACK20201206000600881？ section = search；《韩阿联酋外长会晤共谋疫情下深化合作》，韩联社，2020年12月6日，https：//cn. yna. co. kr/view/ACK20201206002700881？ section = search；《韩国国会议长朴炳锡拜会巴林王储萨勒曼》，韩联社，2021年2月16日，https：//cn. yna. co. kr/view/ACK20210216001000881？ section = search。

内容的国际贡献外交的新拓展。

除了国际贡献外交，韩国还通过斡旋外交参与中东区域安全治理。通常认为，斡旋意味着第三方以建设性的方式介入解决冲突和危机，[①] 斡旋外交是一种外交类型，即"主权国家或国际组织作为中立的第三方，主动以非强制方式介入冲突，以和平方式管理危机和化解冲突的行为"。[②] 韩国在斡旋外交方面较为成功的实践是促成朝美首脑会谈，[③] 相较而言，其在中东地区进行斡旋外交的广度和深度是有限的，这与韩国的美国盟友身份密切相关，也受到日本试图斡旋美伊危机的影响。

（二）以可持续发展为导向参与区域发展治理

近些年，以联合国《2030 年可持续发展议程》为旗帜，"可持续发展"已经内化于主权国家和主要国际经济治理机制的发展战略及目标。作为以"全球韩国"为目标的中等强国，韩国在国内治理和国际倡议两个层面积极对接并落实《2030 年可持续发展议程》，包括经济、社会和环境领域的包容与普惠发展。[④] 如前文所述，中东地区的产油国在经济转型方面的需求是紧迫的，而一些经历战乱的国家首先需要的就是战后重建，它们的共同之处是关注发展问题和民生问题。由此可见，可持续发展是韩国外交的内化理念，也是中东国家面临的客观问题，以可持续发展为导向参与中东区域发展治理成为韩国中东外交的趋势所在。

一方面，抓住中东国家经济改革的机遇和潜能，参与区域发展治理。一是明确治理目标，治理的源起是共同问题的出现，目前中东地区存在的问题是发展不足和不可持续，且这一问题具有区域外溢性和议题联系性，韩国参与中东区域发展治理的目标是寻求以共同利益为基础的共同发展。二是激励治理主体，不同于统治，治理的主体是多元化的，韩国企业和社会团体是使区域发展治理更高效的参与者。三是体现治理价值，"全球治理的价值，就

---

① Jose Pascal da Rocha, "The Changing Nature of International Mediation", *Global Policy*, Vol. 10, No. 2, 2019, p. 101.

② 孙德刚：《中国在中东开展斡旋外交的动因分析》，《国际展望》2012 年第 6 期，第 19 页。

③ 参见牛晓萍《韩国文在寅政府的斡旋外交与朝美首脑会谈》，《当代韩国》2018 年第 2 期，第 28～37 页。

④ 参见李翠芳《韩国落实联合国可持续发展议程研究》，《当代韩国》2019 年第 4 期，第 14～31 页。

是全球治理的倡导者们在全球范围内所要达到的理想目标",① 韩国参与中东区域发展治理的价值，就是韩国在其中东外交特别是经济外交中所追求的可持续发展理念。

另一方面，与来自中东的中等强国在全球性和跨区域经济治理机制中开展合作。G20 在全球经济治理中的地位意涵着新兴大国的群体性崛起，也显示出中等强国群体的重要性，其中包括韩国和沙特阿拉伯、土耳其两个中东国家，这三个国家分别于 2010 年、2015 年和 2020 年举办 G20 第五次、第十次和第十五次峰会。韩国和沙、土两国在 G20 机制中加强对话与合作，并在引导和塑造议程中采取沟通与协商策略，有利于维护中等强国的共同身份和利益，由于沙、土两国在区域经济中的代表性，这也是韩国参与中东区域发展治理的方式之一。此外，成立于 2013 年的中等强国合作体（MIKTA）是韩国和土耳其在 G20 以外进行政策沟通的重要跨区域治理机制。②

（三）加强公共外交和人文交流

公共外交将继续在韩国中东外交中扮演关键角色。韩国政府 2010 年开始正式使用"公共外交"一词，并将这一年定为韩国的"公共外交元年"。公共外交是韩国外交的重要组成部分，其目标是：与世界分享韩国文化，加深外界对韩国的了解和理解，赢得更多国际社会对韩国政策的支持，促进公私伙伴关系。③ 韩国对中东的公共外交与韩国中东外交的政治、经济和文化三大板块都有所联系，并将进一步强化。在政治方面，表现为与国际贡献外交相联系的军事公共外交，韩国在黎巴嫩、伊拉克等地的维和行动就是典型案例，通过维和官兵与当地民众面对面的互动，展示了韩国的军事文化与人文关怀。④ 在经济和文化方面，"韩流"产品是韩国在中东开展公共外交最主要的资源，近几年"韩流粉丝"群体增长较快的地区就包括西亚和北非。

在发展公共外交的基础上，人文交流是服务于韩国中东外交的支柱之

---

① 俞可平：《全球治理引论》，《马克思主义与现实》2002 年第 1 期，第 25 页。

② 参见 MIKTA 网站，http：//www.mikta.org/；韩锋：《MIKTA——国际社会的新成员》，《东南亚研究》2014 年第 6 期，第 33～39 页；丁工：《中等强国在全球治理中的角色变化及趋势影响》，《亚太安全与海洋研究》2018 年第 3 期，第 38～39 页。

③ Ministry of Foreign Affairs of Republic of Korea, "Public Diplomacy of Korea", http://www.mofa.go.kr/eng/wpge/m_22841/contents.do.

④ 刘吉文：《韩国军事公共外交研究》，《公共外交季刊》2018 年第 3 期，第 91～92 页。

一。相比公共外交，人文交流的渠道更广泛、形式更多样、反应也更灵活，是促进国与国、人与人相互理解和尊重的文化沟通与交流活动。① 在政府层面，韩国政府大力支持与中东国家开展人文交流，在政策和资金上给予便利，并在土耳其、埃及和阿联酋开设韩国文化中心。② 在韩土建交60周年之际，韩国驻土耳其大使馆与土耳其文化旅游部共同举办纪念活动，以支持和增进两国间的文化及学术交流。③ 此外，民间力量不断壮大，韩国影视剧、流行音乐及"韩流"明星成为推动两地人文交流的重要引力。在疫情背景下，线上人文交流活动逐渐丰富起来，"韩流"文化盛典"KCON"2020年改为线上举办，并设计了观众可以参与的线上互动模块，吸引了包括中东"粉丝"在内的大规模观看群体，总计440万人次观看，比该庆典近8年来24场线下演出的观众总数多出4倍。④ 公共外交和人文交流是韩国中东外交的前景所在，这既源于韩国的文化资源优势和较为发达的公私伙伴关系，也在于中东地区文化多元化的发展趋势。总体来说，以"韩流"为引领的公共外交和人文交流将依然是韩国中东文化外交的主要形式。

四　结语

本文旨在对韩国中东外交的现状、动因和前景做一梳理和分析。韩国最初开始与中东国家往来是出于获得国际承认和加强韩美同盟的考虑，而后将保障能源安全和拓宽海外市场纳入考量。综观而言，当前的韩国中东外交在政治、经济和文化三大领域全面铺开。政治上，高层互动增多，"推销外交"和以维和为主的国际贡献外交表现突出；经济上，在能源和建筑等传统产业合作的基础上，高科技项目的需求越来越大，此外，韩国还向部分中东国家提供官方发展援助；文化上，"韩流"产品是韩国中东文化外交最主要的资源。

近年来韩国的中东外交愈加活跃和积极，究其原因，可概括为结构制约

---

① 邢丽菊：《人文交流与人类命运共同体建设》，《国际问题研究》2019年第6期，第12~15页。

② "The ROK-Middle East Relations", Ministry of Foreign Affairs of Republic of Korea, http：//www. mofa. go. kr/eng/wpge/m_ 4911/contents. do.

③ 《韩国与土耳其举办文化交流活动庆祝建交60周年》，环球网，2017年7月17日，https：//world. huanqiu. com/article/9CaKrnK47r0。

④ 《韩流文化盛典KCON线上演出吸引440万人观看》，韩联社，2020年10月26日，https：//cn. yna. co. kr/view/ACK20201026001700881？section = search。

与需求激励。从结构因素来说，韩美同盟对韩国的中东外交具有明显的框定和制约作用，韩日关系和韩朝关系的影响也不可忽视；从需求角度来看，韩国方面要实践其中等强国外交战略，且对中东的实际利益需求较大，而中东国家对经济转型的需求以及文化多样性的发展趋势也促使其"向东看"。面对越来越多的共同问题，国际社会最需要的是主体多元化的治理。韩国中东外交的前景也将落脚在区域安全和发展治理，包括通过国际贡献外交和斡旋外交参与区域安全治理，特别是共同应对公共卫生安全等非传统安全问题，以及充分利用中东经济改革的机遇参与区域发展治理，在国际和地区机制中加强发展战略的对话与合作。同时，继续保持"韩流"的吸引力，深化公共外交和人文交流，实现一个可持续发展的未来。

Republic of Korea's Middle East Diplomacy: Current Situation, Motivations and Prospects

Xing Liju, *Zhao Jing*

Abstract　Republic of Korea's Middle East diplomacy began with the establishment of diplomatic relations with Turkey in 1957, and it has been developing for more than 60 years. In terms of political relations, "Sales Diplomacy" and "Contribution Diplomacy" dominate; in terms of economic diplomacy, energy and infrastructure cooperation continue to occupy a large proportion, while demand for high-tech projects increases and ODA continues to be maintained; in terms of cultural diplomacy, "Hallyu" is the main resource. The motivations of ROK's increasingly active Middle East diplomacy are structural constraints, which include the influence of the ROK-US alliance, Japan and PRK factors, and demand incentives, which relate to the current real needs of ROK and Middle Eastern countries. In the future, ROK's Middle East diplomacy will be more manifested in participating in regional security and development governance in the Middle East.

Keywords　ROK; ROK's Diplomacy; Diplomatic Strategy as a Middle Power; Middle East; Regional Governance

外交型智库与韩国外交政策[*]

外交型智库与韩国外交政策[*]

陈　菲　王佳宁

【内容提要】 随着冷战后外交环境的变化，韩国国内民主化进程的推进以及全球化和地方自治的发展，韩国越来越多的社会行为体开始关注本国政府的外交政策。其中，韩国外交型智库对韩国外交政策的影响越来越大。韩国外交型智库主要通过三个途径影响韩国外交政策：一是通过学术活动及学术成果来影响相关政策；二是利用媒体和教育项目扩散影响；三是与其他智库、国际组织等开展合作研究活动。现阶段，韩国智库充分发挥作用仍受到自主性发展、资金、人才等多重因素的限制。

【关键词】 韩国　外交型智库　外交政策

【作者简介】 陈菲，华中师范大学政治与国际关系学院副教授，主要从事国际关系理论、"一带一路"、海洋安全研究；王佳宁，华中师范大学政治与国际关系学院国际关系专业 2019 级硕士研究生。

一　韩国智库和韩国外交型智库

现代意义的智库概念首先在美国出现，然后逐渐传播至西欧和日本，并向其他发展中国家不断扩散。一般来说，智库是一种相对稳定且独立的政策研究机构。[①] 肯特·韦弗（R. Kent Weaver）和詹姆斯·麦甘（James

---

＊　本文系教育部人文社科青年项目"基于大数据的'一带一路'安全保障研究"（项目编号：18YJCGJW002）的阶段性成果。

①　陈菲：《外交型智库与巴西外交政策》，《拉丁美洲研究》2016 年第 5 期，第 76 页。

G. McGann）指出，智库可以被描述为非营利组织，它们根据自己的独立研究在政策决策过程中提供建议。① 安德鲁·里奇（Andrew Rich）则将智库定义为："生产专业知识以及思想观念，并主要以此来获得支持并影响政策制定过程的，独立的、不以利益为基础的非营利组织。"② 尽管韩国研究型智库和咨询型智库的发展程度不如美国、英国等欧美国家，但是韩国智库大体符合智库的一般性定义，韩国智库的类型也基本符合国际智库的分类。韩国智库以政府感兴趣的政策研究为核心，以直接或者间接服务于政府为目的。

根据美国宾夕法尼亚大学智库与公民社会项目发布的《2019 年全球智库年度报告》，全球共有 8248 个智库，其中韩国有 60 个智库，韩国的智库数量居全球第 26 位。③ 韩国东亚研究院前主席李淑中（Sook-Jong Lee）教授曾指出，"根据资金来源，韩国智库可分为三类：由政府建立和资助的公共智库，由大企业创建的营利性智库，以及与大学和公民运动有关的非营利性智库。"④ 詹姆斯·麦甘认为可以从历史和政治转型来把握韩国智库发展的情况。⑤ 中国学者张雷生则聚焦韩国政府智库的发展，将其发展阶段划分为"三足鼎立阶段、群雄逐鹿阶段、地方自治阶段、合并阶段及精简压缩阶段"。⑥ 韩国智库的产生和发展被认为基于三个方面的因素：一是民主化进程推进公民社会主体的增多；二是冷战结束后外交环境的转变，韩国政府需要新的机构提供政策建议；三是全球化和韩国地方政府自治促进了非国家主

① R. Kent Weaver, James G. McGann, "Think Tanks and Civil Societies in a Time of Change", in R. Kent Weaver ed., *Think Tanks and Civil Societies: Catalysts for Ideas and Action*, New Brunswick: Transaction Publishers, 2000, pp. 4 – 5.

② Andrew Rich, *Think Tanks, Public Policy and the Politics of Expertise*, Cambridge: Cambridge University Press, 2005, p. 11.

③ James G. McGann, "2019 Global Go to Think Tank Index Report", January 27, 2020, https://repository. upenn. edu/cgi/viewcontent. cgi? article = 1018&context = think_ tanks, pp. 40 – 42.

④ Sook-Jong Lee, "The Experience of South Korea's East Asia Institute (EAI)", The International Forum for Democratic Studies, National Endowment for Democracy, *Democracy Think Tanks in Action Translating Research into Policy in Young and Emerging Democracies* (June 2013), https://www. ned. org/docs/DemocracyThinkTanksinAction – full. pdf, p. 89.

⑤ James G. McGann, *Think Tanks: The New Knowledge and Policy Brokers in Asia*, Washington D. C.: Brookings Institution Press, 2019, pp. 107 – 109.

⑥ 张雷生：《关于韩国政府智库建设的研究》，《文化软实力研究》2016 年第 1 期，第 106 ~ 109 页。

体参与政府事务。

尽管韩国智库与欧美智库存在功能和特点方面的差异，但是韩国智库在韩国政府政策制定的过程中发挥着越来越重要的作用。按照《2019年全球智库年度报告》提供的数据，在全球顶级智库的综合排名中，韩国发展研究院（Korea Development Institute，KDI）排在中国现代国际关系研究院（第18位）之后，美国卡托研究所（第20位）之前，居第19位。韩国对外经济政策研究院（Korea Institute for International Economic Policy，KIEP）排在第32位，韩国东亚研究院（East Asia Institute，EAI）排在第66位，韩国外交安保研究院（Institute of Foreign Affairs and National Security，IFANS）排在第74位。在2019年中国、印度、日本和韩国四国顶尖智库排名中，韩国发展研究院排在第2位。在国防和国家安全顶级智库排名中，韩国外交安保研究院排在第26位。在国内经济政策顶级智库排名中，韩国发展研究院排在第9位。在能源和资源政策顶级智库排名中，韩国能源经济研究所（Korea Energy Economics Institute，KEEI）排在第4位。在最佳营利性智库排名中，三星经济研究院（Samsung Economic Research Institute，SERI）排在第9位。在最佳政府隶属智库排名中，韩国外交安保研究院排在第20位。在年度运营预算低于500万美元的顶级智库排名中，韩国东亚研究院排在第29位。

尽管《2019年全球智库年度报告》并未对韩国智库进行整体性评估，但是横向比较报告中的具体指标，诸如韩国发展研究院、韩国对外经济政策研究院、韩国外交安保研究院、韩国东亚研究院等智库在不同类型的排名中取得了比较突出的成绩。韩国智库通过各种正式和非正式渠道进入韩国政府的决策过程，隶属韩国政府的智库还"承担对业务人员和普通公民的咨询或教育"。[①] 按照不同的功能领域进行分析，韩国智库在国内经济政策和社会政策方面的影响力优于在外交政策和安全政策方面的表现，但几家韩国知名智库在韩国外交政策中发挥的作用也在不断增强。本文主要关注具有代表性的三个外交型智库，分析它们在韩国外交政策制定过程中扮演的角色。这三个智库分别是：韩国外交安保研究院、韩国东亚研究院和韩国峨

---

① Sook-Jong Lee，" The Experience of South Korea's East Asia Institute（EAI）"，The International Forum for Democratic Studies，National Endowment for Democracy，*Democracy Think Tanks in Action Translating Research into Policy in Young and Emerging Democracies*（June 2013），https：//www. ned. org/docs/DemocracyThinkTanksinAction - full. pdf，pp. 93 - 94.

山政策研究院。

韩国外交安保研究院是韩国外交部的隶属智库。该研究院的创建是为了适应日益变化的地区及国际环境，更好地对本地区和全球政治、经济发展进行综合和系统的分析。① 1963 年 6 月 24 日，韩国外交部建立外交人员教育院（Educational Institute of Foreign Service Officers，EIFSO），旨在培训韩国外交官。1965 年 1 月 5 日，外交人员教育院扩展其对外交事务的研究职能，并更名为外交研究院（Research Institute of Foreign Affairs，RIFA）。1976 年 12 月 31 日，为了对不断变化的区域和全球环境进行全面、系统分析，根据第 8377 号韩国总统令，外交研究院改组为外交安保研究院，专注于外交和安全方面的研究职能。② 韩国外交安保研究院下设 6 个部门，分别是国家安全与统一研究部、亚太研究部、美国研究部、欧洲和俄罗斯研究部、非洲和中东研究部以及经济贸易与发展研究部。此外，韩国外交安保研究院还设置了 6 个研究中心，分别是中国研究中心、外交史研究中心、国际法中心、日本研究中心、东盟—印度研究中心、外交政策战略中心。③

韩国东亚研究院于 2002 年成立，是一家独立智库。韩国前国务总理李洪九就任智库第一任理事长，前高丽大学教授金炳国作为智库创始人兼任第一任院长。④ 韩国东亚研究院下设 8 个研究中心，分别为：国家安全研究中心、朝鲜研究中心、中国研究中心、日本研究中心、舆论研究中心、贸易技术转型中心、民主合作中心、创新未来中心。韩国东亚研究院的优势还在于其制作和传播民意调查的能力，跨国调查是与英国广播公司（BBC）和芝加哥全球事务理事会等众多国际伙伴合作进行。在学术研究方面，韩国东亚研究院出版《东亚研究杂志》、专题书籍和报告，并为国内外大学生提供实习机会。韩国东亚研究院的快速发展取决于四个策略：一是积极的外部项目融资，

---

① 金英姬：《韩国外交安保研究院》，《当代韩国》1999 年第 1 期，第 81 页。

② "History"，Ministry of Foreign Affairs of Republic of Korea，http：//www. mofa. go. kr/eng/wpge/m_5744/contents. do；"History"，Korea National Diplomatic Academy，http：//knda. go. kr/knda/hmpg/eng/stac/HistList. do.

③ http：//www. ifans. go. kr/knda/ifans/eng/stac/DplmIntroList. do.

④ "History & Organization"，EAI，http：//www. eai. or. kr/new/ko/researcher/history. asp.

二是构建学者研究网络，三是积极搭建国际网络，四是创新性的宣传。①

韩国峨山政策研究院成立于 2008 年，被誉为韩国的"思想之矛"。韩国峨山政策研究院的创始人是韩国最大财阀之一、现代重工集团总裁郑梦准。韩国峨山政策研究院是一个独立的无党派智库。与韩国某些企业智库不同，韩国峨山政策研究院的研究领域远远超出了企业的经营业务，而是放眼整个韩国在世界舞台上的国家利益。韩国峨山政策研究院曾公开表示，它从事的是独立的外交政策研究，致力于推动半岛和平与统一。② 韩国峨山政策研究院于 2013 年创办电子双月刊《峨山论坛》，深入介绍和分析亚太地区的迅速变化。韩国峨山政策研究院还于 2012 年设立了一项特别奖学金计划，旨在培养韩国下一代领导人。③

观察韩国外交安保研究院、韩国东亚研究院和韩国峨山政策研究院在韩国外交政策制定过程中发挥的作用，可以了解韩国外交型智库与韩国外交政策决策之间的联系。

二 韩国外交型智库对外交政策的影响

自 20 世纪初以来，最初建立的一批智库在制定政策问题和提供分析方面发挥了重要作用。④ 智库作为国家的智囊团，汇集各路专家学者集思广益，为国家决策提供相关信息。通常人们认为智库的主要责任是向政府决策者提供政策建议。詹姆斯·麦甘认为智库还有其他作用，例如提供辩论的场所、简化政治讨论以找出真正的问题、定义影响公共政策的问题，以及为各种政策选择提供支持。⑤ 帕特里克·科尔纳（Köllner Patrick）指出，智库在国际事务中起到 11 个作用，如将涉及本国的国际问题定位为智库研究项目，

---

① Sook-Jong Lee, "The Experience of South Korea's East Asia Institute（EAI）", The International Forum for Democratic Studies, National Endowment for Democracy, *Democracy Think Tanks in Action Translating Research into Policy in Young and Emerging Democracies*（June 2013）, https：//www. ned. org/docs/DemocracyThinkTanksinAction – full. pdf, pp. 92 – 93.

② 李巍：《峨山政策研究院：韩国思想之矛》，《学习时报》2012 年 12 月 3 日，第 6 版。

③ "About the Asan Institute", http：//en. asaninst. org/about/about – the – asan – institute/.

④ James G. McGann, *Think Tanks and Policy Advice in the United States：Academics, Advisors and Advocates*, Routledge & CRC Press, 2007, p. 2.

⑤ James G. McGann, *Think Tanks and Policy Advice in the United States：Academics, Advisors and Advocates*, Routledge & CRC Press, 2007, p. 4.

促进国民对国际事务的认知。① 艾哈迈德·巴巴通德（Ahmed Babatunde）归纳了智库在外交决策进程中的作用。巴巴通德指出，智库需要对政治问题、概念、思想进行学术分析，为政府制定外交政策提供理论支撑；智库为政府机构的政策决定提供人才储备；智库主要为政府机构提供信息，但也造福国内外民众、其他学术机构等非政府行为体；智库的研究成果为政府提供有关经济、国家和国际问题的政策选择。②

詹姆斯·麦甘将政府决策过程分解为发现问题、设定议程、政策选择、政策实施四个阶段。他认为智库在政策制定的早期阶段具有更大的影响力，尤其是在发现问题和设定议程阶段。③ 麦甘教授提出了两种衡量智库影响的指标，一种是在决策过程的四个阶段分别设定指标，如发现问题阶段中的宣讲、政策选择阶段中的研究、政策实施阶段中对官员的培训等；另一种是利用市场与系统分析模式，提出了资源、产品、利用率、影响力四个指标。但麦甘教授认为，由于决策环境的复杂性以及研究资料难以获得，难以用其提出的两种指标具体测量智库的影响。④ 霍华德·威亚尔达（Howard J. Wiarda）也提到两种衡量智库影响政策的方法，一种是考察政府使用的话语是否来自智库提出的建议；另一种是下级官员在其向上级提交的备忘录里是否提及某些智库的言论。⑤ 但如何证明政府官员的话语来自智库的研究成果存在一定难度。

虽然无法精确衡量智库对政府政策制定的影响，但考察智库的行为还是能一定程度判断智库的影响力。艾哈迈德·巴巴通德认为智库可以通过在电

① Köllner Patrick, "Think Tanks: Their Development, Global Diversity and Roles in International Affairs", *GIGA Focus International Edition*, 2011, pp. 4 – 5.

② Adeosun Ahmed Babatunde, "Think – Tank and Foreign Policy: A Comparative Study of The Nigerian Institute of International Affairs (NIIA) and the Institute of Strategic and International Studies (ISIS) Malaysia", *European Journal of Social Sciences Studies*, Vol. 4, Issue 5, 2019, p. 136.

③ James G. McGann, *Think Tanks and Policy Advice in the United States: Academics, Advisors and Advocates*, Routledge & CRC Press, 2007, p. 40.

④ James G. McGann, *Think Tanks and Policy Advice in the United States: Academics, Advisors and Advocates*, Routledge & CRC Press, 2007, pp. 40 – 44.

⑤ Howard J. Wiarda, *Think Tanks and Foreign Policy: The Foreign Policy Research Institute and Presidential Politics*, Lexington Books, 2010, pp. 40 – 41.

视上宣讲、发表重要文章等方式来影响政策制定。① 先后在美国企业公共政策研究所（American Enterprise Institute for Public Policy Research，AEI）和外交政策研究所（Foreign Policy Research Institute，FPRI）工作过的霍华德·威亚尔达指出智库在发挥影响时通常会采取的策略，包括组织学术研究，智库人员通过私人关系接触官员，以及积极举行专家会谈等。②

笔者通过对前文三个韩国外交型智库的研究，总结出它们影响韩国外交政策制定的三个主要途径。

第一，通过学术活动以及学术成果来影响相关政策。这三个外交型智库都有各自常规的学术活动，并出版相关刊物。每个智库的活动名称各不相同，但主要以论坛、研讨会、演讲、讲座等形式对相关主题展开研究。除学术活动之外，这三个外交型智库还会根据研究项目相应地出版智库年度报告、项目报告、期刊等学术成果。

2012 年韩国政府举办第二届核安全峰会时，韩国外交安保研究院通过举办丰富的学术活动、发表相关学术成果，为峰会的成功举办提供学术支撑，增强其他研究人员以及媒体的核安全和核恐怖主义意识。举办核安全峰会对韩国而言是一次参与国际事务的重要机会，但是当韩国媒体、专家和民众得知此次峰会主题并非朝核问题，而是世界核安全、核恐怖主义问题时，他们对韩国政府积极争取举办该峰会持批评态度。③ 为了提高民众对政府决策的认识，韩国外交安保研究院积极采取行动。从 2011 年开始，该研究院就积极邀请国内外核安全领域专家出席每月一次的核安全专题研讨会。④ 此类学术活动可以为韩国外交安保研究院的相关人员提供核安全

---

① Adeosun Ahmed Babatunde, "Think – Tank and Foreign Policy: A Comparative Study of The Nigerian Institute of International Affairs (NIIA) and The Institute of Strategic and International Studies (ISIS) Malaysia", *European Journal of Social Sciences Studies*, Vol. 4, Issue 5, 2019, p. 135.

② Howard J. Wiarda, *Think Tanks and Foreign Policy: The Foreign Policy Research Institute and Presidential Politics*, Lexington Books, 2010, pp. 40 – 46.

③ Bong-Geun Jun, "IFANS and the 2012 Seoul Nuclear Security Summit: The Institute of Foreign Affairs and National Security", in James G. McGann ed., *Think Tanks, Foreign Policy and Emerging Powers*, Palgrave Macmillan Cham, 2019, p. 271.

④ Bong-Geun Jun, "IFANS and the 2012 Seoul Nuclear Security Summit: The Institute of Foreign Affairs and National Security", in James G. McGann ed., *Think Tanks, Foreign Policy and Emerging Powers*, Palgrave Macmillan Cham, 2019, p. 274.

知识培训，使他们成为核领域的专家。这样不仅弥补了韩国外交安保研究院内没有核安全专家学者的缺陷，接受培训的研究人员还可以搭起民众、媒体与政府的桥梁。接受过培训的专家在韩国核安全峰会上发表核安全领域的新想法，为大众和其他同行宣讲韩国政府举办核安全峰会的重要意义，发挥了巨大作用。[①] 这些活动使韩国民众意识到世界核安全与韩国国家利益息息相关，而且承办核安全峰会也是韩国承担国际责任的重要表现机会。

在韩国政府面临半岛核安全、美朝博弈、美韩同盟发展等多重安全挑战时，韩国东亚研究院的学者专门为政府机构的部级官员举办了一系列讲座。[②] 讲座的主题和内容是智库专家对韩国现实外交问题解决方案的探索，推动政府采纳其复杂外交、中等国家外交、协同发展政策等多项外交策略的概念。此外，韩国东亚研究院的智库人员还受邀到政府部门参与工作，直接影响外交政策的制定过程。[③] 2013 年，韩国东亚研究院的夏永新（Young-Sun Ha）理事长和李淑中主席被任命为朴槿惠总统的民政国家安全咨询小组成员。2011 年，韩国东亚研究院的国家安全小组成员李相权（Sang-Hyun Lee）被任命为韩国外交部政策规划总干事。2008 年，韩国东亚研究院创始人金炳国担任韩国外交与国家安全部门的总统高级秘书。除了这些正式任命外，该智库许多专家，例如孙宇（Yul Sohn）、陈才顺（Chae-Sung Chun）和朱东浩（Dong-Ho Jo）还曾担任韩国外交部和统一部的咨询委员会成员，为机密报告提供政策建议，或为各部委规划中长期外交政策。而韩国峨山政策研究院的政策对谈（Asan Strategic Dialogues）则为政府官员和智库学者提供了一个封闭式的探讨政策问题的平台，官员们在此以公民身份与学者探讨韩国政府政策决策的难题，而不会受到媒体和

---

① Bong-Geun Jun, "IFANS and the 2012 Seoul Nuclear Security Summit: The Institute of Foreign Affairs and National Security", in James G. McGann ed., *Think Tanks, Foreign Policy and Emerging Powers*, Palgrave Macmillan Cham, 2019, p. 274.

② Sook-Jong Lee, "Pushing Korea to Think in a World of Complexity: The East Asia Institute", in James G. McGann ed., *Think Tanks, Foreign Policy and Emerging Powers*, Palgrave Macmillan Cham, 2019, p. 258.

③ Sook-Jong Lee, "Pushing Korea to Think in a World of Complexity: The East Asia Institute", in James G. McGann ed., *Think Tanks, Foreign Policy and Emerging Powers*, Palgrave Macmillan Cham, 2019, p. 258.

民众的影响。①

除了学术活动之外，智库还会根据研究项目相应地出版智库年度报告、项目报告、期刊等学术成果。韩国东亚研究院的《东亚研究杂志》主要关注国际关系领域，包括国际政治经济学、安全研究以及比较政治。此外，韩国东亚研究院还在官网上刊出本院的评论文章、工作论文以及相关著作。韩国峨山政策研究院出版电子双月刊《峨山论坛》。作为电子出版刊物，它主要刊载亚洲内部有关变革性问题的最新思想，旨在从不同的角度激发有见识的观察，以突出亚洲政治精英和媒体目前正在讨论的内容。② 除此之外，韩国峨山政策研究院也发布相关民意调查，并出版《峨山韩国展望》等研究报告。

第二，利用媒体和教育项目扩散影响。

智库研究人员会在多个媒体平台上发表时事评论。除了对所在智库有一定的宣传作用之外，也能为韩国民众普及相关知识。截至 2020 年 7 月 18 日，本年度韩国峨山政策研究院在超过 30 家报刊上发表近 180 篇文章或评论。③ 除韩国媒体，学者们发表评论的平台还有中国、美国、日本、澳大利亚等国家的媒体。此外，韩国峨山政策研究院还在脸书、推特等社交媒体开设了账号。

韩国外交安保研究院在帮助政府筹备韩国核安全峰会时，察觉到政府与民众之间的理解偏差，即韩国民众并不理解政府举办此次峰会的意义，他们认为核安全只是美国等遭受恐怖主义袭击大国的事情，韩国面临的核安全问题来自朝鲜的核威胁。为了使民众认识到举办核安全峰会对韩国政府的重要性，该智库联手众多学者通过媒体进行大量宣传，向民众解释核安全问题与韩国安全、世界和平的关系。同时，也向韩国民众宣讲，作为新型中等国家的韩国正在肩负维护世界和平与繁荣责任的信息，举办韩国核安全峰会就是韩国展现自己肩负责任的绝佳

---

① "Annual Report 2015", The Asan Institute for Policy Studies, February 2016, http://en. asaninst. org/contents/category/about – us/annual – report/, p. 66.

② "Mission Statement", The ASAN forum, http://www. theasanforum. org/about – us/mission – statement/.

③ 根据网站整理, http://en. asaninst. org/contents/category/about – us/communications – dept/asan – in – the – news/。

机会。①

为了增强本院政策建议的影响力，韩国东亚研究院十分注重研究成果的宣传活动。韩国东亚研究院媒体论坛为智库研究人员和新闻记者提供交流的平台，通过每月一次的时事新闻交流讨论，智库研究人员的研究成果能够通过媒体传播出去，新闻的准确性也可以得到一定的保证。此外，韩国东亚研究院在网站刊出本智库的出版刊物、书籍、报告等内容，使韩国民众能更加便捷地获取外交领域的前沿研究成果。韩国东亚研究院的一个亮点栏目是"智慧问答"，这是一个投放在多个社交平台的采访视频，主要内容是邀请智库研究人员对外交、安全等领域的问题进行专业回答。② 除了国内受众，韩国东亚研究院研究人员也注重影响国外受众，一方面他们会在国际刊物上发表英文版研究成果，③ 并定期与 BBC、芝加哥全球事务理事会等国际机构共同开展跨国调查研究，提升其国际影响力；④ 另一方面，韩国东亚研究院是最早开发多语言平台的韩国智库之一，拥有韩语、英语、中文版网络平台。⑤

除了媒体渠道的宣传之外，这些智库还拥有独特的教育项目，吸引韩国政府部门、韩国及国际年轻学者的参与。

韩国东亚研究院拥有四个教育项目。一是萨朗邦项目（Sarangbang），该项目旨在培养年轻一代学者，主要致力于培养新兴政治专家和外交官。参加该项目的成员需要学习国际政治的基本概念和理论，并阅读相关出版物，以全面了

① Bong-Geun Jun, "IFANS and the 2012 Seoul Nuclear Security Summit: The Institute of Foreign Affairs and National Security", in James G. McGann ed., *Think Tanks*, *Foreign Policy and Emerging Powers*, Palgrave Macmillan Cham, 2019, p. 276.

② Sook-Jong Lee, "Pushing Korea to Think in a World of Complexity: The East Asia Institute", in James G. McGann ed., *Think Tanks*, *Foreign Policy and Emerging Powers*, Palgrave Macmillan Cham, 2019, p. 259.

③ Sook-Jong Lee, "Pushing Korea to Think in a World of Complexity: The East Asia Institute", in James G. McGann ed., *Think Tanks*, *Foreign Policy and Emerging Powers*, Palgrave Macmillan Cham, 2019, p. 260.

④ Sook-Jong Lee, "Pushing Korea to Think in a World of Complexity: The East Asia Institute", in James G. McGann ed., *Think Tanks*, *Foreign Policy and Emerging Powers*, Palgrave Macmillan Cham, 2019, p. 262.

⑤ Sook-Jong Lee, "Pushing Korea to Think in a World of Complexity: The East Asia Institute", in James G. McGann ed., *Think Tanks*, *Foreign Policy and Emerging Powers*, Palgrave Macmillan Cham, 2019, p. 264.

解国际政治和经济。二是实习项目，旨在为学生提供了解韩国东亚研究院的机会。韩国东亚研究院目前与斯坦福大学、加利福尼亚大学、圣地亚哥大学、威廉与玛丽学院、高丽大学和延世大学签署了实习生协议。三是奖学金项目，韩国东亚研究院为评选出的获奖者提供年度学术奖学金和个人发展机会。韩国东亚研究院会邀请所有获奖者参加该研究院的指导营，与韩国东亚研究院著名的学者和专家网络的成员会面。四是韩国友谊项目，目标受众是居住在韩国的国际留学生。在有关基金会的支持下，该项目为国际留学生提供一个了解韩国、韩国智库发展的机会，也使韩国东亚研究院的受众更加多样化。①

韩国峨山政策研究院和峨山基金会（Asan Nanum Foundation）在2012年创办了峨山书院（Asan Academy）项目，旨在提高韩国新一代青年的领导力。该项目为参与者提供为期20周的课程和20周的实习项目，课程包括牛津大学著名的PPE课程（Philosophy, Politics and Economics curriculum），实习项目则包括来自美国、中国的顶级智库或非营利组织。每隔半年，该书院会在提交报名申请的本科生、硕士研究生中选拔30位成员成为当期峨山青年研究员（Asan Young Fellows）。峨山青年研究员们在一起上课，每月通过志愿工作和社区实践来加强对国家治理的认识。在项目结束时，每位青年研究员都需要提交一份与政策相关的论文，之后他们还有机会参与提供国际交流、学术讲座等活动的"峨山校友项目"（Asan Alumni Program）。截至2015年，该项目已有179名参与者。②

第三，韩国外交型智库与其他智库、国际组织等开展合作研究活动。

在推进2012年韩国核安全峰会时，韩国外交安保研究院积极与其他智库、国内外专家进行合作。韩国政府希望能将打击炸弹恐怖主义的核安全纳入峰会议程，韩国外交安保研究院便与国外学者和国际组织进行合作，积极展开对话，并最终将该议题纳入核安全峰会的最终文件《首尔公报》中。③同时，为了更好地推进峰会的举行，韩国外交安保研究院积极与韩国核不扩

---

① EAI, http://eai. or. kr/new/en/study/love. asp.

② "Annual Report 2015", The Asan Institute for Policy Studies, February 2016, http://en. asaninst. org/contents/category/about – us/annual – report/, pp. 52 – 55.

③ Bong-Geun Jun, "IFANS and the 2012 Seoul Nuclear Security Summit: The Institute of Foreign Affairs and National Security", in James G. McGann ed., *Think Tanks*, *Foreign Policy and Emerging Powers*, Palgrave Macmillan Cham, 2019, p. 272.

散与控制研究所（Korea Institute of Nuclear Nonproliferation and Control,
KINAC）共同主办了2012年核安全研讨会。韩国外交安保研究院还与华盛
顿第一届核安全会议的组织者美国易裂变材料工作组（US‑based Fissile
Materials Working Group, FMWG）合作，以学习其经验。[①] 此外，韩国外交
安保研究院还组建临时的核安全研究中心，组织来自国内外的专家学者定期
开展学术会议、研讨活动，并积极寻求其他国际组织的帮助和合作，逐渐完
善核安全峰会前的准备工作。[②]

　　为了在韩国智库市场占据重要地位，韩国东亚研究院尤其注重国际伙伴
关系的维系。首先，韩国东亚研究院积极争取海外基金会的资金资助，例如
美国麦克阿瑟基金会（MacArthur Foundation）为其提供了巨额研究资金。[③]
其次，它通过发行有影响力的期刊、发起联合研究、国内外专家交换项目等
多种渠道建设国际专家学者网络。[④] 韩国东亚研究院积极邀请中等国家的大
使参与中等国家外交圆桌讨论会议，在过去举办的圆桌讨论会议上，来自加
拿大、印度、巴西、澳大利亚等国的大使曾参与韩国东亚研究院的专家研讨
相关外交话题。[⑤] 此外，韩国东亚研究院还积极邀请国内外著名专家参与研究
院计划和智慧会谈（Smart Talk Forums），专家们针对地区安全、外交发展
等进行讨论。[⑥]

① Bong-Geun Jun, "IFANS and the 2012 Seoul Nuclear Security Summit: The Institute of Foreign Affairs and National Security", in James G. McGann ed., *Think Tanks*, *Foreign Policy and Emerging Powers*, Palgrave Macmillan Cham, 2019, p. 272.

② Bong-Geun Jun, "IFANS and the 2012 Seoul Nuclear Security Summit: The Institute of Foreign Affairs and National Security", in James G. McGann ed., *Think Tanks*, *Foreign Policy and Emerging Powers*, Palgrave Macmillan Cham, 2019, p. 274.

③ Sook-Jong Lee, "Pushing Korea to Think in a World of Complexity: The East Asia Institute", in James G. McGann ed., *Think Tanks*, *Foreign Policy and Emerging Powers*, Palgrave Macmillan Cham, 2019, p. 263.

④ Sook-Jong Lee, "Pushing Korea to Think in a World of Complexity: The East Asia Institute", in James G. McGann ed., *Think Tanks*, *Foreign Policy and Emerging Powers*, Palgrave Macmillan Cham, 2019, p. 262.

⑤ Sook-Jong Lee, "Pushing Korea to Think in a World of Complexity: The East Asia Institute", in James G. McGann ed., *Think Tanks*, *Foreign Policy and Emerging Powers*, Palgrave Macmillan Cham, 2019, p. 260.

⑥ Sook-Jong Lee, "Pushing Korea to Think in a World of Complexity: The East Asia Institute", in James G. McGann ed., *Think Tanks*, *Foreign Policy and Emerging Powers*, Palgrave Macmillan Cham, 2019, p. 260.

对于访问韩国峨山政策研究院的其他智库或国际组织，韩国峨山政策研究院会特意安排关于韩国历史、东北亚国际关系等内容的系列讲座。同时，峨山圆桌会议也为来访团队提供与峨山政策研究院研究人员探讨问题的平台。例如 2015 年，峨山圆桌会议讨论的主题涵盖中韩合作、全球治理、朝鲜半岛导弹和核威胁、韩日关系等。①

无论是学术活动、学术成果、媒体宣传，还是寻求智库间合作，以上三个智库都表现不俗。虽然精确衡量韩国外交型智库对外交政策的影响存在困难，但以上提到的三个韩国外交型智库影响途径多样，在国际智库排名表上名次比较靠前，这都从侧面证明它们所采取的策略有效且值得肯定。

三 影响韩国外交型智库发挥作用的制约因素

尽管韩国外交型智库在外交政策制定过程中发挥着重要作用，但智库的发展还是受到以下四个因素的限制。

第一，无论政府智库还是独立智库，它们的自主性发展或多或少都受到政府的限制。与美国智库相比，韩国智库多隶属于政府。② 詹姆斯·麦甘在书中提到，韩国政府智库往往因缺乏独立性而受到批评。根据韩国通过的《建立、管理和促进政府资助研究机构的法案》（The Act on Establishment, Management and Promotion of Government‐Funded Research Institutes），政府智库由总理府管辖，总理拥有领导、监督和协调韩国政府智库运作的权力。③ 此外，政府智库的理事由总理府下属的人事委员会选拔，委员会成员由有关部门的副部长和一些外部成员组成。但是，人事委员会的职责充其量只是名义上的。韩国的总统制几乎决定了政府智库自上而下的职位任命。④ 法案的规定虽然有利于对韩国政府智库的管理，但也影响了政府智库的自主

---

① "Annual Report 2015", The Asan Institute for Policy Studies, February 2016, http://en. asaninst. org/contents/category/about‐us/annual‐report/, pp. 67‐68.

② Sung‐Chull Kim, "Politics, Knowledge and Inter‐Korean Affairs: Korean Public Think Tanks Not as Policy Advocates but as Knowledge Producers", *Issues & Studies*, 2014, pp. 124‐125.

③ James G. McGann, *Think Tanks: The New Knowledge and Policy Brokers in Asia*, Washington D. C.: Brookings Institution Press, 2019, p. 114.

④ Sung‐Chull Kim, "Politics, Knowledge and Inter‐Korean Affairs: Korean Public Think Tanks Not as Policy Advocates but as Knowledge Producers", *Issues & Studies*, 2014, p. 138.

性。一方面，政府智库对自己的理事成员没有选择权；另一方面，由于韩国总统任期为 5 年，政府智库的研究方向和学术成果往往集中在协助现任政府的短期目标上。

独立型智库虽不隶属于政府机构，但若希望本智库的研究成果被重视，其独立性难免受到政府的影响。以韩国东亚研究院为例，虽然它因坚持研究政府中长期政策而备受推崇和赞赏，但由于政府希望智库能更多地参与当前和新出现的问题，并为政府提供有效的建议，韩国东亚研究院也不得不参与政府短期目标的研究。① 在资金和研究人员均有限的情况下，如何在中长期政策研究和短期政策研究之间保持平衡并取得成效，是独立型智库面临的问题之一。

政府对智库自主性的影响还体现在两者对信息掌握的不对称。韩朝关系是韩国政府关注的主题，也是许多智库研究的主题，但智库大多情况下不能接触到政府高层的机密信息。1972 年，韩朝发表《7·4 南北联合公报》时就将智库排除在会面过程之外。② 即使在现阶段，韩国智库也无法及时接触到一手消息。韩国学者金圣哲（Sung-Chull Kim）指出，韩国智库的研究工作需要政府及时发布尽可能全面的信息。但政府不能及时发布相关信息，从而使得智库的工作受到影响。因此，本应提出建议的智库无法发挥该作用，而转变成单纯的知识制造者。③

第二是资金问题。资金问题向来是制约各国智库发展的重要因素。韩国政府智库为了获得开展研究项目所需的资金，其研究成果往往与现政府议程保持一致。④ 除了那些庞大的政府智库和一些由大公司支持的资金充裕的营利性智库外，韩国大多数非营利性智库都面临资金问题。缺乏对独立政策研究的财政支持使非营利智库面临严峻挑战。这导致韩国智库格局的不对称增

---

① Sook-Jong Lee, "Pushing Korea to Think in a World of Complexity: The East Asia Institute", in James G. McGann ed., *Think Tanks, Foreign Policy and Emerging Powers*, Palgrave Macmillan Cham, 2019, p. 266.

② James G. McGann, *Think Tanks: The New Knowledge and Policy Brokers in Asia*, Washington D. C.: Brookings Institution Press, 2019, p. 114.

③ Sung-Chull Kim, "Politics, Knowledge and Inter-Korean Affairs: Korean Public Think Tanks Not as Policy Advocates but as Knowledge Producers", *Issues & Studies*, 2014, p. 139.

④ James G. McGann, *Think Tanks: The New Knowledge and Policy Brokers in Asia*, Washington D. C.: Brookings Institution Press, 2019, p. 114.

长，政府型智库蓬勃发展，而独立型智库发展艰难。[①] 在《2019 年全球智库年度报告》中，跻身综合排名榜前 50 位的 2 个韩国智库（韩国发展研究院和韩国对外经济政策研究院）都是政府智库。即使融资做得不错的韩国东亚研究院，资金问题依旧是该研究院发展面临的挑战之一。美国基金会作为韩国东亚研究院的主要资助来源之一，由于全球金融风暴的影响，调整了资助程序，进而影响到对韩国东亚研究院的投入。因此，虽然韩国东亚研究院可以争取到海外资金支持，但时常会因世界金融不稳定而面临资金不足压力。[②]

除此之外，资金问题常常与其他问题结合在一起。资金会影响智库的运行、智库研究人员的规模、薪资等。韩国东亚研究院因资金有限，而采取基于网络的研究体系（Network-based Research System），但其下许多专家也可能同时受聘于其他智库。所以当这些专家在媒体发表言论时，有时难以分辨该专家代表哪个智库机构。[③]

第三是人才资源。伊曼纽尔·帕斯特里奇（Emanuel Pastreich）认为韩国智库研究人员年轻化、国际化不够。在参与多次智库活动后，伊曼纽尔·帕斯特里奇发现大多数与会人员年龄在 40 岁以上，甚至还有许多七八十岁的发言人，很少看见年轻人参与会议讨论。而参与智库实习项目的年轻人大多只是将智库实习经历作为他们寻找其他工作的跳板或平台。此外，他还认为韩国智库国际化并不成功，智库研究团队成员多为韩国男性，应该吸纳更多非韩人和女性参与智库的研究项目。[④] 张雷生也认为韩国政府智库一定程度上是人才的跳板，其原因是韩国政府智库缺乏留住人才的机制，研究人

---

① Sook-Jong Lee, "Pushing Korea to Think in a World of Complexity: The East Asia Institute", in James G. McGann ed., *Think Tanks, Foreign Policy and Emerging Powers*, Palgrave Macmillan Cham, 2019, p. 248.

② Sook-Jong Lee, "Pushing Korea to Think in a World of Complexity: The East Asia Institute", in James G. McGann ed., *Think Tanks, Foreign Policy and Emerging Powers*, Palgrave Macmillan Cham, 2019, p. 265.

③ Sook-Jong Lee, "Pushing Korea to Think in a World of Complexity: The East Asia Institute", in James G. McGann ed., *Think Tanks, Foreign Policy and Emerging Powers*, Palgrave Macmillan Cham, 2019, p. 265.

④ Emanuel Pastreich, "Can Seoul be a Mecca for Think Tanks?", *Korea JoongAng Daily*, Aprl 8, 2015, https://koreajoongangdaily.joins.com/2015/04/08/columns/Can-Seoul-be-a-Mecca-for-think-tanks/3002904.html.

员除了要面对部门的严格监管，还缺乏相应的提升训练和良好的休假制度。① 此外，霍华德·威亚尔达提出，政策性的研究不同于学术研究，二者在写作用语、面对的群体、写作倾向上有着明显的不同。如果研究人员无法适应政策性研究，那他们可能也就不适合智库。②

第四是来自其他智库的挑战。一方面，韩国本土智库数量逐渐增多，根据宾夕法尼亚大学每年全球智库报告的数据，2008 年韩国的智库数量是 29 个，③ 2014 年韩国的智库数量是 35 个，④ 2019 年韩国智库数量是 60 个。可见近年来韩国智库数量的增长速度加快，市场竞争也将更加激烈。另一方面，国外智库也开始入驻韩国市场，⑤ 这会进一步加剧韩国智库的竞争。

四　结论

外交政策的制定者经常参加智库举办的不同类型的讨论会和圆桌会议，他们与智库研究人员也保持着一定程度的私人联系，但是某个智库观点与某项具体外交政策是否存在直接的因果关系很难评估。外交政策在形成前，它的输入因素是多维和复杂的，智库观点与方案只是影响变量之一。学术界对韩国外交型智库的关注并不多，目前很难通过丰富的案例研究获得智库影响韩国外交政策的一般性规律。本文作为此领域的初步探索，希望能对韩国外交型智库的特点和行为模式进行简要分析，促进国内学术界对韩国外交型智库的关注。

衡量韩国智库如何直接或间接影响韩国外交政策的制定存在困难。但韩国外交型智库举办了类型丰富的学术活动和教育项目，许多受众是来自韩国国内外的青年学子，智库的思想或许可以影响年轻人日后的倾向。此外，也

---

① 张雷生：《关于韩国政府智库建设的研究》，《文化软实力研究》2016 年第 1 期，第 115 ~ 116 页。

② Howard J. Wiarda, *Think Tanks and Foreign Policy：The Foreign Policy Research Institute and Presidential Politics*，Lexington Books，2010，p. 47.

③ James G. McGann，"2008 Global Go to Think Tanks Index Report"，December 2008，https：// repository. upenn. edu/cgi/viewcontent. cgi？article = 1000&context = think_ tanks，p. 14.

④ James G. McGann，"2014 Global Go to Think Tank Index Report"，March 2015，https：// repository. upenn. edu/cgi/viewcontent. cgi？article = 1008&context = think_ tanks，p. 55.

⑤ 张雷生：《关于韩国政府智库建设的研究》，《文化软实力研究》2016 年第 1 期，第 117 页。

有政府官员参与这些活动，他们可能也会受到某种程度的影响。在目前信息繁杂的时代，智库为政府决策提供了专业、可靠的建议。詹姆斯·麦甘教授将智库视为美国社会的第五阶层，认为智库在国家政策的制定中发挥着重要的作用。韩国作为亚洲地区的重要国家，虽然其智库数量不算很多，但在国际排名上表现不俗。虽然政府型附属智库占多数，但是独立型智库的发展也越来越受到瞩目。因此，韩国智库今后的发展值得期待。

Diplomatic Think Tanks and ROK's Foreign Policy

Chen Fei, *Wang Jianing*

Abstract　With the transformation of the diplomatic environment after the Cold War, the progress of democratization, and the development of globalization and local autonomy, more and more social actors began to pay attention to the foreign policies of the Korean government. Among them, the diplomatic think tanks have an increasing influence on ROK's foreign policy. The diplomatic think tanks mainly influence Korean foreign policy in three ways: the first one is to influence relevant policies through academic activities and academic achievements, the second one is to use media and educational programs to diffuse influence, and the third one is to conduct cooperative research activities with other think tanks and international organizations. However, the role of the think tanks is still limited by multiple factors, such as autonomous development, capital and talent.

Keywords　ROK; Foreign Policy Think Tanks; Foreign Policy

韩军档案工作发展趋势探析*

崔明杰　薛匡勇

【内容提要】近年来，韩军档案工作随着国家档案事业蓬勃发展，各项工作推进有力。一方面，时代的发展、政策的驱动，为韩军档案事业的飞速发展提供了外在的推动力。另一方面，半岛局势的变化、国防和军队的改革，为韩军档案工作的全面升级提出了迫切的内在需求。韩军档案工作已进入改革的实质性阶段。本文从韩军档案工作的基本情况入手，从区分档案管理体制、档案法规标准、档案管理业务、战时档案工作四个方面系统分析了韩军档案工作的发展趋势。

【关键词】韩军　档案工作　档案管理　记录馆

【作者简介】崔明杰，32101 部队，国防大学政治学院硕士研究生，主要从事外军档案管理研究；薛匡勇，国防大学政治学院教授、博士生导师，主要从事军队档案管理研究。

进入信息化时代，各国军队都在加速推进新一轮国防和军队改革，军队档案工作从外部环境到思想理念，从管理对象到工作流程，从理论原则到方法手段，从保管维护到开发利用等方面，都发生了前所未有的深刻变化。韩军作为东方传统文化和西方建军思想融合到一起快速发展起来的军队，其档案工作不仅吸收了大量外国军队的先进理念和做法，也有自身的历史文化传统特色。

---

* 本文系全军 2019 年度军事类研究生资助课题"韩军档案工作研究"（课题编号：JY2019C024）的研究成果之一。

　　韩军档案工作在韩军现代化建设和国防改革中占据重要地位。近年来，韩国"国防改革 2.0"① 深入推进，韩军档案工作在韩国国家记录院及军队主管部门的推动下发展迅速。2020 年 5 月，韩国国家记录院发布的《国家记录管理改革白皮书》指出，自文在寅执政以来，政府通过"国家记录管理改革 TF"，重启了对档案事业的全面改革。2018 年初，政府专门组建了"记录管理改革推进团"，针对韩军档案管理在内的公共机关设定了 8 大课题、20 项分课题。② 军方也进入了推进"军队记录管理改革"的实质性落实阶段，并逐步启动了相关计划的实施工作。

一　韩军档案工作基本情况

　　要了解韩军档案工作的基本情况，既要有从宏观到微观的洞察，也要有对其主体与客体的分析。在最为基本的意义上，韩军档案工作的概念，有狭义和广义之分。狭义的韩军档案工作指的是档案管理工作的业务环节或活动。广义的韩军档案工作，除了包括狭义的韩军档案管理工作之外，还涉及韩军的档案管理体制、韩军档案法规标准、韩军战时档案工作等档案工作的方方面面。

（一）韩军档案工作的宏观概况

　　韩军的档案工作作为国家档案管理体系的重要组成部分，其运行机制与国家档案管理体制有着密切的关系。韩国档案管理体制更多偏向于中央集中式。韩国行政安全部下属的"国家记录院"统一领导和管理全国档案事业，制定档案管理相关政策、法规标准等。而国务总理下属的"国家记录管理委员会"则作为咨询和审议机构，主要审议有关档案管理的基本政策，修改、废止档案管理标准等。③ 韩国国家档案机构总体分为"永久档案管理机关""记录馆"和"特殊记录馆"。④

　　军队档案管理机构主要由军队处理科、军队记录馆、军队特殊记录馆三

---

① 崔明杰：《韩国国防改革 2.0》，《外军政情译丛》2019 年第 1 期，第 63 页。
② 『국가기록혁신백서』，국가기록원，2020.
③ 韩国国家记录管理委员会官方网站，http：//committee. archives. go. kr/next/nrc/sub_ 1_ 3. do。
④ 韩国国家记录院官方网站，http：//www. archives. go. kr/next/organ/groupComposition. do。

个层级构成。军队处理科是指军队各级单位中处理文件和档案的业务部门。而军队记录馆，以 30 年保存期限为标准，分为特殊记录馆和记录馆。保存 30 年以上档案且配备相应的专职人员和配套设施及设备的，为特殊记录馆；而保存 30 年以下档案的，则是记录馆。

军队特殊记录馆所保存的档案比记录馆时间更长，所以具备了更多的、能满足自身业务需求的功能。根据《公共记录文献管理法》第二章第 10 条规定，当国防部长和各军种参谋总长认为有必要在某个机关设置国防档案管理机构时，可以与国家记录院院长协商后设置相应的档案管理机关或部门。军队特殊记录馆一般设在一定级别的上级机关或部队，主要对所属部队的档案进行管理，此外也对没有设置记录馆的部队提供业务支持。

（二）韩军档案工作的微观概况

韩军档案工作一般可以理解为，韩军各级作为国家公共机关，依据《公共记录文献管理法》，与军队档案的形成、保管、使用和处理有关的各项工作。当前，韩军档案工作微观层面最核心的内容就是档案管理业务。而韩军档案管理业务遵循国家档案管理业务要求，按照文件的现行、半现行、非现行阶段划分，严格遵守国家三阶段法定业务流程，依次经处理科（档案产生单位）、记录馆（或特殊记录馆），最后入藏永久档案管理机关。其中，军队记录馆对接的永久档案管理机关为国家记录院。档案的保存期限分为 1 年、3 年、5 年、10 年、30 年、准永久、永久。同时，韩军根据业务实际，把档案管理业务具体划分为档案的产生、档案的登记和分类、档案的组卷、档案的整理及产生情况报告、档案的移交、档案的保存管理、档案的鉴定和废弃 7 个环节。

从微观层面观察，韩军档案工作遵循的原则有以下三点。第一，作为档案的产生原则，要确保档案的真实性（authenticity）、完整性（integrity）、可靠性（reliability）、可用性（usability）。第二，作为档案电子化的产生和管理原则，电子档案的产生从开始阶段就要通过电子记录产生系统（如电子文书系统、全国通用系统、行政信息系统等）进行管理。第三，作为档案标准化管理原则，为了统一而高效的管理档案和利用档案，部队各级严格按照国家记录院所规定的档案管理标准进行管理。

（三）韩军档案工作的主体

韩军档案工作的主体是韩军档案工作人员，是韩军档案工作的中坚力量。韩军档案工作人员不仅由军官、士官以及士兵等现役军人、对口业务领域的军务员（文职人员）组成，而且在国防部系统还有国家公务员群体。军队档案管理机构中档案工作人员一般由档案管理专业人员和非专业一般人员组成。档案管理专业人员指的是为了档案的管理体系化、专业化而配置的人员，是有着明确评定标准的专家型业务人才。韩国标准职业分类表对档案管理专业人员的定义为："收集具有历史价值的档案，系统地组织和进行保存管理，主导或执行收集目录、微型胶卷等资料的编制，并提供给需要者的人员"，例如韩国的档案管理师、档案保管员、文书保管员等。韩军档案管理机构中绝大多数专业人员都是现役军官，而军务员、士官、士兵等一般都是非专业工作人员。

韩军各级档案业务部门的负责人具有义务为公众开放和利用档案而履职尽责。韩军要求管理涉密档案的人员严守秘密，不能违规泄露有关信息。另外，韩军各级档案业务部门的负责人要针对档案的安全管理和保存，制订和实施必要的安保方案及针对灾难等紧急情况下的应急预案。

随着档案工作逐渐向标准化、专业化发展，韩军对档案管理专业人员的需求也越来越大。韩军军队记录馆档案管理专业人员，主要来自两种渠道：一种是军队内部培养，另一种是外部特招。但目前来看，韩军档案管理专业人员的缺口仍然很大。据2018年统计数据，韩军军队记录馆总数为133个，在韩国国内所有801个记录馆中，占16.6%，档案管理专业人员需求人数为157人，但实际仅有25人，配置率（即当前专业人员数占所需专业人员数比例）仅为15.9%，远低于国内其他记录馆专业人员的配置率（平均配置率是72.3%以上）。[①]

（四）韩军档案工作的客体

韩军档案工作的客体是档案。了解韩军对档案的认识，对我们了解韩军

---

① 신정숙，「공군기록물의 권역별 통합관리체계 구축에 관한 연구」，중부대학교석사학위논문，2018，p. 35.

档案工作的内涵与外延有很大意义。韩国的档案基本法，即《公共记录文献管理法》（第 16661 号法律，2019 年 12 月 3 日修订）第三条规定，把档案定义为"公共机关在业务活动中所产生或接收的文件、图书、台账（流水账）、卡片、图纸、声像、电子文件等所有形态的记录信息资料及行政博物"。① 国防部最新修订的《国防记录管理训令》（第 1817 号，2015 年 7 月 23 日修订）中也沿用了这一定义，并对纸质档案、电子档案、网络档案、行政信息数据集、图书、台账、卡片、声像、行政博物等不同类型的档案进行了更细致的定义。如"行政博物"是指在业务遂行中所产生或使用的实物档案，而且是在行政、历史、文化、艺术层面上具有高价值的档案。再如"备置档案"是指与卡片、图纸、台账一样，主要关于人、物品或权利相关事项的管理、确认等方面随时被使用，并在处理科持续备好，可随时用到的档案。② 各军种也结合自身涉及的业务活动对档案进行了更为细致的规定。如韩国空军本部 2016 年修订的《空军档案管理》（空军条例 15 - 1）中，把行政博物管理对象进一步细化并分为 8 类（即官印类、绢本类、礼品类、象征类、纪念类、奖章或勋章类、办公集锦类、其他类）实施管理。

但以上不仅仅指公共业务机关层面。《公共记录文献管理法》第二条（适用范围）规定："这项法律适用于包括公共机关业务相关所产生或接收的档案，以及个人或团体所产生或取得的记录资料（包括公共机关所管理的记录信息资料）中被认为具有国家保存价值的记录资料。"③ 可见，韩国已经把档案概念扩大到个人或团体层面的民间记录物。这与韩国在整个社会层面上对档案重要性的认识与日俱增，以及对个人私有记录都有可能成为重要史料的普遍共识有关。

因此，可以把韩军所指的军队档案定义为各级部队通过行政业务活动所产生的记录，以及涉及行政业务活动的个人或组织（部门）所收藏的记录中具有历史、文化、信息价值，并能作为军队行政活动凭证的记录。包括对自身业务产生或接收的档案，以及个人或团体所形成的义务性记录等档案或档案信息资料中视为需要在国家或军队层面进行保存的档案资料。

---

① 『공공기록물 관리에 관한 법률』（법령제 16661 호）.
② 『국방기록관리훈령』（제 1817 호）.
③ 『공공기록물 관리에 관한 법률』（법령제 16661 호）.

以上可以看出，韩军对档案的定义与我军有些差异。2019年12月16日，我军最新发布的《中国人民解放军军队档案条例》第三条规定："本条例所称军队档案，是指军队单位、人员在各项工作中直接形成的具有保存价值的文字、图表、声像等各种形式、各种载体的历史记录。军队相关业务领域形成的具有特定记录对象和形式，具备一定规模，需要实行特殊管理制度的档案，设置为专业档案。军队档案按照保管期限分为永久档案和定期档案。具有长远保存价值的档案为永久档案；在一定时期内具有保存价值的档案为定期档案。"①

对比发现，我国军队对档案的认识，注重强调历史记录这一本质属性，在军队层面进行了原则性的规范，贵在简明扼要，突出重点。而韩军则是在与ISO、ICA等国际标准和权威机构的定义保持一致的基础上，对档案概念范畴进行了更为具体的拓展。这样的做法，有利于官兵提高对档案的认识，进一步了解档案概念的内涵与外延，并在具体实践中有助于扩大档案的收集范围。

二　韩军档案管理体制的发展走向②

档案管理体制是指档案管理的体系结构与组织制度，包括档案管理机构的设置及其隶属关系、权限划分等。档案管理体制是档案管理相关业务得以顺利进行、不断完善和发展的组织基础，也是各级档案行政管理部门明确定位、履行职责的有力依据。由于政治、文化、军队编制体制及发展历史等诸多因素的影响，韩军档案管理体制与其他国家的档案管理体制之间存在很大的差异。

一方面，韩军档案工作作为国家档案事业的重要组成部分，其发展规划、运行机制、管理文化与国家档案管理环境有着密切的关系。另一方面，韩军档案管理体制因军队组织的特殊性，其机构设置、人员编配、权限划分等都要受到军队组织结构的影响。当前，韩军总兵力57.9万，③ 由陆军、

---

① 《中国人民解放军军队档案条例》（2019年12月16日颁布）。
② 崔明杰：《韩军档案管理体制探析》，《档案与建设》2019年第11期，第42~46页。
③ 「2020 국방부 업무보고서」，https://www.mnd.go.kr/mbshome/mbs/plan/.

海军（含海军陆战队）、空军编成，并为遂行合同作战和联合作战在国防部下设联合参谋本部。脱胎于西式的军队体制与军令军政分开的命令体系是韩军军队体制最突出的特点。[①]

从以上两个方面来看，韩军档案工作总体体现出"国家统管、军种分治"的特点。国防部、联合参谋本部等没有专门设置掌管整个国防和军队档案管理的业务部门，各军种之间也没有横向的法定业务联系，向上直接对接国家记录院，而不是国防部或联合参谋本部，所属各级部队的档案管理机构在法律上都属于国家记录院直接管辖范围，但实际上是委托各军种大单位代管。

当前，韩军档案管理机构共计133个，由国防部、国防部直属机关、联合参谋本部等14个，陆、海、空军种本部各1个，各军种下属部队116个机关或部门组成。根据韩国国防部制定的有关国防和军队档案事业的发展战略，韩国军队档案管理体制将有以下三个方面的重大变化。

（一）组建军队档案领导机构，加强顶层设计

当前韩国陆、海、空军及国防部直属部队的特殊记录馆之间尚未建立馆际磋商机制，也未建立国防档案管理综合领导机构或体系。各军种及国防部直属部队使用不同的档案管理系统，相互沟通协调存在困难，各自建立的数据信息交流机制受到限制，大大降低了信息利用率。针对以上问题，韩军正在筹划成立"国防记录中心"，以推进其中长期的建设规划，同时，试图构建军队档案管理领导体系，形成包含现役、预备役、学术及教育界在内的国防档案管理协商机制，推进国防和军队档案事业的健康快速发展。

（二）构建区域综合管理模式，优化运行机制

韩国陆、海、空三军都在围绕各自的特殊记录馆建立更加优化的档案管理机制。韩国陆军正以鸡龙台地区为中心，对所属73个记录馆进行分级管理，强化记录馆档案管理室处理科的收集整理业务，其他职能向鸡龙台陆军记录信息管理团转移。韩国海军已经初步将各级基层部队记录馆或资料馆的

部分职能划至"海军信息体系管理团"进行综合管理,档案利用率明显提升。韩国空军正探索在韩国全境分北部、中部和南部按区域设立 3 个综合记录馆,整合各地区部队档案管理业务工作,以达到减轻战斗部队行政业务负担、提升档案管理业务专业化水平的目的。

(三) 充实档案管理专业人才队伍,改善人力结构

当前,韩国军队现有档案管理专业人员数量严重不足,仅达到所需人数的 15.9%。为此,韩国国防部已对军队档案管理机构人力的效率化运行明确了政策指向。即,相对比较容易的、短期内可解决的制度改善问题由各军种主导完成,而需要与政府部门协商或需要全军协力完成的事项由国防部统筹进行中长期协作。同时,充分利用现行人事制度中有关长期任职的条款,对档案管理专业人员(尤其是军务员)编制序列的重新调整进行了调研,并将综合行政院校国防档案管理学教育课程调整为义务进修,力争在3~5年内解决人力需求问题。

三 韩军档案法规标准的修订完善

档案法规标准的建设,是推动档案事业法制化进程的核心内容。韩国是一个非常重视法治的国家,其军队的各项建设和重大改革必由韩国国会、政府以及对应的军事部门通过立法来实现。随着 1999 年《公共机关记录文献管理法》的颁布,韩军档案工作迈出了法制化建设的第一步。随后 20 多年来,在国家和军队一系列档案政策法规的推动下有了飞速的发展。今后,作为"军队记录管理改革"中的重要一环,韩军将以"完善法规、统一标准、贯彻条令"原则,着重在以下三个方面推进法规标准的修订完善,并加强档案法规的贯彻落实。

(一) 加强档案管理基础性建设

"军队记录管理改革"的重点在于提高档案管理机构体系化的专业水平,并确保机构运行稳定,职能正常发挥。为此,需要组织、人力、管理程序等多方面法规标准的修订完善作为韩军档案工作的具体指导和贯彻落实的制度保障。这里包括调整记录馆的职能定位、明确人力配置的

标准、改善档案管理机构的评价制度，以及能够充分反映军队组织特性的调整制度等。下一步，韩军修改完善的法规条例涉及以下具体内容：扩大军队档案管理机构制订"基本计划"的权限，把"档案管理教育培训"职能划归军队记录馆；在明确设置军队记录馆的最低要求（即档案每年产生量最低 1000 卷，持有量最低 5000 卷）的基础上，将删除"把记录馆设置在档案管理部门之下"的条款；扩大大单位设置记录馆的自主权限，如必要时可设置 2 个以上的记录馆。如军种本部所属记录馆的设置与否，以及要设置的记录馆的规模和数量将根据自身情况可自行调整等。这些相关法规标准的调整和完善，将为今后构建跨部门综合型记录馆提供更加有力的法律依据。与此同时，基于馆藏量的人力配备标准和对专业人员支援方式的规范也将进一步得到细化，为档案管理基础性建设提供有力保障。

（二）加强电子档案体系化升级

传统的档案标准法规多适用于"纸质档案的电子化管理"，而当前各种档案管理系统是以规范技术规格的标准电子文书为中心而构成的，所以同行政信息数据集、声像档案、网络档案等新型电子档案等无法进行对接，而且无法通过元数据对该类电子档案整个生命周期进行有效的管理。对此，韩国国家记录院在 2018 年大力推进电子档案 BPR/ISP（Business Process Reengineering/ Information Strategy Planning），主要内容包括全国档案系统云计算和档案管理系统（Cloud Records Management System，CRMS）云存储的整合，引入提高业务效率的智能型服务方案，以及构建高效管理声像档案的媒体平台等，力求为 2020 年开始构筑新一代电子档案管理系统打下基础。因此，下一步韩军档案法规标准将区分各种类型明确元数据的规范要素，确保新的元数据标准能够满足档案的有效管理在生命周期整个环节中保持连续性要求，并逐步推进数据品质管理体系的搭建。另外，根据标准电子文件、行政信息数据集、声像及网络/社交（SNS）等当前三大领域电子档案的主要类型，将推出不同的管理规定和标准，包括重新制定电子档案长期保存政策和保存载体政策。例如，现行电子档案的 PDF/A－1 文书保存格式和 NEO 长期保存格式仅适合一部分类型的档案，而不包含行政信息数据集、网络档案、社交网络、大容量影像资料等。

（三） 加强档案信息开放化服务

2007 年，随着《公共记录文献管理法》的全面修订，虽然对档案信息资源的公开力度在持续扩大，但在充分满足公民知情权的问题上，尚存在法规制度上的缺陷。如非公开档案同其他档案每 5 年进行重新分类，非现行档案也要遵循"信息公开法"的规定程序办理等。这类现行规定缺乏实效性，过程异常复杂，故在提升档案信息服务层面成为永久档案管理机构的累赘。一方面，为了让退役军人能够更加方便地获取档案信息，需要立法推动信息的开放利用，提升信息的服务体系；另一方面，在提供档案信息的方式上，也需要有关个人信息和知识产权上的法律保护。对此，韩军各级档案管理机构将根据国家有关法律的修订，及时调整公开档案信息的有关法规标准。例如，对军人尤其是退伍军人因个人信息问题而归类为非公开的档案，把 5 年后全部公开的时限，调整为可延迟到 30 年等。同时，为更加积极主动地提供档案信息服务，韩军各级提供档案信息的记录馆将参考国家记录院"公共文献公开利用"（Korea Open Government License，KOGL）项目，推进相关法规保障，提升信息服务质量，让军人及家属无须担心侵权问题，自由地享受网上原文检索服务。

四　韩军档案管理业务的优化拓展

韩军档案管理业务是其档案工作的核心内容和关键环节，是其档案工作发展水平的具体体现，也是评估其档案资源发挥作用的重要标准。

韩国国家及军队现行的档案管理业务，按照文件的现行、半现行、非现行，遵守三阶段法定业务流程，依次经处理科（档案产生单位）、记录馆（或特殊记录馆），最后入藏永久档案管理机关。根据《国防记录管理训令》[①]，韩军档案管理流程共分为：档案的产生、档案的登记和分类、档案的组卷、档案的整理及产生情况报告、档案的移交、档案的保存管理、档案的鉴定和废弃 7 个环节。相较于常见的文书类档案，韩军档案管理工作对象还包括刊物、声像档案、行政博物、涉密档案、电子档案等，虽然这类档案

---

① 『국방기록관리훈령』（제 1817 호）.

的管理特点及程序是相同的，但在具体业务规范和管理的侧重点上各不相同。

随着时代的发展，新技术的推动，迫切需要档案管理业务适应现代化国防和军队建设步伐。然而，自"国家记录管理改革路线图"到 2018 年"国家记录管理改革 TF"制订的实施方案中，"公共业务彻底的记录化"在改革议程中一直占据着重要地位，但至今并没有为行政环境带来实质性的变化。特别是当前，档案管理对象的含义在不断延伸，韩军档案管理机构对新出现的多种类型档案缺乏对应的管理政策和制度支撑。虽然韩军在 2007 年整合了业务分类表和档案分类表，但在"保存期限"以外无法对档案进行有效的管控。对此，韩军将依据"国家记录管理改革 TF"，通过重新规划业务流程，完善业务管理制度，有序推进当前档案管理业务的升级。

（一）拓展档案管理对象范畴

2020 年 6 月 4 日起实施的新修订版《公共记录文献管理法》，对网络档案、行政信息数据集等概念进行了规范，并对缺乏时效的调查、调研、研究书的生产义务进行了明确。军方的定义和有关要求也将陆续得到更加具体的规范，军队档案管理的范围不仅将进一步扩大，而且对快速发展的网络社交媒体档案（军方在 Kakao Talk、脸书、推特、YouTube 等社交媒体上开设的官方账号等）将采取更加规范和制度化的管理措施。

（二）调整档案分类鉴定制度

2018 年"国家记录管理改革 TF"实施方案指出，"公共业务彻底的记录化"应包括重新设计对多种类型档案的鉴定制度。经多次研究认为，相比引入新的分类体系，对现行职能分类体系《记录管理基准表》的修订和完善更为紧迫。军队有关档案管理机构已经先行试点，力求逐步改善军队单位的《记录管理基准表》，并在国家档案改革进程的统一布局下，借鉴国内外先进经验，制定更加合理的保存期限鉴定政策及运营体系，使处理科及军队机关《业务保存期限表》更加规范合理。不难发现，重新规划档案分类及鉴定体系将在韩军档案事业的中长期发展规划中占据非常重要的位置，将全面提升档案业务质量和水平。

（三） 改善产生情况通报制度

减少档案产生机关部门负担，并同时确保档案产生情况数据的可信度是军队档案管理业务改革的一项重要课题。韩军通过对产生情况通报制度的完善，将简化繁杂的上报格式和程序，并加快信息化条件下产生情况自动报告方案的落实。韩军档案管理机构运用产生情况报告的统计和目录，一方面可以及时了解待处理档案的积累情况，以及分类和组卷环节出错的情况；另一方面也能通过了解档案产生情况的演变，预估对军队记录馆基础设施投入的预算。

（四） 引进禁止档案废弃制度

为了保留查明事故、案件真相所需的档案资料，提高公共事务的透明度，防止重要档案遗失，国家记录院采取了很多措施，但一直以来还是缺乏一定的法律依据。尤其是在"5·18 民主化运动"等韩国重大历史事件中，军队留下了很多重要的档案作为历史凭证资料。为了更好地保护这些档案，需要引入"禁止废弃制度"，而这个呼声在新修订的 2020 年《公共记录文献管理法》中得到初步体现。韩军各级档案机构也将根据这个修订案对档案废弃对象、决定权限、执行程序等内容进行调整，通过细化到军队档案法规条例层面指导具体业务实践。

（五） 制定档案侵犯公益审查制度

韩国公共机关有义务向公众说明其业务情况。不存在或缺失档案侵犯公益审查制度是作为加强公共机关这种责任意识而引入的事后管制方案。具体来说，当公共机关对因档案未产生或未登录而导致无法对公共机关执行的业务过程做出证明，或侵犯了公民的权益时，需要对不存在或缺失档案的合法性进行审查并采取相应的后续措施。军队档案管理机构也将积极引入这一制度，加强档案管理业务流程中的责任落实，为维护广大官兵的权益增加一份保障。尤其是在当前对退役军人的社会保障和服务力度持续提升的大背景下，这将对退役军人档案信息的安全管理发挥重要作用。

五 韩军战时档案工作的强化方案

丧失对战争的记忆，将会重复进行战争，为了铭记战争，不能仅依赖于人的记忆，而需要留下记录传承于后人。战时档案工作是否能够顺利展开，直接影响对战争最原始记录的收集和保存。

未来战场将实现时间压缩、空间拓展、常规互联、多维度交互等作战特点，并且更具杀伤性。制海权、制空权等单一、传统作战概念将难以在未来战场上实现。[①] 这将对朝鲜半岛的战争形态产生深刻影响，不分前后方的"广域化"战场环境中，整合多种要素条件下的多体系联合作战，必将对战场勤务支援带来更多的挑战。

韩军认为，作为应对战时状况的特殊组织，军队在平时也要做好应对突发情况处置的准备。因此，对于文件和档案的安全保障，不仅包括平时的安全管理，也要适用于战时，应更加迅速、准确、安全地对文件和档案进行收集和转移。当前，战时档案工作作为韩军档案工作的重要内容，在海外维和派兵、应对半岛突发情况、部队遂行作战任务等方面有其独特的机制和较为成熟的经验。基于以上情况，从应对未来战场环境的角度来分析，今后韩军将向着"平战结合、规范程序、技术保障"的方向发展。

（一）确保平时到战时档案管理的制度衔接

韩军战时档案管理体系与平时档案管理体系相似，但战时对于档案的安全性保障有很多条件限制。因此，韩军对战时档案的收集和管理更加敏感。特别是，为了系统地管理重要的文件材料和涉密档案，力求建立更加规范化的战时档案管理程序。对比美军，适用于战时军史相关工作的美军野战条令（美军野战条令 1-20）就明示了收集和管理战时部队档案材料的工作程序及相关要求，但韩军只在上述战时阶段的档案管理程序以及各军种档案管理规定上明确了部分内容，并没有按照一般作战计划构建战时档案管理体系，也没有具体地细化实操内容。因此，今后韩军将致力于用条令条例来进一步

---

① 程宇一、谢洋：《2050 年：未来战场环境将如何被改变》，《解放军报》客户端，http：//appapi. 81. cn/v3/public/jfjbshare/？ itemid = 250_ 6457&type = 3。

规范战时档案工作，力求更加系统地规定战时档案管理体系和流程。尤其是，韩军认为有必要组建一个专门的组织，依靠制度上的规范，构建战时自行启动主动收集档案的工作机制。目前，各军种特殊记录馆都在寻求设立类似的组织机构来推进此项工作，并研究和改善战时档案工作细则，力求档案管理在平时与战时的转换过程中，在规范化的步骤下实现有序的制度衔接。

（二）确保电子及人工两种方式的灵活运用

由于战时可能出现很多突发情况，所以对档案的安全转移很难像平时那样，以规范化、系统化的步骤和程序进行。档案的物理转移需要人员、车辆的保障，对具有历史性重要意义的档案还需配有一定的警备力量。除此之外，应对突发情况，可能还涉及其他需求，因此，在不具备足够安全条件的情况下，可能存在档案的破坏和损失等多种风险因素。

应对以上问题，最有效的方法就是加大力度推广电子化、信息化的办公模式，平时加强电子档案的产生和利用。以电子档案为中心的办公模式将实现收发文件量的最小化，其保存量不受物理环境的限制，因此在战时条件下，对档案的转移将减少很多需要考虑的因素。电子化办公模式和电子档案的管理是现代档案管理的一大趋势，而考虑战时情况时，其优越性更是被放大了无数倍。因此，韩军将积极推动电子化、信息化办公模式，加强平时电子档案的产生和利用，并制订应对战时的一系列管理方案。

另一方面，为了应对战时电子文件和档案的产生及管理受限的情况，韩军将持续强化平时的人工管理程序，巩固对纸质文件和档案的全套管理程序。尤其在战时，提前预测多种机动及运输手段受限的情况，并采取相应的应对措施，确保档案的安全。

（三）确保保存管理及修复能力的技术保障

如果在战时发生重要档案遭到破坏或受损的情况，则需要采取一定的措施对档案进行修复，并尽可能确保档案的可利用性。如果说档案的保存管理技术是为了在长期保存的过程中，能够持续保障档案的可利用性，那么修复技术就是通过恢复档案的物理化学性质，达到可利用的目的。

韩军早在2010年3月26日"天安号事件"中就通过修复技术成功还原

了很多重要的档案。这些成功案例，让韩军更加坚信保存和修复技术对战时档案工作的重要性。所以，韩军将进一步加强对保存管理的要求，并提高对受损档案的修复技术和能力。针对战时被损毁的文件和档案加强规范的保存管理，提升对这些文件和档案的修复技术。例如 2018 年韩军最新引进的"灾害修复系统"（Disaster Recovery System，DRS），可以修复因自然灾害或火灾、恐怖袭击等原因造成原始数据损坏的声像档案全部数据信息。[1] 另一方面，韩军各级记录馆将加强档案管理专业人员在保存管理及修复技术方面的教育培训，并向各级记录馆持续投入新技术装备和专业人力，确保战时发挥有效作用。

六　结论

韩军档案工作自 1999 年韩国颁布《公共机关记录文献管理法》之后，同韩国档案事业步入了法制化、制度化的建设时期，并在政府 2005 年"国家记录管理改革路线图"、2018 年"国家记录管理改革 TF"的助力之下，迎来了飞速发展。

总体来看，当前，韩军档案工作已经形成了自身独特的特点，并有明确的发展战略和实施规划。宏观上，韩军档案工作已完全纳入国家档案管理体系。但是由于军队中没有强有力的专门领导机构，各军种部队的档案工作虽各有特色，但良莠不齐、难以统筹，故总体上体现出"国家统管、军种分治"的特点。微观上，韩军档案的管理严格按照三阶段法定程序落实，各项法规制度完善，规范标准细化，体现出细而精的特点。

今后，韩军各级将不断强化军队档案事业的发展动力，加大投入档案事业基础设施建设，持续提高档案业务的法制化、制度化、专业化水平。随着国家档案管理改革及"国防改革 2.0"的深入，韩军档案管理体制将向"统筹领导、区域整合、充实人力"的方向持续发展；韩军档案法规标准建设将围绕"完善法规、统一标准、贯彻条令"原则，突出基础建设、人员培训、电子档案、开放服务四个方面，持续修订完善；韩军档案管理

---

① 김상윤，「공군 역사 영원하게，아날로그 기록 디지털 속으로…」，『국방일보』，http：//kookbang. dema. mil. kr/newsWeb/20180212/6/BBSMSTR_ 000000010025/view. do.

业务将重新规划业务流程，完善业务管理制度，有序推进业务升级；韩军战时档案工作将围绕"平战结合、规范程序、技术保障"，不断强化战时处突能力。

An Analysis of the Development Trend of the Archival Work of the ROK Armed Forces

Cui Mingjie, Xue Kuangyong

Abstract   In recent years, with the vigorous development of the national archival undertaking, the archival work of Republic of Korea Armed Forces (ROK Armed Forces, or South Korea Armed Forces) has been vigorously promoted. On the one hand, the development of the times and the drive of the policy provide external impetus for the rapid development of the ROK Armed Force's records and archives management, which is self − contained and gradually matured. On the other hand, the change of the situation on the Korean peninsula and the reform of national defense and the military have put forward urgent internal needs for the transformation and upgrading of ROK Armed Force's records and archives management, which is gradually improving. The ROK Armed Forces's archival work has entered a substantial stage of reform. Starting from the basic situation of the ROK Armed Force's archival work, this paper systematically analyzes the development trend of the ROK Armed Forces's archival work from four aspects: the records and archives management system, the records and archives regulations and standards, the records and archives management business and the wartime records and archives management.

Keywords   ROK Armed Forces; Archival Work; Records and Archives Management; Record Center

历史与文化

东方弱小民族的抗日呐喊[*]

——论韩国的华文抗日诗歌

牛林杰　张　莉

【内容提要】 20世纪上半期，朝鲜半岛遭受了日本长达36年的殖民统治。其间，很多韩国的爱国志士流亡中国，在中国开展抗日独立运动。他们创办了百余种中文报刊，积极宣传抗日主张，并通过文学创作发出他们的抗日呼声。韩国文人大多精通古汉语，在华期间又很快熟悉了现代汉语，他们创作的华文文学作品带有十分鲜明的抗日文学性质，是韩国现代文学的重要组成部分，也是东亚抗日文学的宝贵财富。由于刊载这些作品的期刊都在中国出版，韩国的华文抗日文学至今尚未引起韩国学术界的广泛关注。近年来，随着文学史料的发掘和整理，在华韩国抗日文学的面貌逐渐清晰。其中，抗日诗歌是最典型的抗日文学体裁，代表了东方弱小民族的抗日呐喊。

【关键词】 弱小民族　抗日诗歌　韩国文学

【作者简介】 牛林杰，山东大学外国语学院教授，主要从事韩国近现代文学、中韩人文交流研究；张莉，山东省泰安市宁阳县第一中学教师。

　　20世纪上半期，在日本对韩国实行殖民统治期间，韩国人民与日本侵略者展开了艰苦卓绝的抗日独立斗争。日本殖民主义者在韩国国内采取了十

---

　　* 本文系国家社科基金重大项目"二十世纪东亚抗日叙事文献整理与研究"（项目编号：15ZDB090）中期成果。

分严酷的殖民政策，凡涉及反抗日本殖民统治的言论和文学作品都不允许公开发表。因此，韩国学界普遍认为，殖民地时期的韩国并没有产生"抗日文学"。韩国出版的一些现代文学史著作中也几乎都没有关于韩国抗日文学的论述。那么，韩国到底是否存在"抗日文学"呢？

如果把视野仅仅局限于日本殖民统治下的韩国国内文坛，则韩国确实没有真正意义上的"抗日文学"。但如果把视野扩大到韩国之外，韩国"抗日文学"则有可能成立。众所周知，在韩国被日本侵占期间，很多韩国的爱国志士纷纷流亡到中国从事抗日独立运动。他们在中国开展抗日独立运动的同时，还创办了百余种中文报刊，① 通过文学创作发出了韩民族的抗日呼声。韩国文人大多精通古汉语，在华期间又很快熟悉了现代汉语，他们创作的华文抗日文学是韩国抗日独立运动实践的真实反映，带有十分鲜明的抗日文学性质。这些韩国华文抗日文学作品应该是韩国现代文学的重要组成部分。从这个意义上来讲，韩国的"抗日文学"是客观存在的。

在华韩国抗日运动是东亚抗日运动的重要一环，也是东方弱小民族开展抗日运动的代表性案例。韩国的华文抗日文学不仅反映了韩国民族的抗日意志和情感，也体现了东方弱小民族反抗日本帝国主义侵略的东亚精神和文人的文化自觉。因此，在华韩国抗日文学史料的挖掘和研究具有重要的理论价值和现实意义。

由于刊载韩国华文抗日文学作品的期刊大多都在战时中国出版，战乱导致大量资料遗失，韩国的华文抗日文学至今尚未引起韩国学术界的广泛关注。近年来，随着文学史料的发掘和整理，在华韩国抗日文学的面貌逐渐清晰。本文拟围绕中国近现代报刊上发表的韩国华文抗日诗歌，初步梳理并分析韩国华文抗日诗歌的主要内容，进而推动韩国乃至东亚抗日文学话语体系的重构。

一　壮士悲歌：爱国志士的绝命诗

20 世纪初，在强大的日本帝国主义殖民者面前，韩国作为东方弱小民族，没有力量与侵略者进行正面抗争。很多忧国忧民的韩国爱国志士不得不

---

① 杨昭全：《中国—朝鲜·韩国文化交流史》（IV），昆仑出版社，2004，第 1529～1539 页。

采取一些极端的方式反抗日本帝国主义的侵略，他们或舍身行刺日本要员，或含恨自杀殉国。在日本殖民统治韩国期间，韩国人在国内外行刺日本要员的事件时有发生，著名的行刺事件包括安重根刺杀伊藤博文、尹奉吉上海虹口公园爆炸案、李奉昌刺杀日本天皇案等。据统计，在日本吞并韩国前后，共有 50 余位韩国高官、著名文人选择了自杀殉国。其中，影响较大的人物有驻俄公使李范晋、著名文人黄玹等。

韩国抗日志士在殉国前纷纷留下绝命诗、绝命词、绝命文，以表达他们誓死不屈的抗日决心。"雄视天下兮何日成业，东风渐寒兮壮士义烈"，"国仇未报生何益，一剑横腔亦快然"。在日本吞并韩国之际，一幕幕悲壮的抗日场景反复上演，一曲曲激昂的抗日战歌响彻东方。这些数量众多的诗文是韩国抗日文学的重要组成部分，堪称韩国民族的千古绝唱。

安重根（1879~1910）于 1909 年 10 月 26 日在哈尔滨火车站击毙伊藤博文，被时人誉为"亚洲第一义士"。关于安重根行刺伊藤的世界意义，当时有人指出"安重根之狙击伊藤，岂仅为祖国复仇计？实划除世界和平之公敌，其功非特为韩歼仇，更为东亚保和平之局也"。[①] 安重根在赴义举之前，曾作《丈夫歌》。

丈夫歌

丈夫处世兮/其志大矣，时造英雄兮/英雄造时。

雄视天下兮/何日成业，东风渐寒兮/壮士义烈。

忿慨一去兮/必成目的，鼠窃伊藤兮/岂肯比命。

岂度至此兮/事势固然，同胞同胞兮/速成大业。

万岁万岁兮/大韩独立，万岁万岁兮/大韩同胞。

《丈夫歌》有安重根亲笔书写的汉文和韩文两个版本传世。这首诗抒发了安重根无比坚定的抗日志向，表达了"风萧易水，壮士不返"的英雄气概。此外，安重根在临刑前还留下了"丈夫虽死心如铁，义士临危气似云"的绝唱。安重根刺杀伊藤博文事件在中韩两国引起了巨大的反响，当时的报刊登载了大量相关新闻报道和纪念诗文，其中最有影响力的人物当属梁启

---

① 同人：《吊安重根义士并告两国人民》，《震坛周报》1921 年第 9 号。

超。梁启超为纪念安重根之义举作长诗《秋风断藤曲》，诗中有云"黄沙卷地风怒号，黑龙江外雪如刀。流血五步大事毕，狂笑一声山月高"，"万人攒首看荆卿，从客对簿如平生。男儿死耳安足道，国耻未雪名何成"。① 生动地再现了安重根刺杀伊藤博文的壮观场面，成功地塑造了安重根大义凛然、不畏牺牲的英雄形象。梁启超在《朝鲜哀词二十四首》中又以安重根为题作诗："三韩众十兆，吾见两男儿。殉卫肝应纳，椎秦气不衰。山河枯泪眼，风雨闭灵旗。精卫千年恨，沉沉更语谁。"② 梁启超在诗后注释中指出："韩亡之前一年，韩义民安重根，狙击前统监伊藤博文于哈尔滨，毙之。旋被逮，从容就死。韩亡后三日，忠清南道金山郡守洪奭源仰药死。"由此可见，安重根刺杀伊藤博文在中韩两国的影响之大。

尹奉吉是韩国另一位抗日义士，他自幼学习汉学，熟读四书五经，擅长汉诗汉文且精通日语，是一位才华横溢的知识青年。1930 年，23 岁的尹奉吉为反抗日本的殖民压迫，给家人写下"丈夫出家生不还"的留言，毅然离家前往中国从事抗日独立运动。1932 年 4 月 29 日，尹奉吉在上海虹口公园刺杀日本陆军大将白川义则等人，被当场逮捕。同年 12 月押送日本，在石川县金泽壮烈就义。尹奉吉在行刺日军将领的两天前即 1932 年 4 月 27 日，曾亲自前往虹口公园勘察地点，并留下了他人生的最后一首诗歌。

> 萋萋芳草兮，明年春色至，与王孙同归来。
> 青青芳草兮，明年春色至，来去高丽江山。
> 多情芳草兮，今年四月二十九日以放炮一声为盟誓。③

尹奉吉的这首诗歌简洁明了，不拘泥于形式，但其至诚的爱国情怀和勇往直前的战斗精神跃然纸上。从诗中"青青芳草""多情芳草"的比喻中又不难看出抗日壮士的家国情怀。尹奉吉在留给两个儿子的遗嘱中说："汝等勿以无父而悲，汝等幸有慈爱之母，可受其教，养而成功，以继乃父之志焉。"④ 明确表达了尹奉吉期望其子继承自己志向、为国家独立而奋斗的拳

---

① 沧江：《秋风断藤曲》，《国风报》1910 年第 1 卷第 1 期，第 10～11 页。
② 沧江：《朝鲜哀词》，《国风报》1910 年第 1 卷第 21 期，第 129～133 页。
③ 凤凰：《尹奉吉之遗嘱与诗歌》，《礼拜六》1933 年第 485 期，第 16～17 页。
④ 凤凰：《尹奉吉之遗嘱与诗歌》，《礼拜六》1933 年第 485 期，第 16～17 页。

拳之情。

在为抗议日本侵略而自杀殉国的韩国志士中，著名文人黄玹的影响最大。黄玹（字梅泉，1855~1910）被誉为朝鲜朝末期"汉学四大家"之一，著有《梅泉野录》《梧下纪闻》等著作。1905 年 11 月，日本乘日俄战争胜利之机，强迫韩国政府签署《乙巳条约》，使韩国沦为事实上的殖民地。黄玹悲愤欲绝，先后写下《闻变三首》和《五哀诗》，表达他对卖国贼的痛恨和对爱国志士的哀悼。1910 年 9 月，当黄玹听闻《日韩合并条约》签订的消息后，留下四首绝命诗，自杀殉国。

绝命诗四首

乱离滚到白头年，几合捐生却未然。
今日真成无可奈，辉辉风烛照苍天。

妖氛掩翳帝星移，九阙沉沉昼漏迟。
诏敕从今无复有，琳琅一纸泪千丝。

鸟兽哀鸣海岳颦，槿花世界已沉沦。
秋灯掩卷怀千古，难作人间识字人。

曾无支厦半橼功，只是成仁不是忠。
止境仅能追尹谷，当时愧不蹑陈东。[①]

"鸟兽哀鸣海岳颦，槿花世界已沉沦"，面对韩国在日本帝国主义强权和暴行下不幸沦亡的悲剧，就连鸟兽都深感不平，发出了凄惨的哀鸣；大海和群山也像是于心不忍，纷纷皱起了眉头。而作者作为一介书生，更是深感无奈，在发出"秋灯掩卷怀千古，难作人间识字人"的哀叹之后，结束了自己的生命。

韩国爱国文人金道贤，庆尚道英阳人，为人慷慨意气，曾多次与同志密谋为国举义，反抗日本侵略。1910 年日本吞并韩国之时便欲以死殉国，但

---

① 《韩国殉先烈遗诗：黄玹先生殉国四首》，《革命公论》1935 年第 6 期，第 80 页。

因家有老母而不敢死。1914年11月母亲去世后，金道贤投海自杀，殉国前留绝命诗如下。

> 我生五百末，赤血满空肠。
> 中间十九岁，须发老秋霜。
> 国亡泪未已，亲没心空伤。
> 万里欲观海，七日当复阳。
> 独立故山碧，百技无一方。
> 白白千丈水，足吾一身藏。[①]

韩国自古以来深受中国儒家文化的影响，忠孝思想可以说是韩国传统文化的核心。金道贤在"忠孝两难全"的情况下，选择了先尽孝再尽忠，实现了朝鲜文人传统的人生理想。"国亡泪未已，亲没心空伤"，国家沦亡，亲人离世，作者的悲伤之情可想而知。然而，"独立故山碧，百计无一方"，作者深感无力回天，无奈之下，选择了自杀殉国。

日本吞并韩国之际，自杀殉国的除了儒生文人之外，也有一些韩国政府官员。1910年12月27日，韩国驻俄国公使李范晋自杀殉国，事前曾电奏其皇帝曰："国亡君失未能报仇，兴复苟生不如义死。"临死时口呼二绝句如下。

> 国亡君失我何归，支厦擎天事事非。
> 万里孤臣忠胆裂，悲风渐沥雪霏霏。
> 欧美栖迟十六年，忍看宗社破无全。
> 国仇未报生何益，一剑横腔亦快然。[②]

李范晋作为近代韩国的外交官，在长年与西方列强打交道的过程中，深刻体会到"弱国无外交"的道理，但李范晋无论如何也难以接受"国亡君失"的现实，"万里孤臣忠胆裂"正是李范晋心理的真实写照。"国仇未报

---

① 《金道贤先生殉国遗诗》，《革命公论》1935年第6期，第72页。
② 《高丽驻俄罗斯公使李范晋绝命诗2首》，《东方杂志》1911年第2期，第27页。

生何益，一剑横腔亦快然"，对于大韩帝国的外交官来说，自杀殉国也许是抗议日本帝国主义侵略最有效的方式了。

二 亡国哀叹：流亡文人的忧国诗

日本占领朝鲜半岛之后，对韩国实行了严酷的殖民统治，先后采取了"武断统治""文化统治""民族抹杀"等殖民政策。在政治上高压震慑，在经济上进行大肆掠夺，在文化上则迫使朝鲜人学习日语，对其进行愚民奴化教育。企图通过上述一系列政策，使朝鲜半岛真正成为日本的国土。流亡中国的许多韩国文人志士切身体会到了亡的悲哀，他们在开展武装反抗的同时，还通过文学创作抒发自己的亡国悲愤以及对日本帝国主义的痛恨之情。

去国吟

某韩人

欲哭不能哭，欲行不忍行。

乾坤双泪眼，何处是秦庭。[①]

在韩国完全沦为日本殖民地之后，许多韩国人选择流亡国外。他们一方面割舍不下对于祖国的故土深情，另一方面又不甘忍受日本的殖民压迫。可以说，流亡对于他们是一种无奈而又痛心的艰难抉择。《去国吟》从一个普通韩国人的视角，抒写出在离开祖国之时的无限留恋，双目满含泪水，是对故土爱得难舍；双脚难以迈步，是对故国爱得深沉。作者宁愿成为无根之草的流亡者，也不愿在日本殖民统治之下卑躬屈膝地生活。

亡国吟

朝鲜 林贞吉

大声何处泣铜驼，麦秀禾离不忍过。

生死几人完责任，英雄无地起干戈。

---

① 《东方杂志》1911年第2期，第26页。

江山依旧前朝样，人物无如妾妇多。

我亦四千年睡醒，痛心常唱大风歌。

国破君亡事可哀，江流犹带血痕来。

当年屠戮难追忆，此日阴霾尚未开。

皮肉空存怜赤子，头颅虚掷哭英才。

仇深报复知何日，不信黄魂唤不回。①

　　日本帝国主义的侵略使得韩国国土沦丧，君主不再。大规模残酷的镇压屠杀，使得江河中都有了血色，无数无辜平民和英才惨遭屠戮。作者林贞吉在诗歌中一方面悲痛于侵略者给韩国带来的"国破君亡"，表达出对于日本屠戮的悲愤；另一方面则呼吁国人勿忘国耻、奋起反抗。"仇深报复知何日，不信黄魂唤不回"，彰显了作者打败日本侵略者、实现国家独立的坚定决心。

朝鲜遗老哀国歌

小楼一角秋江雨，遗老吞声哭且数。

我是汉城宫里人，凄凉阅尽兴亡苦。

苦忆前尘涕泪潸，南唐一阕念家山。

两朝旧事向谁诉，万里孤臣有梦还。

（中略）

一千九百十年秋，江汉带血向西流。

野哭千家尽蹈海，国伤五百争断头。

悲来辄至先皇陵，整日长流泪不止。

昨夜梦中见先皇，龙颜凄恻泪万行。

殷勤苦向老奴道，檀君子系未天亡。

呜呼国民听圣主，亡秦尚有三户楚。②

---

① 《国民公论》1932 年第 1 卷第 36 期，第 501 页。

② 《尚志》1934 年第 3 卷第 1 期，第 12 页；另载《复旦》1916 年第 1 卷第 2 期，第 17 ~ 18 页。

　　这是一位朝鲜王宫的宫人在亡国之后写的一首凄凉的悲歌，也是一位迟至暮年的老人对朝鲜亡国过程的痛苦追忆。作为曾经的汉城宫里人，见证了国王的成长和宫廷的兴衰，他自豪于自己曾经陪伴在国王左右，骄傲于生活在最具荣耀的宫廷之中，他本以为自己会这样度过一生，可是日本人的侵略改变了他的生活，更残忍的是日本人摧毁了王宫，也摧毁了他的依赖与希望。作为一位风烛残年的老人，对于抗争，他已是心有余而力不足，作为一位常年生活于宫内，与社会脱节的人，他更不知如何去寻找抗争的道路，也因此更加地感到无措和绝望。所以他只能在对先王无尽的追思和茫然无措的国殇恐惧之中哭泣。在这里，我们可以感受到，日本的殖民侵略给韩国人民带来的不仅是物质和肉体上的苦难，更为深重的是给韩国人的心灵带来的那种亡国之后无所依的彷徨和对未知的恐惧。

三　抗日呐喊：义勇将士的抗战诗

　　流亡中国的韩国志士，为了祖国的光复，在中国展开了艰苦卓绝的武装斗争。以金九为首的大韩民国临时政府，在中国政府的支持下，通过开展丰富的外交活动，在国际社会不断发出韩国抗日独立的呼声。而以金若山、李青天等人为首的朝鲜义勇队，则与中国军队联合作战，不间断地开展抗日武装斗争。韩国义勇将士们在战斗间隙创作了大量抗战诗歌，这些诗歌有的歌颂战士们的无畏精神，有的鼓舞战士们的英勇斗志，有的号召中韩联合抗日，可谓韩国抗日文学中最具有战斗力的作品。

八二九
重光

　　被踩蹦的/国耻日，/八月二十九日哟！/从悲惨的/八月二十九日起，/人面兽心的日本强盗，霸占了美丽的朝鲜，/吮吸，全民的血，/剥削，全民的肉，/榨取，全民的汗，/迫得颠沛流离！/美丽的国土上，/成群的纵横到荒野！/从八月二十九日起，/爱国的大众们，/跳跃着，/向日本军阀，/向日本财阀，/向韩奸走狗，/打击，暴动，暗杀！/如今，/不愿做亡国奴的人们呀！/打断钢与铁的锁链，/团结起来！/向着光明的道路前进吧!①

1910 年 8 月 29 日，在日本的强压之下，当时的大韩帝国与日本签订了
《日韩合并条约》，由此，朝鲜半岛完全沦为日本的殖民地。诗文直接以
"八二九"为题，醒目而又强烈地表达出对于这一国耻日的刻骨铭心，曾经
美丽的国土，现今沦为被蹂躏的殖民地，日本强盗残酷地剥削和压榨着无辜
的百姓，作为同胞，怎能不感同身受？怎能不感到愤慨？所以，作者直抒胸
臆，强烈号召爱国大众团结起来，拒绝做亡国奴，向武力镇压国人的日本军
阀和贪欲无度地攫取经济利益的日本财阀以及无耻地出卖国家利益的韩奸走
狗发起坚决的斗争。作者通过短小精悍的诗句，简洁明了而又有力地告诉人
们，不要被日本帝国主义的野蛮外表吓倒，团结起来，坚持斗争，才是正确
的选择。

朝鲜义勇队

我们是朝鲜义勇队。/我们一百二十个，/从帝国的鞭挞下，/从哭泣着
的国土上，/从海的那边，/走向斗争的中国。/从辽远的年代起，/中国和朝
鲜，/就是最亲切的兄弟。/今天，/中国和朝鲜，/呼吸着同一的痛苦，/呼
吸着同一的仇恨。/日本帝国主义带给我们朝鲜的一切灾难，/也在带给我们
亲爱的中国。/为了中华民族的解放；/为了在血泊中呻吟着的/悲哭着的/愤
怒着的/朝鲜民族的独立，/自由！/我们在中国的土地上，/向日本的法西强
盗搏斗！/和中国的兄弟们在同一的战场上一起战争，/一起流血。/西班牙
的国际正运用铁手！/扼住那个人类叛徒佛朗哥的喉咙；/我们要用正义的子
弹，/射击那东方的暴君！/我们已经把斗争的手臂，/伸给中国，/伸给我们
的朝鲜，/伸给西班牙，/伸给全世界的兄弟。/中国的兄弟们，/已经用鲜红
的热血，/预约了光荣的胜利，/在我们长白山的森林里，/图们江的原野
上，/我们朝鲜的千万兄弟，/已经从三十年的仇恨的日子里站立起来！/在
被法西斯的血腥所涂抹过的东方，/我们和中国的兄弟，/正准备着一个胜利
的血战。/我们要从血泊中站立起新的朝鲜，/新的中国，/新的世界。/我们

---

① 《朝鲜义勇队通讯》1939 年第 24 期，第 6 页。

是朝鲜义勇队。①

1938 年武汉保卫战期间，韩国志士金若山成立朝鲜义勇队，宣布参加中国抗战。朝鲜义勇队成立后就投入中国的对日抗战之中，成为中国抗战中的一支国际队伍。从上述诗歌可以看出，作者不仅认识到中韩联合抗日的必要性，同时也认识到要想取得反法西斯斗争的全面胜利，就要团结全世界受压迫的弱小民族共同斗争。在华韩国人积极投入中国的抗日战争，不仅是为了帮助中国，更是为了光复韩国乃至谋取世界的和平。东亚抗日斗争的现实将中韩两国人民紧紧联系在一起，打败日本侵略者成为中韩两国的共同目标。

你是义勇的战士（给前方朝鲜义勇队同志们）

李斗山

你是义勇的战士，/义勇的结晶！义，/不容你沉醉在"沙泼"上躺卧；/勇，/不许你缄默在斗室里蛰伏。你像火块似的热烈，/你像电气似的飞跑！/呵！我年青的同志们还记得吧！/我和你在羊垣拍案起时，/珠江风月怎敢来留恋我们的飞步；/白云山林也不敢遮着我们北上的路。/那时的血潮，/还在你和我的心脏鼓涌着！/战士们，/鸭绿江水等着你早点来，/涤你青龙刀上仇血斑痕；/同志们，/东海水候着你快点来，/洗你沙场上炮烟污泥的身躯。/你是义勇的结晶，/去吧向前去！/死也是"永生"，/生也是"永生"，/这是无上的光荣，/也是人生的最高理想。②

李斗山（1896～?）是在华韩国抗日独立运动的重要人物，他不仅积极投身抗日武装斗争，还大力宣传中韩两国联合抗日的重要性和必要性。李斗山于 1939～1942 年在中国广西创办了《东方战友》杂志，以此为宣传阵地，呼吁中韩两个民族以及所有东方弱小民族联合起来，携手建立以中国为主力和中心的反对日本法西斯的联合战线。其所倡导的这种联合战线思想，既表明了他强烈的抗日决心，也体现了其敏锐的国际意识。李斗山在诗歌

---

① 《军事杂志》（南京）1939 年第 112 期，第 104 页。
② 《朝鲜义勇队通讯》1939 年第 6 期，第 5 页。

中，歌颂义勇队的战士是"义勇的结晶"，他们有着团结一致抗日的赤血忠诚，他呼吁同志们要向死而生，面对残酷的战争，不要畏惧牺牲，因为反抗法西斯的斗争是"无上的光荣"和"人生的最高理想"，这是为大义而战。紧接着，他向自己在前线战斗的亲人——他的弟弟和两个儿子表达深切的问候和战斗的鼓励。他不仅是以笔为武器，激励战士义勇抗战，更是以自己和亲人的实际斗争与日本法西斯做着持久的抗争。

积累的血债　要在此时偿还（为纪念三一而作）
奉文

　　野火燃逼了朝鲜，/半岛上有的只是火焰，/光芒照射了无边的原野，/大众的喊声在火光中出现。/前进！战斗！/战斗！向前！朝鲜的大众们！/让我们同赴最前线！/三一的斗士三千万！/让我们快做反倭总动员！/悲怨，愤怒已不能抑止在心坎，/伟大的攻击战斗已辉煌在眼前，/肉搏！追击！/光明，不远。/朝鲜的大众们！/积累的血债，/要在此时偿还。[①]

　　1919 年 3 月 1 日，韩国国内爆发了反抗日本殖民侵略的三一运动，这是韩国历史上一次大规模的自发性的反帝爱国运动，这股反抗的热潮迅速波及中国、美国等海外地区，点燃了世界各地的韩人反抗日本殖民侵略的斗志。上述诗文作于三一运动两周年纪念之时，作者借回顾三一运动之机，歌颂三一运动所展现的反抗帝国主义殖民掠夺，维护国家主权的强烈爱国主义精神，呼吁大众继承三一运动的抗争精神，在日本残酷的压榨现实面前，不要止于"悲怨和愤怒"，而应该勇敢地拿起武器去"前进！战斗！战斗！向前"。只有积极通过武装斗争，通过不畏牺牲的战斗，才能偿还积累的血债。

　　在义勇将士的诗歌中，我们不难看出，他们的文字并不太注重修饰，多以直白的方式，简短有力地表达出内心激烈的情感。他们的诗文多取材于鲜活的战争体验，选取典型的战斗事实，描写战场的激烈，歌颂不畏牺牲的战士，赞扬战士与敌人周旋的勇敢与机智。通过精悍有力的诗歌，抒发了战士们心中的抗日情感，激发了战士们团结抗战的决心和意志。诚然，义勇将士

---

　　① 《朝鲜义勇队通讯》1940 年第 33 期，第 7 页。

的诗歌作品在文学性上稍显逊色，但考虑到当时他们的现实境遇以及现实需要，他们的诗歌也充分发挥了"诗，可以群，可以怨"的功用。义勇将士的抗战诗歌因其真实鲜活的取材，得以让读者超越时空局限，回归到历史现场之中，感受到深沉的战争气息和抗战的全民热情。

四 结语

韩国抗日志士在中国创作和发表的华文诗歌作品，表现了他们个人以及他们所代表的韩国全体民众对于日本殖民统治的愤慨与反抗意志。爱国志士不堪忍受国家沦为"禽兽之域"的历史际遇，或选择舍身行刺日本高官要员，或含亡国之恨而自杀殉国，他们的爱国绝唱激励了国内外无数志士前赴后继地投入争取国家独立的斗争之中。流亡文人以手中之笔抒发胸中对于亡国的哀叹，既深切地表达出对于国家沦陷的无限悲痛，又表达了文人的家国情怀和对于民族未来的深沉忧虑；义勇将士的抗战诗简洁精悍，再现战场，讴歌战士，既热情地激励战士们要不畏牺牲、坚决抗战，又热切地表现了要团结世界弱小民族联合抗日的开放精神。

韩国流亡文人的这些诗歌作品从侧面表现了韩国民族的一个时代缩影与历史绵延性。透过这些诗歌，我们可以体会到反抗日本殖民侵略的时代诉求，也可以感受到韩国民族文化传统中的忠孝刚义的历史承继性。韩国流亡文人创作的华文抗日诗歌大多都是笔者近年新发掘的文学史料，这些资料对于重构韩国抗日文学话语体系具有重要的学术价值。

The Cry of the Small and Weak Nations in the East
—*On Korean Anti – Japanese Poetry in Chinese*

Niu Linjie, *Zhang Li*

Abstract　During the first half of the 20th century, The Korean peninsula suffered 36 years of Japanese colonial rule. During this time, many Korean patriots went into exile in China, where they launched the anti – Japanese independence movement. They founded more than 100 kinds of newspapers and magazines in Chinese and Korean, actively propagandizing their anti – Japanese views, and issued their anti – Japanese calls through literary creation. Most of the Korean literati were proficient in ancient Chinese, and they soon became familiar with modern Chinese during their stay in China. The Chinese literary works they created had a very distinct nature of anti – Japanese literature, which was an important part of Korean modern literature and a valuable treasure of East Asian anti – Japanese literature. As most of these works are written in Chinese, they have not yet attracted extensive attention from the Korean academic circle. In recent years, with the discovery and arrangement of literature historical materials, the appearance of anti – Japanese literature in China and Korea has gradually become clear. Among them, anti – Japanese poetry is the most typical Korean anti – Japanese literary genre, and also represents the cry of the small and weak nationalities in the East.

Keywords　Small and Weak Nations; Anti – Japanese Poetry; Korean Literature

20世纪初中国辽宁地区朝鲜人社会经济生活研究[*]

姜秀玉　张古悦

【内容提要】 20世纪初，因日本帝国主义的残酷统治而导致的政治迫害与自然灾害，造成大量朝鲜人民背井离乡，很多人前往并定居在中国东北的辽宁地区。与吉林地区相比，辽宁地区朝鲜人的研究略显单薄。辽宁地区朝鲜人的人口分布与经济生活状况是判断辽宁地区朝鲜人发展情况的重要因素。本文以当代辽宁的行政区划为地理范围，通过研究20世纪初辽宁地区朝鲜人的人口变化、地理分布及经济生活等方面状况，并进一步探索在辽朝鲜人的职业构成、社会结构等特点，以使我们能够更加全面客观地理解移民至辽宁地区的朝鲜人，也希望能够对辽宁地区朝鲜人的发展历史予以补充。

【关键词】 朝鲜人　人口变化　地理分布　经济生活　中国辽宁

【作者简介】 姜秀玉，延边大学人文社会科学学院历史系教授、博士生导师，主要从事近现代中朝韩日关系史研究；张古悦，延边大学人文社会科学学院2018级世界史学科博士研究生。

朝鲜人，亦称"韩人""高丽人""韩侨"等。本文所涉及的"朝鲜人"是指20世纪初期，从朝鲜半岛迁居至中国的朝鲜人，他们因朝鲜半岛

---

* 本文系2016年国家社科基金（西部）项目"近现代中国、日本、琉球关系研究"（项目编号：16XZS018）的阶段性成果。

境内自然与政治等因素背井离乡，迁往中国东北辽宁地区寻求生计，以躲避饥荒与日本帝国主义的残酷统治。① 作为朝鲜人主要迁入地点之一，20 世纪初期的辽宁是朝鲜人较为活跃的地区，而当时朝鲜人的人口迁移、地理分布与经济生活是判断辽宁地区朝鲜人生活发展的重要因素。如今，和作为朝鲜人研究焦点的吉林地区相比，与朝鲜半岛仅一江之隔的辽宁地区的朝鲜人研究则略显单薄。因此，本文以当代辽宁省的行政区划为研究范围，探索当时辽宁地区朝鲜人的人口变化、地理分布，以及以职业、收入为代表的经济生活等方面的特点，以使我们更加全面、客观地了解 20 世纪初"移民潮"时期的朝鲜人，也希望对辽宁地区朝鲜族的发展史做一部分补充。

一　辽宁地区朝鲜人的地理分布与人口变化

1910 年，日本彻底吞并朝鲜后，实施了持续 8 年的"土地调查事业"，对朝鲜的耕地进行了一次彻底详细的调查，确定土地的所有权和地价，② 其最终目的是掠夺朝鲜土地，导致绝大多数农民破产。同时，由于日本实行野蛮残酷的宪兵独裁统治，严重践踏了朝鲜人民的生存权利，最终催生了朝鲜近代第二次移民潮。被迫迁往中国东北地区的朝鲜人达几十万之多，根据《满洲省委文件》的记载："韩国民众……扶老携幼流难乞丐，移来满洲者，日增月加，而年年几万几十万的多数……"③ 1910～1919 年，辽宁地区的朝鲜人分散流落在旅顺、大连、金州、丹东、凤城、宽甸及沈阳等地。笔者对日本外务省政务局所发行的《关东州及满洲居住的日本人及朝鲜人分布状况略图》④ 所统计数据进行整理计算，从而得出辽宁地区朝鲜人（包括领事馆区域、铁路附属地、杂居地、开放地、开放地外等）人口分布情况（见表 1）。

---

① 辽宁省地方志编纂委员会办公室主编《辽宁省志少数民族志》，辽宁民族出版社，2000，第 237 页。
② 〔日〕宫嶋博史：《朝鲜土地調查事業史の研究》，东京大学东洋文化研究所，1991，第 5 页。
③ 江宇：《驻满韩侨之情势报告》，《东北地区革命历史文件汇集（乙 2）》，中央档案馆、辽宁省档案馆、吉林省档案馆、黑龙江省档案馆，1991，第 21 页。
④ 中国边疆史地研究中心、辽宁省档案馆、吉林省档案馆、黑龙江省档案馆合编《东北边疆档案选辑》（五十一），广西师范大学出版社，2007，第 167 页。

表 1   1912～1915 年辽宁地区朝鲜人人口分布状况统计

单位：名

管辖区域	1912 年	1913 年	1914 年	1915 年
安东地区	16260	18800	18876	23767
牛庄地区	190	1	8	200
辽阳地区	1	4	6	15
奉天地区	1016	975	567	489
铁岭地区	2437	35	415	361
关东州地区	38	27	31	65
总计	19942	19842	19903	24897

注：需要说明的是，1912 年与 1913 年的安东朝鲜人人口原始数据包含了吉林省集安、通化、临江地区的数据，笔者经过计算人口增长率，得出辽宁省的安东朝鲜人人口的估算数据；辽阳地区的朝鲜人入驻从 1921 年开始，因此此地的朝鲜人数量不多。

资料来源：日本外务省政务局：《关东州及满洲居住的日本人及朝鲜人分布状况略图》，1914～1916 年。

由表 1 可知，首先，辽宁地区朝鲜人的人口数量于 1912～1914 年处于较为平稳的态势，但 1915 年的朝鲜人人口则比 1914 年迅速增长了 25%。[1]究其原因，与日本"换位移民"政策有直接关系。1914 年，日本修改了移民实施规则，朝鲜境内的日本前期甲、乙两种移民变为所在土地的所有人，[2]享有土地所有权，日本对其实施经济补贴，这导致 1914～1919 年朝鲜农村的地主佃农比例发生了巨大变化，日占朝鲜农村的经济支配关系也随之发生变化，地主的比例上升了近 90%，佃农增加了近 6%，而朝鲜的自耕农比例从 22% 降至 20%。大量朝鲜农民丧失了土地，失去了生存基础，在朝鲜总督府的鼓动与逼迫下，被迫流亡到中国东北地区。[3]

辽宁的安东地区（今丹东市、凤城、宽甸、桓仁、兴京等地）位于鸭绿江北岸，与朝鲜仅一江之隔，因此流亡的朝鲜人涌入安东地区，或定居于此，或作为暂时的落脚点前往辽宁其他区域。日本在安东地区拥有铁路附属地以

---

[1] 中国边疆史地研究中心、辽宁省档案馆、吉林省档案馆、黑龙江省档案馆合编《东北边疆档案选辑》（五十一），广西师范大学出版社，2007，第 167 页。

[2] 东拓推行的日本移民政策条件非常优惠，第 1～5 次的日本移民分为甲种和乙种。甲种移民是指移民后享有土地所有权者，而乙种移民是指移民后单纯做佃农者。1914 年 4 月修改的移民实施规则中，乙种移民被取消，日本移民全部成为地主。参见孙春日《中国朝鲜族移民史》，中华书局，2009，第 236 页。

[3] 孙春日：《中国朝鲜族移民史》，中华书局，2009，第 237 页。

及开放地，早已经营多年，朝鲜人在此地受日本法律保护，几乎不受中国法律约束。日本领事馆一直借保护朝鲜人之名，秘密对中国领土进行调查，并多次派出军警以武力干涉朝鲜人与当地村民的民事问题。由于日本人的袒护，中国官方基本无法限制朝鲜人的农商活动。此外，安东地区不但曾经拥有丰富的木材资源，同时还起着开埠通商的作用，贸易往来人口较多，再加上安奉铁路源源不断的运输，因此安东地区朝鲜人人口数量相较其他地区居高不下。

牛庄（今营口①）地区设有日本的居留民团，作为辽宁地区的通商口岸之一，朝鲜人在此地多从事进出口贸易，出售牛皮、人参、纸类等朝鲜特产，并购买中国产品，但此地朝鲜人大多为商人，人口数量变化较大，根据记录，1916年开始才出现于此地永住的朝鲜人。②

奉天区域（今沈阳、新民、本溪湖等地）从1908年开始有朝鲜人于新民县西公太堡地区耕种水田，1910年沈阳吴家荒与北陵附近也出现朝鲜人试种水田，但由于水利设施不完善，试作失败。但安奉线的开通促使朝鲜人前往奉天地区移住，1912年，日本开始投资沈阳附近水田，并将浑河附近的水源引至北陵以西，水渠绵延10余里，将低洼地与旱田地改为水田，从而引来更多的朝鲜人进行种植。抚顺地区的朝鲜人除了开拓水田，还于1913年开办了稻米商业与旅馆业，本溪地区则在1911年创立中日合办的煤铁公司，此地短期雇佣劳动者与小商品店、饭店从业者日益增加，其中朝鲜人数量也为数不少。

铁岭区域（今铁岭、法库、开原等地）地处辽河附近，水源丰富，非常适合种植水稻，从1914年开始，由中国人杨春芳经营的圃记稻田公司开张后，招收大量朝鲜人于乱石山、沙坨子、荣家屯附近进行农事作业。1917年，开原、法库等地区的朝鲜人于清河流域与大卡邦子地方附近相继开垦水田作业，由此，铁岭地区的朝鲜人人口数量开始逐年增加。

1919年，在《满洲地志》中记录了都督官房文书课调查的领事馆区域与附属地朝鲜人人口数据（参见表2）。

---

① 牛庄距离营口约45公里，处于辽河下游，中英《天津条约》中将此地设为通商口岸，但由于当时水道堵塞，英国要求将没沟营（今营口）改为通商地点，但《天津条约》无法更改，因此，英国人将营口称为牛庄，导致了牛庄与营口地名的混乱，本文中出现的牛庄实际是营口。

② 〔韩〕玄圭焕：《韩国流移民史》（上），三和印刷株式会社，1976，第183页。

表 2   1919 年辽宁地区朝鲜人人口分布状况统计

单位：人

	男	女	共计
关东州	96	80	176
南满铁道附属地	839	579	1418
牛庄领事馆	28	29	57
辽阳领事馆	13	15	28
奉天领事馆	917	701	1618
新民府领事馆	5	1	6
铁岭领事馆	4448	2900	7348
安东领事馆	2116	1925	4041
总计	8462	6230	14692

注：除记录外，仍有大量朝鲜人口未进行统计。

资料来源：《满洲地志》，1919 年，转引自中国边疆史地研究中心、辽宁省档案馆、吉林省档案馆、黑龙江省档案馆合编《东北边疆档案选辑》（五十一），广西师范大学出版社，2007，第 228 页。

根据表 2 所示，1919 年的辽宁地区朝鲜人与 1915 年相比，减少了近 70%，辽宁地区朝鲜人向其他地区的流动是主要原因之一。如上文所述，安东地区处于鸭绿江北，是前往辽宁或其他地区的"第一站"。因此，在"移民潮"结束之后，安东地区的朝鲜人由于资源分配不足，逐渐向辽宁各地及其他省份流动。有大量朝鲜人通过安奉线与南满铁路，到达辽宁的东北部，或留居此地，或转入定居吉林地区。特别是 1917 年和 1918 年米价飞涨后，南满株式会社劝业调查课发现因开发吉林荒地价格更为低廉，辽宁地区的大量朝鲜人已经开始出现向吉林地区方向移动的趋势。[1]

而中国官宪对朝鲜人的政策因素也显然影响了朝鲜人在辽宁地区的生存环境。1910 年 8 月 2 日，《怀仁（今桓仁）县知县马俊显就拟韩侨保安条例情形给韩国钧的呈文》中提到："（朝鲜人）一旦闻我准其入籍，既不强其薙发易服，又可享入籍后种种权利，亦安有不愿弃故国而就新邦者？……遵照条例编查户口，引其入籍，归我法权，如不愿入籍者，但能就我范围亦仍听其安业。"[2] 由此可见，当时辽宁地区的一部分官宪对于朝鲜人的态度是

---

① 中国边疆史地研究中心、辽宁省档案馆、吉林省档案馆、黑龙江省档案馆合编《东北边疆档案选辑》（五十一），广西师范大学出版社，2007，第 379 页。

② 中国边疆史地研究中心、辽宁省档案馆、吉林省档案馆、黑龙江省档案馆合编《东北边疆档案选辑》（四十），广西师范大学出版社，2007，第 1 页。

同情并乐于接纳的。20 世纪初，辽宁地区的官宪对于朝鲜农民实施奖励政策，以吸引其开垦土地。在设立奉天水利局之后，引导朝鲜农民挖掘开垦河流周围的湿洼地，在塔湾、北陵等地开辟了近 6000 垧水田，颁布了《水稻耕种奖励单程》。[①] 但由于奉天当局对辽宁地区朝鲜人的态度变化，此后对朝鲜人则更多的采用限制政策，其原因为以下三点。

第一，迁移至辽宁地区的朝鲜人身份具有特殊性，国籍模糊不清，在日方看来，未入中国籍的朝鲜人在外交身份上为日本人，而入中国籍后的朝鲜人，日方认定为中日双重国籍。中日《满蒙条约》[②] 签订后，只要涉及朝鲜人，日本方面就会强力介入，造成了多次外交上的纷争，而入籍后的朝鲜人在购买土地后，往往会招揽一大批未入籍朝鲜人进行耕种，而一部分中国人也将土地私自卖给朝鲜人，造成了行政管理上的困难，同时双重国籍也严重影响了执法。1917 年辽宁当局出台了《拟筹防侨奉朝鲜人购买田地办法》，规定"已入籍者均令速出本国籍方准享有土地耕种之权，其未入籍者令其一律补领护照，按新约之杂居日人办法办理，至未入籍而获垦种权多年者，应令其补请入籍，如不愿入籍只有责令退出耕种之地或改为商租，并一面密令各县商民不得有擅自与朝鲜人私行售卖抵押土地等情"。[③]

第二，一部分朝鲜人实际上受日本人的指示，租种田地后又私自转租给日本人，造成了领土上的纷争。这些朝鲜人私自结社，建立了诸如"旅满朝鲜人会""朝鲜事务团"等亲日团体。[④] 这些亲日团体大量购置水田，并故意挑起事端，导致日本军警多次跨境执法，侵犯中国主权。对于此种行为，张作霖于 1919 年制定了《防制朝鲜人会收买水田办法》，[⑤] 后将此办法更名为《提倡华民耕种水稻办法》，调查水田面积，劝说乡绅地主集资耕

---

① 高永一：《中国朝鲜族通史（近代～1952 年）——中朝韩关系史》，首尔：白岩出版社，2007，第 53 页。

② 中日《满蒙条约》，全称为《关于南满洲及东部内蒙古之条约》，其中规定：以日本人为被告的民刑诉讼，"归日本领事馆"。两国人民关于土地的民事诉讼，"按照中国法律及地方习惯，由两国派员共同审判"。

③ 中国边疆史地研究中心、辽宁省档案馆、吉林省档案馆、黑龙江省档案馆合编《东北边疆档案选辑》（三十七），广西师范大学出版社，2007，第 215 页。

④ 中国边疆史地研究中心、辽宁省档案馆、吉林省档案馆、黑龙江省档案馆合编《东北边疆档案选辑》（四十三），广西师范大学出版社，2007，第 475 页。

⑤ 中国边疆史地研究中心、辽宁省档案馆、吉林省档案馆、黑龙江省档案馆合编《东北边疆档案选辑》（四十四），广西师范大学出版社，2007，第 107 页。

种，引导农民并从财政方面支持其种植水稻，同时要求警察严密监视朝鲜人会等组织，并不准入籍朝鲜人入会。①

第三，还有部分朝鲜人流窜各地进行违法犯罪活动，难以捕获，而即便被抓获，按照中日《满蒙条约》，中国官宪对其没有裁判权，造成了司法上的困难。民国政府多次发布条例规则，如有违法立时驱逐出境。因此，因违法耕种、无照滞留、违法犯罪等原因被驱逐出境者也不在少数。

二 辽宁地区朝鲜人的经济生活状况

辽宁地区的朝鲜人总体来说大致从事四种活动。①大部分为贫苦的农民与雇工，以开垦土地、从事农作生产来维持生活。②有些从事教育、工商业及金融服务等行业。③有些秘密开展朝鲜独立运动，如"乡约会""农务契""韩国独立团"等反日组织。④另有一部分则加入日本的满洲殖民计划，他们借助日本势力大肆购买土地，除建立农场进行农商业活动外，还以外国人身份为掩护，刻意扰乱治安，贩运毒品与军火，违法搜集情报，从而引入日本军警介入中国司法与行政，达成暗中侵蚀中国领土的目的。除去有日本支持的拓殖移民和反日团体等有组织的朝鲜人团体外，根据奉天满铁公所北悟一识在《关于对在满朝鲜人问题的见解》②中的统计，辽宁地区的朝鲜人主要从事农业和工商业，其中，近九成的农业从事者为耕作水田的农民，其余一成在畑地（即旱地）耕作或者从事山林采伐。而农民中绝大多数为小作农，他们从中国人、朝鲜人及日本人地主手中租种小面积的耕地进行小作。在没有政策规定限制时，原租借期往往为 3～6 年，但奉系军阀政府采取限制后，租借期最多不超过 1 年。收获后的农作物一般采取两种分配方法：①将收获农作物的一半交给地主，或者折合租种费用为 15 亩小洋 80 元左右；②地主令朝鲜人开拓未开垦的土地，之后向其收取租种土地价格的1/2 或 1/3。还有一部分朝鲜人采取日薪日结或月薪月结的形式，依靠为地主打短工维持生计，这种工作一般为小作农的家属从事。

① 中国边疆史地研究中心、辽宁省档案馆、吉林省档案馆、黑龙江省档案馆合编《东北边疆档案选辑》（四十），广西师范大学出版社，2007，第 209 页。
② 中国边疆史地研究中心、辽宁省档案馆、吉林省档案馆、黑龙江省档案馆合编《东北边疆档案选辑》（五十一），广西师范大学出版社，2007，第 258 页。

朝鲜雇农只能依靠农耕维持生计，往往入不敷出，而交给地主的利息也极大地加重了农民的负担。但是由于农耕资金的严重缺乏，绝大部分农民身无分文，只能依靠向地主贷款购买农用器具种田，而农业高利贷的利率过高导致交完租种费用后还要偿还高额贷款，甚至秋收后毫无收获，白白辛苦一年。

根据满铁公司的调查报告，南满洲地区 1920 年的中国自作农贫农经营者一年可以获得的平均纯收益约为 51 元，通过外出劳动打工等平均收入约 60 元，一年可以盈利约 112 元。[①] 对于一些有日本背景的农场，日本除了派遣技术人员对朝鲜农民进行指导督促外，还低息贷款给他们作为农耕资金，对人力劳动大力进行资助补贴，在日本农场工作的朝鲜农民 1 年可盈利 130 余元。[②]

由此可见，辽宁地区的朝鲜农民生活极为窘迫，他们没有经过农业培训，而且水利设施不足，采取粗放型的耕作方法，导致水稻产量不够理想，产量降低导致收入减少，最终形成恶性循环，致使无组织的朝鲜农民常常陷入债务危机之中。与之相比，日本方面为了使朝鲜人长久居留辽宁地区，以金融援助为主要方法进行补贴，从而吸引更多的朝鲜农民为其工作。

除去农民之外，根据朝鲜银行调查部对东北地区朝鲜人经济及金融状况的调查，[③] 以安东县领事馆辖境中的 654 名朝鲜人为研究对象，对朝鲜人的职业类型进行了统计，结果如下：官方公务人员 10 人，职员雇工 144 人，学生 1 人，医护人员 1 人，贸易业 21 人，贷款业 2 人，金银加工业 28 人，商业 350 人，衣类裁缝业 24 人，中介出租 27 人，木材业 21 人，船舶制造业 7 人，矿业 3 人，农业 15 人（见图 1）。而商业从业者中以米商从业者最多，达 130 人。追溯其原因，由于当时日本国内米价连年上涨，而东北产出的大米品质较高且价格低廉，因此满铁在东北着重开发水田，而安东地区作为商贸开埠地，朝鲜人米商和谷物商自然更多，其中普通米商的基本资产为

---

① 辽宁省档案馆编《满铁调查报告》，广西师范大学出版社，2005，第 431 页。
② 中国边疆史地研究中心、辽宁省档案馆、吉林省档案馆、黑龙江省档案馆合编《东北边疆档案选辑》（五十一），广西师范大学出版社，2007，第 251 页。
③ 中国边疆史地研究中心、辽宁省档案馆、吉林省档案馆、黑龙江省档案馆合编《东北边疆档案选辑》（五十一），广西师范大学出版社，2007，第 450 页。

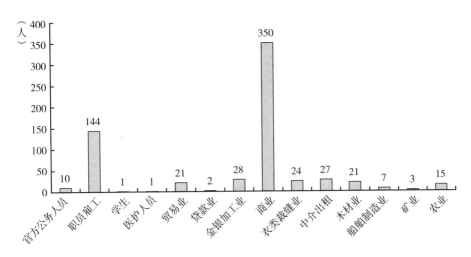

图 1　安东县领事馆辖境朝鲜人职业统计

资料来源：朝鲜银行调查部，1921，转引自中国边疆史地研究中心、辽宁省档案馆、吉林省档案馆、黑龙江省档案馆合编《东北边疆档案选辑》（五十三），广西师范大学出版社，2007，第 192 页。

1000 ~ 3000 元，而发展较好的米商资产可以达到 1 万 ~ 3 万元，[①] 商贸带来的人员往来，也间接地促进了从事其他商品贸易业与餐饮住宿业的朝鲜从业者的发展。然而，即使居住在商贸较为发达的安东地区，绝大部分居住在城市的朝鲜人也并没有比乡村中的朝鲜农民获得更多收入。据统计，随机抽取在安东满铁附属地居住的 150 名朝鲜人中，收入超过 600 元的仅 1 人，而其他朝鲜人的收入更低，且他们的资产评估信用很差，基本无法取得银行贷款。[②] 即使是在城区工作的朝鲜人，收入也没有明显提高，且因为国籍与身份问题导致社会地位低下。由此可见，朝鲜人民即使离开朝鲜半岛，脱离农事工作进入城市，也仍然无法摆脱被日本势力控制下的受压迫与被剥削的状态。

---

① 中国边疆史地研究中心、辽宁省档案馆、吉林省档案馆、黑龙江省档案馆合编《东北边疆档案选辑》（五十一），广西师范大学出版社，2007，第 434、442 页。

② 中国边疆史地研究中心、辽宁省档案馆、吉林省档案馆、黑龙江省档案馆合编《东北边疆档案选辑》（五十一），广西师范大学出版社，2007，第 444 页。

三　辽宁地区朝鲜人的特点

综上所述，20 世纪初朝鲜人移居辽宁地区受到多方面因素的影响，主要的宏观因素为三个方面：受日本侵略东北政策影响，朝鲜国内经济结构的破坏以及奉系军阀政府的吸收与排斥。这三种因素相互作用，在各种事件中直接或间接地促进了朝鲜人在辽宁地区的发展。在这种背景下，20 世纪初的辽宁地区朝鲜人具有以下四种特点。

第一，职业构成较为单一。绝大多数朝鲜人从事着收入低下的农业工作，这与前往辽宁地区的朝鲜人大部分为破产农民有着密不可分的联系。他们的教育水平较低，除了成为佃农种植水稻之外并无其他的谋生手段。辽宁绝大部分地区地广人稀，土地肥沃，这些朝鲜人可以任意开垦荒地进行耕种，这是他们能够扎根在辽宁地区的客观原因之一。朝鲜人移住辽宁地区早有先例，清朝中后期，每逢朝鲜发生天灾人祸，辽宁地区就会接纳一大批朝鲜人，他们"私编木排，载运全家"，导致辽宁地区"朝鲜族人剧增"。①这些朝鲜人的到来除了带来了劳动力，也带来了先进的农业种植技术。20世纪初移居辽宁地区的朝鲜人同样如此。

第二，社会群体结构简单。大部分朝鲜人以初级社会群体——家庭或个人为主要组成部分，由于当时辽宁地区大部分土地处于未开发状态，而朝鲜人迁移辽宁地区的主要目的以追求更好的经济条件与生存环境为主，②在这种情况下，以个人或家庭为主的社会群体关系更为紧密，迁移更加灵活，生活负担较小。朝鲜人的农业工作常常以家庭为单位进行，他们拥有劳动技术，吃苦耐劳，男女分工明确，工作效率高，配合默契，且雇佣价格低廉，即使被官方发现，也只需交纳罚款并遣散劳动的朝鲜人即可，因此深受当地地主的欢迎。为了获得更大的经济利益，有些地主甚至私下藏匿朝鲜人，并违法招募其和家人进行农事工作。如辽宁地区的官宪就发现彰武县县民共招募了 200 余名朝鲜人及其家属进行农业工作，虽然知其违法，但因处于农忙时期且有私下签订的劳动契约，只能令其先行务农，待收获结束且劳务费用

---

① 文钟哲：《丹东地区朝鲜族历史及现状调查》，《满族研究》1993 年第 2 期。
② 〔韩〕玄圭焕：《韩国流移民史》（上），三和印刷株式会社，1976，第 158 页。

全部结清后再进行遣返处理。①

第三，分布地区以水源地附近为主。其中有两点原因。首先与朝鲜人迁徙路线有关，朝鲜人大多通过水路进入辽宁地区，一部分人通过平安北道出发前往鸭绿江江岸附近，从清城镇穿越辽宁长甸河口后转向宽甸或丹东的大洋河地区；另一部分人从楚山郡出发通过外岔沟后到达丹东的东甸子和西甸子地区，或者从新义州出发沿着鸭绿江江岸过老兔滩或小荒口，再经过大荒沟后前往古洞河或者进入丹东的日本殖民地区；还有一部分人通过清地、云来川地区过石柱子或外岔沟过到宽甸、桓仁的谭江流域地区；而通过朝鲜厚州、古邑、茂昌里、富山洞、梨树坪地区前往丹东汤河地区的朝鲜人也不在少数。② 其次，朝鲜人从事水稻耕作等农业生产活动较多。对于水稻等农业来说，种植面积与引水筑渠就成了重中之重，从河流分布层面与气候层面来看，鸭绿江畔的丹东、凤城、宽甸地区，鸭绿江中游地区的桓仁地区，浑河流域的抚顺、本溪地区，辽河流域的铁岭地区以及浑河、辽河交汇处的沈阳地区水资源丰富，引水便利，气候温度适宜，土地肥沃，可耕作面积较大。③ 这些也从侧面体现了朝鲜人对于农业的依赖性。

第四，社会组织性低，没有统一的行政机构。迁徙至辽宁地区的朝鲜人没有形成具有相当规模、修订健全法律法规并能够代表大部分朝鲜人意志的政权机构。日本吞并朝鲜之后，朝鲜王朝的原统治阶级既无人引导辽宁地区朝鲜人，也没有相应实力与奉天当局进行政治合作，而日本的宪兵独裁统治严厉压制舆论，解散并逮捕朝鲜进步人士，导致无法形成任何代表机构。少部分反日人士流亡至辽宁地区后，由于经济、军事实力不足，加之绝大部分朝鲜人以维持生计为主的主观因素，无力建立庞大的能够体现民意的行政机构。同时，奉系军阀政府出于外交与内政的考虑，无差别地对朝鲜人团体采取压制手段，因而辽宁地区的朝鲜人很长时间之内在政治权利与行政上处于被动局面。此后，有的朝鲜人为了自身权利不再受到侵害，在日人挑唆或被一小部分"韩奸"强迫之下参与"旅满朝鲜人会"等日方背景组织，为日人工作并举报逮捕有参与民族反日团体嫌疑的朝鲜人。尽管大部分辽宁地区

---

① 中国边疆史地研究中心、辽宁省档案馆、吉林省档案馆、黑龙江省档案馆合编《东北边疆档案选辑》（四十四），广西师范大学出版社，2007，第159页。

② 〔韩〕玄圭焕：《韩国流移民史》（上），三和印刷株式会社，1976，第164页。

③ 李禾：《辽河、浑河、太子河中下游水田的灌溉情况》，《灌溉排水》1989年第3期，第31页。

朝鲜人都是贫苦百姓，但一小部分亲日朝鲜人的行为足以引起当地官宪对所有朝鲜人的警惕和排斥，也是最终导致奉系军阀政府实施驱逐朝鲜人政策的客观原因之一。

四　结语

日本吞并朝鲜后大肆侵占朝鲜土地，大量朝鲜人流离失所，他们为了摆脱日本的残酷统治不得不迁往中国辽宁地区。对于他们中的绝大部分人来说，最重要的是逃离日本压迫后能够寻得一方净土以维持生计，而与朝鲜仅一江之隔的辽宁地区正是这些朝鲜人定居最好的选择。相似的地理环境、适宜的气候、丰富的资源、广袤的未开垦土地正是他们理想中的乐土，他们希望在此充分发挥自身高超的农业技术，自力更生重新开始生活。然而，现实往往与理想相异，在这片土地上的朝鲜人民并没有获得比在朝鲜半岛更加安定的生活。

20 世纪初的时代背景、民族关系、社会环境以及奉系军阀政府的政策对朝鲜人的生存状态相当不利。第一，日本虽然作为一战战胜国获得了大量殖民地，但战争也同样导致了日本国内通货膨胀与经济衰落，出现了大量失业人口。[①] 这次经济危机沉重打击了日本，为了缓解国内矛盾，日本帝国主义势力不断将触手伸向东北，图谋中国领土。朝鲜人丢失了在朝鲜半岛赖以生存的土地后被迫前往辽宁地区，却又被迫充当日本蚕食东北计划的"马前卒"，他们前往辽宁地区后，大部分人从事低收入的农业、工商业等工作，"亡国之民"的形象深入人心。而在日人的挑唆与设计之下，一部分亲日朝鲜人与当地居民冲突频发，引起了民族之间的严重对立，对朝鲜人在辽宁地区的形象造成了恶劣影响，使其生存环境更为艰难。第二，尽管朝鲜人前往辽宁地区后努力融入社会，奉系军阀政府也对他们抱有同情的态度，但出于与日本外交关系上的压力和内政上的安定，当地官宪不得不对朝鲜人采取一定政策上的限制。而日本人不仅多次利用朝鲜人对辽宁地区的人口、经济和地理情况进行调查，还私设政治团体并违法杀害朝鲜民族反日团体成员，[②] 这种

---

① 吴廷璆：《日本史》，南开大学出版社，2013，第 607 页。
② 中国边疆史地研究中心、辽宁省档案馆、吉林省档案馆、黑龙江省档案馆合编《东北边疆档案选辑》（三十七），广西师范大学出版社，2007，第 437 页。

从社会到政治的全方位渗透与威胁，使得奉系军阀政府对朝鲜人抱有强烈怀疑的态度。第三，大量朝鲜人涌入辽宁地区后，造成了土地等自然资源的不足。最终，多方面的压力使许多朝鲜人选择远离辽宁地区，继续迁移至生存环境更好的吉林地区。即便如此，日本帝国主义对于朝鲜人的迫害也未曾停止。

1919 年，朝鲜爆发了"三一运动"，流亡至东北致力于反抗日本帝国主义的朝鲜民族反日斗士闻讯在龙井召开"朝鲜独立庆祝大会"，进行了反日示威游行，最终遭到血腥镇压。但反日运动点燃了朝鲜人多年被压迫与奴役的怒火，很快，东北各地的朝鲜人都开始进行反日示威运动，沉重打击了日本帝国主义，并成功地使朝鲜人民意识到进行武力斗争才能获得解放。自此，东北各地纷纷涌现出朝鲜人武装斗争团体。[①] 然而另一方面，朝鲜人反日团体的爱国斗争导致日本军警对朝鲜人更为残酷的镇压，许多普通朝鲜百姓也因此受到了牵连，极大地威胁到朝鲜人在吉林地区的生存，这些因素最终又促使许多朝鲜人在 20 世纪 20 年代初期回到了生存环境相对安定的辽宁地区。与此同时，一部分朝鲜民族反日斗士也前往辽宁地区建立了各种反日团体、反日斗争基地以及一些具有民族自治团体性质的社会组织。这些团体和社会组织在未来几十年抗击日本帝国主义的侵略行动中作出了卓越的贡献，彰显了朝鲜人民英勇抗击日本帝国主义侵略的地位。

A Study on the Social and Economic Life of Koreans in Liaoning in the Early 20th Century

Jiang Xiuyu, Zhang Guyue

Abstract In the early 20th century, due to political persecution and natural disasters caused by the cruel rule of Japanese imperialism, a large number of Korean people left their homes to settle in the Liaoning region of northeast China.

---

① 金春善、李兴旺：《中国东北地区朝鲜人反日斗争综述》，《延边大学学报》（社会科学版）2017 年第 1 期，第 58 页。

Compared with Jilin and Yanbian, the study of Koreans in Liaoning is a little weak. The population distribution and economic living conditions of Koreans in Liaoning area are important factors for judging the development of Koreans in Liaoning area. This article takes the administrative divisions of contemporary Liaoning as the geographic scope, and studies the population changes, geographic distribution, and economic life of the Koreans in Liaoning at the beginning of the 20th century, and further explores the occupational composition and social structure of the Koreans in Liaoning. The characteristics enable us to have a more comprehensive and objective understanding of the Koreans who immigrated to the Liaoning area, and hope to supplement the development history of the Koreans in the Liaoning area.

Keywords　Koreans; Population Changes; Geographical Distribution; Economic Life; Liaoning, China

异乡异客：南京沦陷前的流宁韩人与中韩关系[*]

李 辛

【内容提要】有魏晋风流之余韵、六朝古都之辉煌的南京，很早就进入了韩人的视野。19世纪70年代韩国开港以后，因经济、政治等因素流亡到南京的韩人日渐增多，其活动随着东亚国际局势的动荡而变化。本文仅选取1910年前后至1937年南京沦陷前移住南京的韩人活动与中韩关系为研究对象，根据中、韩、日三国相关档案和文献，考察韩人移住南京的过程，梳理其社会团体和阶层构成，探求国民政府援助韩人独立运动的原因，分析韩人对中国政府和东亚形势的认识，以进一步清晰这段可歌可泣、相濡以沫的中韩关系史。

【关键词】韩人　南京　中韩关系

【作者简介】李辛，上海师范大学法政学院讲师，主要从事朝鲜半岛政治外交史、中国与半岛国家关系史研究。

序　论

中韩两国一衣带水，自古唇齿相依，关系密切，因此，两国之间的相互

* 本研究受上海师范大学"全球史视野中党的影响与传播研究"资助，特此感谢。

影响也甚为深远。从韩国开港到"韩日合邦"，韩国①一步一步地沦亡。韩国灭亡，是中国人不忍见之事实，如何使韩国获得独立，更是当时中国朝野所关注的问题。① 从 20 世纪初，直至 1945 年韩国光复，中国对韩国的独立运动给予了极大支持。清末民初，韩人或为个人之生计，或为国家之独立，渐成来华热潮。

南京②是繁华江南的文化、政治中心，从 1927 年国民政府定都南京到其沦陷之前，南京吸引了诸多力图摆脱日本殖民统治、寻求国民政府援助进行复国运动的韩人。但迄今为止，学界对南京地区的韩人研究，基本集中在韩人独立运动这一领域，③ 对于韩人移华来宁的具体历史，以及流宁韩人与国民政府的关系着墨很少，更缺乏连贯性的分析研究。因此，本文在学界以

---

① 在近代史上，朝鲜和韩国两种称呼一直是混用的，尽管它们都指一个国家，但是历史由来不同。1392 年高丽三军都制使李成桂废除了亲蒙古的第三十四代王，为了取得明朝的支持，向明朝称臣，并请求赐予国号。明太祖朱元璋取"朝日鲜明"之意赐名朝鲜。1895 年，中日甲午战争之后，华夷秩序瓦解，1897 年朝鲜国王李熙改朝鲜为大韩帝国，简称韩国。"韩"是半岛南部古代居民的总称，包括马韩、弁韩、辰韩三国。《韩日合并条约》后，大韩帝国灭亡。为了反映韩人的复国思想，并使称呼统一，除了专有名称和引文之外，本文一律使用"韩国"及"韩人"。

① 1919 年三一运动爆发后，中国媒体在客观报道的同时，进行评论，发表感想。如：只眼：《朝鲜独立的消息——民族自决的思潮也流到远东来了!》，《每周评论》第 13 号，1919 年 3 月 16 日；《朝鲜独立运动之感想》，《每周评论》第 14 号，1919 年 3 月 23 日；孟真：《朝鲜独立运动中之教训》，《晨报》1919 年 3 月 20 日。此外还有《申报》《晨报》《东方杂志》《新潮》等对三一运动也给予了很大关注。

② 辛亥革命后，孙中山于 1912 年 1 月 1 日在南京就任中华民国临时大总统，中华民国成立，4 月孙中山辞职，临时参议院选袁世凯任临时大总统，首都迁至北京。自此至 1928 年为北京国民政府时期，因为军阀割据混战，也称为北洋政府。为结束军阀混战，国民革命军开始了第二次北伐，攻克北京，改北京为北平，设南京为首都，直至 1937 年 12 月 13 日，南京沦陷，南京很长时间一直是中国的政治中心。

③ 南京地区韩人独立运动的研究主要中文著述如下：胡春惠：《韩国独立运动在中国》，台北民国史料中心，1976；杨天石：《蒋介石与韩国独立运动》，《抗日战争研究》2000 年第 4 期；金成淑：《简论韩国独立运动政治家吕运亨》，《历史教学问题》2001 年第 6 期；经盛鸿：《韩国抗日组织在南京地区的活动（1932～1937.11）》，《江苏社会科学》2004 年第 4 期；经盛鸿：《抗战前韩国抗日组织在南京地区的活动》，《档案与建设》2006 年第 8 期；王元周：《在中国的韩国独立运动人士对中国革命的认识》，《河南广播电视大学学报》2004 年第 3 期；李恭忠：《革命进程中的身份转换——朴容万与韩国独立运动》，《社会科学研究》2006 年第 2 期。韩文方面的著述：〔韩〕姜万吉：《朝鲜民族革命党和统一战线》，和平社，1991；〔韩〕金喜坤：《中国关内韩国独立运动团体研究》，汉城：知识产业社，1995；〔韩〕裴京汉：《从韩国看的中华民国史》，社会科学文献出版社，2004；〔韩〕韩相祷：《南京与韩国独立运动》，《南京大学学报》（哲学社会科学版）1996 年第 3 期；韩国独立纪念馆、韩国独立运动史研究所编《国外抗日遗址实态调查报告书》，2002。

往研究的基础上，注意历史的延续性和长时段，运用中、韩、日三方档案文献，以及报纸、论著等资料，先整体考察韩人移住南京的历史进程，进而剖析流宁韩人政治群众团体的构成及活动，梳理并论述其与1937年南京沦陷前国民政府间的关系，以进一步清晰这段可歌可泣、相濡以沫的中韩关系史。

一 韩人移住

19世纪70年代，韩国被迫开港以后，为抵抗外国势力的入侵、捍卫民族独立，上至朝鲜王朝的统治阶层、拥护门户开放的开化派，下到知识阶层和普通民众都努力不止。但是，对于经济落后、国力孱弱的韩国，不论是王朝的改革，还是甲午农民战争、独立协会和义兵运动，都未能挽救国家于危亡之际。日本通过不断出兵、签署不平等条约①等手段，逐步吞并了韩国。日本的殖民统治，让不甘亡国的韩人走上了一条艰辛的海外流亡之路。

韩人外迁之地，首推中国和俄罗斯的沿海州地区，其次是日本及美国夏威夷、南美墨西哥等地。朝鲜半岛地理上与中国直接相连，韩人外迁来华是最便捷的途径。外迁到世界各地的韩人特点不一：来华韩人主要是为了摆脱日本的经济、政治压迫而形成的农业、政治移民；②移居到俄罗斯沿海州的韩人，多为从事农业生产的劳动移民；②移居美洲诸地的韩人则大部分成为工厂的产业工人。此外，移日韩人的显著特点是青年学生众多，实质是因日本政府希望吸引韩生赴日接受奴化教育，将其培养成亲日派后再遣回国，以利于日本长久殖民韩国。

移华韩人，以移居到东北和关内地区两支为主。中韩在鸭绿江一江之隔，很多韩人因经济生活困难，移居到中国东北地区，③ 随着移居人数的增长，在东北地区逐步形成了保留韩国风俗传统、使用韩国语言文字的韩人社会。移居到关内地区的韩人，则先经过东北地区入关，而后侨居北京、天津、上海、南京、广州、重庆等地。流亡南京的韩人基本也是沿着这条路

---

① 如《江华条约》《济物浦条约》《马关条约》《乙巳保护条约》《韩日合并条约》等。

② 〔俄〕金·盖尔曼（音译）：《韩人移住的历史》，博英社，2005，第166页。

③ 〔韩〕高承济：《韩国移民史研究》，章文阁，1973，第31~32页。

线，从新义州出境来华，转赴北京或天津后，坐火车南下直到南京下关。①鉴于韩人不断从关外至宁，先期到达的韩人在南京应记里设有韩人公所，②为刚到南京或往来于沪宁间的韩人提供了便利的临时接待处和住所。

移居南京的韩人主要有两类。第一类流宁韩人是非政治性的，为了谋生和求学。当时韩国国内经济萧条，生活困难，一些韩人不得不来华谋生，他们到南京后一般从事农业、商业工作，以改变困苦状况，维持日常生活。还有一些则是到南京求学的学生。众所周知，南京自古就是历史文化气息浓郁、文人墨客遍地的江南名城，魏晋风流、凤凰台、秦淮河声名远播海外。加之清末民国，金陵大学、中央大学等名校如雨后春笋般纷纷建立，南京成为莘莘学子向往之地。在韩国被日吞并之前，就有韩国学生到南京留学，其中少部分学生单纯攻读学业，而大部分则是边求学边革命救国，如以吕运亨、徐丙浩、鲜于爀、金元凤等为代表的韩国留学生，他们大多是从留学生涯开始从事革命事业，一生心系祖国。

第二类流宁韩人则是不满日本在韩国的殖民统治而亡命南京，他们把中国视为自由的新天地，在华开展反日独立运动。1919 年，亡命中国的韩国独立运动家们在上海建立了大韩民国临时政府（以下简称临时政府），成为指导韩国复国运动的总部，临时政府的很多要员常自沪去宁，接触、交往、游说国民政府中的实力人物，以获得政治、经济和军事方面的援助和支持。与移居到中国东北的韩人相比，关内地区的韩人更多考虑的是得到中国政府的支援和地区影响力，更具远见。③ 1932 年尹奉吉义士在上海虹口公园之义举，可谓一石激起千层浪，特别是 1936 年临时政府迁往南京后，韩国独立运动各派齐聚南京，使南京一时成为韩国独立运动的中心。因此，这段时间有大量的独立运动者及其家属移住到南京，韩国独立运动和国民政府的关系，在形式上显得更紧密了。不仅如此，韩国独立运动者在南京积极开展外交活动，从国民政府那里获得了经济、军事等方面的援助，为独立运动的开展和韩国的光复奠定了坚实的基础。

---

① 韩国国史编纂委员会藏《外务省警察史——在南京总领事馆》SP. 205 - 6，第 28551 ~ 28555 页。

② 孙科志：《上海韩人社会史研究》，学苑出版社，2004，第 36 页。

③ 〔韩〕裴京汉：《上海·南京地区初期（1911 ~ 1913）韩人亡命者与辛亥革命》，《东洋史学研究》第 67 期，1999 年 7 月。

从 1910 年到 1937 年，韩人持续不断地移住南京，这长达 27 年的移居进程可以划分为两个时期：第一个时期是从 1910 年"韩日合邦"到 1932 年虹口公园尹奉吉义举；第二个时期是从 1932 年虹口公园尹奉吉义举后到 1937 年 12 月日军攻占南京前夕。

近代最早来到南京的韩人主要是以个人身份来宁的留学生。[①] 辛亥革命爆发后，向往革命而到南京求学的韩人学生越来越多。1914 年吕运亨来到南京，进入金陵大学神学部学习之时，该校已经有相当数量的韩国学生。此后到 1932 年虹口公园事件期间一直有韩人移居到南京。从表 1 可以看出，截至 1926 年，南京已经有韩人 85 人（见表 1）。国民革命军北伐，消灭了很多大小军阀后，于 1927 年建立了南京国民政府，该年在南京的韩人数量锐减。这是因为中国政局动荡，很多到南京流亡的普通韩人担心政府换届后自身的安全及生活受到影响，遂移出南京。此外，由于在异国他乡的生活非常困难，历经多少危机不为人所知，许多男性只身一人到南京，所以早期在南京的韩人男性数量明显多于女性数量。

表 1　南京韩人人口数量变化（1925～1931 年）

单位：人

年份	男	女	合计
1925	64	17	81
1926	60	25	85
1927	7	—	7
1928	22	3	25
1929	21	4	25
1930	15	3	18
1931	10	3	13

资料来源：日本外务省亚细亚局：《支那在留本邦人及外国人口统计表》。

1931 年，日本关东军发动了九一八事变，占领了东北，引起了全中国人民的愤怒和抗议，浩浩荡荡的示威游行和如火如荼的反日运动在中国风起云涌。中日关系逐渐紧张，韩人独立运动者抓住这一时机，希望说服国民政府提供经济、军事方面的援助以共同抗日。于是很多原来在东北地区的独立

---

① 〔韩〕裴京汉：《上海·南京地区初期（1911～1913）韩人亡命者与辛亥革命》，《东洋史学研究》第 67 期，1999 年 7 月。

运动者南下来宁，与国民政府的官员接触，请求援助。金元凤就是此时带领义烈团来到南京，获得国民政府经济上和军事方面的援助后，一直以南京为基地继续开展独立运动。1932 年虹口公园事件之后，日本在上海大肆逮捕韩国独立运动人士，革命先驱安昌浩也被日本逮捕。在这种白色恐怖的氛围下，为了自身安全并保存革命力量，很多韩国独立运动者从上海转移到更为安全的南京、杭州等地，继续从事反日独立运动。因此到 1937 年 12 月日军占领南京为止，南京韩人人口数量较 1931 年底增长了近 20 倍（参见表2）。女性人口数量也较前一阶段有很大增长，因为有些韩人对南京有了更多了解后，逐渐适应了中国的生活，陆续把家人从国内带到南京。与前一个时期相似的是，男性人口数量仍远远多于女性人口数量。这是因为从事革命事业，自身都朝不保夕，时时刻刻处于危险之中，故很多人担心家属的人身安全，使得来南京的韩人女性人口较男性而言只有其 1/10 左右。

表 2 南京韩人人口数量变化（1934～1938 年）

单位：名

年份	男	女	合计
1934	258	20	278
1935	220	20	240
1936	223	20	243
1937	220	20	240
1938	71	221	292

资料来源：韩国国史编纂委员会藏《外务省警察史——在南京总领事馆》SP. 205 - 6，第 28521、28535、28604 页；市来义道编《南京》，南京日本商工会议所发行，1941，第 622 页。

1937 年 7 月 7 日，日本发动卢沟桥事变，中国进入全面抗战时期。虽然国民政府积极抗战，但还是没有抵挡住日军迅猛的攻势，同年 12 月 13 日，南京沦陷。之后，因经济目的从华北地区迁来的占大多数，[①] 其中很大一部分是亲日分子。而且日本积极培养和扶植亲日派，因此，南京韩人中依靠日本，成为亲日分子的比较多，南京韩人的性质发生了变化，本文由于篇幅所限，只论述 1937 年 12 月南京沦陷前国民政府统治时期南京韩人的基本生活状况和他们与国民政府的相互关系。

---

① 杨昭全：《关内地区朝鲜人反日独立运动资料汇编》（上册），辽宁民族出版社，1987，第 40 页。

二　韩人团体及阶层构成

（一）政治团体

1927 年国民政府奠都南京后，百废待兴，韩人也因为南京当时政局的动荡和不明，纷纷离开南京前往上海、杭州、重庆等地。但随着国民政府统治的稳固，特别是 1931 年九一八事变后，日本挥兵热河，骚扰峪关，进窥华北，中国官民在日本的侵略下，反日意识高涨。金元凤领导的义烈团为保全自身并直接得到国民政府的援助，于 1932 年初转移到南京，开始了以南京为中心的抗日活动。到南京后，金元凤首先联系黄埔军校的同届生、三民主义力行社书记滕杰（和金元凤同连同班），请求给予支援。义烈团以"朝鲜的绝对独立"和"满洲国的收复"为目标，初步拟订如下计划："一、暗杀日满要人，破坏其重要机关；二、动员韩国内的工人、农民，为将来之革命做好准备；三、提携东北地区反日团体，打倒日本帝国主义；四、在满洲国内伪造滥发纸币，破坏其经济；五、依靠特务活动获得物资资源"。[①] 为实行上述计划，金元凤认为必须有足够执行是项计划之前驱斗士，于是拟订以训练军事干部为中心的《朝鲜革命计划书》，呈报蒋介石，并得到批准。蒋介石指派滕杰负责协助金元凤筹备成立军事干部训练机关。滕杰受命之后，觅得南京郊外唐山善祠庵（一作"善祠庙"）为基地，成立朝鲜革命干部学校，金元凤任校长，对外宣称为国民政府军事委员会干部训练班第六队以避日人注意。[②]

从 1932 年 10 月招收第一批学员起到 1935 年 9 月，共 3 期，学员125 名左右。[③] 韩人学员首先以中央陆军军官学校生员的身份被派往朝鲜革命干部学校进行训练和学习。学习的课程主要包括政治、军事、技术、秘密工作 4 科。总体上看，通过革命史的教育激发韩人青年的爱国热情和革命信念，通过军事教育培养韩人青年的战斗能力和军事素养。毕业后，这些学员被派到

---

① 〔日〕警务局保安科：《高等警察报》第四号，第82 页；范廷杰：《蒋委员长协建韩国光复军》，《传记文学》，第二十八卷第四期。

② 范廷杰：《蒋委员长协建韩国光复军》，《传记文学》，第二十八卷第四期。

③ 〔日〕警务局保安科：《高等警察报》第四号，第92～105 页。

东北地区和韩国国内进行义烈活动、扩充义烈团组织、筹集资金等。在总计130 名左右的学员中，最后被日本逮捕者有 24 名，[1] 可见义烈团从事的暗杀、义烈活动是非常危险的。剩下的学员分别加入后来的朝鲜义勇队和光复军，成为军事领域的中坚力量，为韩国独立作出巨大贡献。

1935 年华北事变后，中日民族矛盾上升为中国国内的主要矛盾，全民上下对日同仇敌忾，国共两党合作也开始提上日程。此时，活动在中国的韩国独立运动各党派受到中国抗日形势之影响，意识到若将独立运动各党派团结起来，统一为一党将会大大增强战斗力，而且也利于光复后同心协力进行国家建设。在此背景下，1935 年 7 月 5 日，独立党、义烈团、韩国革命党、新韩独立党和大韩独立党五个团体的代表，在南京举行新党成立大会，创立了五党统一的朝鲜民族革命党。其党义是："扑灭日本的侵略势力，恢复五千年独立自主之国土和主权，在平等的政治、经济、教育之基础上建设民主共和国，确保全体国民生活平等，促进人类的平等与幸福。"[2] 在党义的基础上，提出 17 条党纲[3]，要点包括以下四个方面。第一，朝鲜民族革命党提出了反帝反封建的双重革命任务，认为在扑灭仇敌日本的侵略势力，完成民族之独立自主的同时，要消灭少数人剥削多数人之经济制度，肃清封建势力及一切反革命势力，确立国民生活上平等的制度。第二，建立民主集权之政权，实现国民的平等和自由，健全社会保障。第三，光复后，实行计划统制的经济体制，国家经营关系国计民生的大型企业。第四，以自由、平等、互助的原则，协助全世界被压迫民族进行解放运动。[4]

从上述朝鲜民族革命党党义和党纲可以看出，民族革命党具有反帝反封建的性质，这是由韩国的国内形势、当时国际局势以及民族革命党之核心义烈团的性质三个主要因素决定的。第一，就韩国国内形势而言，日本占领韩国后，在整个朝鲜半岛实行残酷的殖民统治，因此推翻日本帝国主义的统治为第一要务。并且，历数朝鲜半岛衰亡之根本原因，实不能不归咎于朝鲜王朝末期封建统治之落后性。腐朽的政治、经济制度导致民不聊生，民众和统治阶级矛盾尖锐，爆发了多次农民起义和义兵运动。因此，革命的首要任务

---

① 〔日〕警务局保安科：《高等警察报》第四号，第 92～105 页。
② 〔日〕社会资料问题研究会：《思想情势视察报告集》第五辑，第 88 页。
③ 朝鲜民族革命党党纲共 17 条，在此不一一列举，只选择其要点进行分析。
④ 〔日〕社会资料问题研究会：《思想情势视察报告集》第五辑，第 88～89 页。

是打倒日本帝国主义和肃清封建势力。第二，于国际形势来讲，韩国独立运动者活动的场所不是在自己的故乡——韩国，而是在千里之外的中国大地上。因此，其政策的制定和实施不可避免地受到中国的影响，特别是为了得到国民政府的援助，不得不制定符合国民政府立场的政策纲领。第三，朝鲜民族革命党的党纲中有鲜明的"共产"思想，如土地平分给农民、实行国营经济、解放全世界被压迫民族等。这反映了朝鲜民族革命党的中坚力量——义烈团的共产主义思想。实际上，义烈团及其领导者金元凤与共产主义思想具有颇深的渊源，金元凤曾受朝鲜共产党安孝驹提携，义烈团成立之初也颇具共产主义倾向。① 整体而言，朝鲜民族革命党是以全民族为基础，比较偏重农工和小资产阶级的政党。因为"朝鲜亡国后，全体人民，不论哪一个阶级，都有受亡国的惨祸，故目前急务，是集中全民族的力量，团结一致，争取民族的解放。而且，韩国的海外革命运动，因为环境关系，根本上就缺乏群众基础，故谈不上成立代表某一阶级的政党。在韩国全部人口中，农民占百分之八十，而在日本在韩国积极发展工业后，工人的数目也大为增加，此外，小资产阶级也是构成韩民族的一个重要势力，为此，民族革命党决定以农工小资产阶级为重要基础"。②

值得注意的是，在朝鲜民族革命党下还有一个外围团体——南京朝鲜妇女会。依照朝鲜民族革命党党纲第八条："妇女的权利与男子一律平等"，③ 在民族革命党的监察委员中，女性党员的比例达到27%，④ 于是成立了朝鲜民族革命党妇女部。为了吸收更多妇女加入该组织，于1936年7月扩大成为南京朝鲜妇女会。该妇女会由朝鲜民族革命党领导人金元凤之妻朴次贞、李青天之妻李圣实主导，其目标是在朝鲜民族革命党的领导下，团结、解放妇女，武装参加革命战线，培养女性的活动。⑤ 1938年1月，南京朝鲜妇女会跟随朝鲜民族革命党赴重庆后改组为朝鲜旅渝妇女会，设立妇女短期训练

---

① 〔日〕村田左文：《上海及南京方面朝鲜人的思想状况》，（京城）《思想汇报》，1936，第18页。
② 葛赤峰：《朝鲜革命纪》，商务印书馆，1945，第51~56页。
③ 〔日〕社会资料问题研究会：《思想情势视察报告集》第五辑，第89页。
④ 监察委员共44名，其中女性党员12名，名单如下：金顺爱、卢英哉、金贞淑、文宽宇、金恩周、李玉玲、金信斗、金善义、金孝淑、林哲爱、崔昌恩、金仁爱。参见〔韩〕秋宪树《资料韩国独立运动》第1卷，第318~319页。
⑤ 〔日〕社会资料问题研究会：《思想情势视察报告集》第五辑，第7页；〔韩〕金正明：《朝鲜独立运动》第2卷（民族主义运动篇），原书房，第573~574页。

班，联络重庆市妇女会，慰问中国官兵和朝鲜义勇队。① 在韩国独立运动和海外韩人社会中，妇女投身革命，改变了东亚国家中妇女只是相夫教子的传统观念，彰显了妇女的社会活动能力和作用，为男女平等的民主社会建设奠定了基础。

韩国独立运动之现状是党派林立、力量分散，这是韩国独立运动中根深蒂固之恶疾，因此，统一是大势所趋，但是各党派之间的矛盾也是显而易见的，这就造成了朝鲜民族革命党统而不一的事实。因此，创立不久之后，韩国独立党就退出了朝鲜民族革命党，自此以后，朝鲜民族革命党和韩国独立党成为中国关内地区两大独立运动党派。虽然党派的统一之路颇多艰辛曲折，但是朝鲜民族革命党毕竟做出了积极的尝试，顺应了建立统一战线的革命形势，培养了大批军事、政治人才，也为 20 世纪 40 年代统一于临时政府提供了宝贵的经验。

（二）群众团体

1921 年 5 月在南京成立了朝鲜学生联合会本部（又名南京学生自治会），其宗旨是谋求朝鲜学生的团结合作，相互扶助，通过采取稳健的措施实现韩国独立。在中国约有 800 名留学生会员，在其他国家约有 700 名留学生会员。会员投票选举朴淳玉②担任会长，下设总务、庶务、会计、书记、秘书等职，组织较为严密。朝鲜学生联合会本部认为韩国独立应采取稳健的方式，避免过激的手段，与临时政府的暴力方式差异颇大。而且考虑到临时政府成立不久，内部派系林立，所以，尽管吕运亨等临时政府的领导者屡次到南京商议合作事宜，均未能实现。朝鲜学生联合会本部是独立团体，不受临时政府指挥，因而也不能得到临时政府的经费补助。活动经费一方面依靠金陵大学中支持联合会的美国人捐助，另一方面向会员征收会费。③

在南京地区的韩人团体中，朝鲜学生联合会本部是唯一一个不受中国政

---

① 〔韩〕金正明：《朝鲜独立运动》第 2 卷（民族主义运动篇），原书房，1968，第 678～685 页。

② 朴淳玉（1900～?），平壤出生，朝鲜庆应大学理财科毕业，1921 年 7 月返回平壤时，被日军拘禁。

③ 韩国国史编纂委员会藏，朝鲜总督府警务局，高警 29274 号；杨昭全：《关内地区朝鲜人反日独立运动资料汇编》（上册），辽宁民族出版社，1987，第 352 页。

府和大韩民国临时政府影响的独立组织，它是接受过高等教育的韩国青年为实现国家光复所进行的积极尝试。朝鲜学生联合会本部的出现及其宗旨与当时的国际形势密不可分。1918 年 1 月 8 日，美国总统威尔逊在国会发表"十四点原则"，提倡非暴力的民族自决，得到南京韩人学生的认同。他们认为"朝鲜独立无论如何也不可能以过激手段达到目的，所以莫如采取稳健的方法，也就是各自培养实力，学生专心致力于学业，以便将来先求得朝鲜的自治，然后再依靠外国的同情，获得民族自决"。① 采取非暴力的方法是韩人学生的美好理想，但是与日本殖民者的血腥镇压和奴役相比，是不堪一击的。会长朴淳玉 1921 年 7 月在平壤被拘禁后，朝鲜学生联合会逐渐解散。

此外，前文所述之国民政府军事委员会干部训练班第六队（朝鲜革命干部学校）也属于学生团体，但因其受命于义烈团和朝鲜民族革命党，政治色彩更为强烈，故划分到政治派别一类，此处不再赘述。

除了上述政治团体和学生团体外，在南京活动的还有一个比较重要的团体——南京韩族会。1931 年春，在南京居住的崔大赫、李光济等人效仿上海的大韩人民团，建立南京韩族会。南京韩族会的纲领是："团结南京居住的韩人，理解韩国独立运动的使命，实现韩人自治。"② 南京韩族会的成员基本由独立运动者或同情独立运动的韩人组成。1935 年，朝鲜民族革命党成立以后，南京韩族会作为民族革命党的外围组织，统率在留韩人，理解并支持独立运动，为南京地区独立运动的展开培养了良好的群众基础。

三 国民政府与韩人之相互关系

（一）国民政府对韩人的援助

1927 年开始，韩人移住南京和韩国独立运动势力在南京的蓬勃发展，与国民政府的支持和援助密不可分。从"韩日合邦"到韩国光复，中国政府对韩国的同情与支持态度逐渐明朗，从初期理解韩人亡国之痛、保护韩人；升级为协助韩人避开日本耳目，助力培养、训练韩国青年；直至后来团

---

① 韩国国史编纂委员会藏，朝鲜总督府警务局，高警 29274 号。
② 〔韩〕姜万吉：《朝鲜民族革命党和统一战线》，和平社，1991，第 118 页。

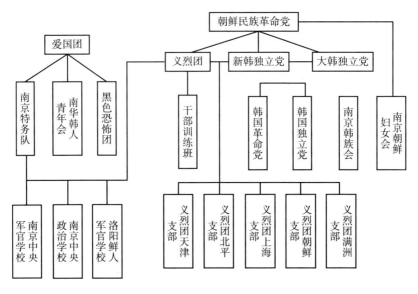

图1 南京地区韩人团体系统

注：本图不仅包括在南京成立的政治团体，而且包括在南京活动或者总部在南京的团体。

资料来源：〔日〕社会资料问题研究会：《思想情势视察报告集》第1辑，《不逞鲜人团体一览表》，东洋文化社，1976，第25页附表；〔韩〕姜万吉：《朝鲜民族革命党和统一战线》，和平社，1991，第118页。

结流亡韩人协同抗日、帮助韩国光复并遣返韩人回到祖国，国民政府对韩人和韩国流亡政府采取了日渐积极和主动的援助政策。

1919年三一运动后不久，孙中山在谈论朝鲜问题时提出，"以余意见，则日本须容韩人之要求，而承认其独立为宜也"。① 南京国民政府成立不久，韩人就开始奔赴南京寻求国民政府的理解和援助。1929年4月，东三省归化韩族代表团的崔东昕、金学奎等11人赴南京向国民政府提交《东三省韩族报告书》和关于归化韩民保护及教育待遇方法等问题的请愿书，得到国民政府有关解除韩人痛苦的批示。② 翌年11月中国国民党在南京召开第四次中央执行委员会之际，临时政府国务委员赵素昂和朴赞翊就东三省韩人问题再次向蒋介石、张学良等请愿，对此，中国当局答复"欲采取适当之措

① 上海《独立新闻》第38号，1920年1月7日。
② 中国第二历史档案馆，全宗（1），案卷306，档案号：1-306。

施"。① 1931 年，临时政府利用中国召开国民会议的机会，派安昌浩到南京协同朴赞翊向国民政府和国民党请求对朝鲜独立运动予以援助。② 再加之，九一八事变后中日矛盾激化，虹口公园事件导致日本在上海大肆捕获韩人，韩人及独立运动者不得不四处转移，大部分独立运动者流亡到南京。1932～1937 年，南京成为韩国独立运动的中心，韩人独立运动者在南京期间得到了国民政府的大力援助。

国民政府对韩国独立运动的援助主要通过两个系统展开：其一是通过三民主义力行社援助金元凤领导的义烈团；另一为陈果夫、陈立夫兄弟主导的 CC 系支持金九领导的爱国团和大韩民国临时政府。

三民主义力行社是 1932 年由毕业于黄埔军校的青年军官成立的秘密政治组织。③ 从组织功能看，有三个层次，力行社是最高核心决策机构，革命青年同志会是执行推动机构，复兴社担负执行功能。④ 力行社以挽救中华民国危急存亡、力行三民主义为目的，以剪除政敌、反满抗日、确立蒋介石的唯一领导地位为己任。⑤ 力行社援助金元凤一派，原因有二。第一，就私人关系而论，金元凤毕业于黄埔军校，和力行社的多位骨干是校友，既是书记滕杰的同期同学，也是蒋介石的学生。第二，力行社和义烈团都以抗日为目标，从事暗杀、特务活动。虽然力行社多次要求韩人学员接受三民主义思想教育，引发了韩人学员诸多不满，但仍求同存异，对义烈团给予了极大的援助。对义烈团的援助，一方面是通过黄埔同学会为义烈团提供每月数千元的援助，一部分作为党的活动经费，一部分用于特务工作；另一方面是成立朝鲜革命干部学校，帮助义烈团培养军事人才。该学校共培养韩人学员130 名左右。这些学员有些到日本占领区从事义烈、特务活动，有些后来加入了义勇队和光复军，成为独立运动的骨干力量。

在力行社援助金元凤一派的同时，CC 系则全力扶植以金九为首的临时

① 中国第二历史档案馆，全宗（1），案卷 306，档案号：1-306。
② 韩国独立运动史编纂委员会：《独立运动史》（4），高丽书林，1972，第 386 页。
③ 力行社是国民党党内的一个秘密政治组织，长期以来国民党对该组织的活动内容讳莫如深，根据干国勋等人的回忆录，以及日本方面的《高等警察报》，笔者认为高华的《力行社的成立时间和组织层构考释》（《民国档案》1991 年第 4 期）一文考证翔实，故力行社相关的基本史事参考上述资料和研究成果。
④ 高华：《力行社的成立时间和组织层构考释》，《民国档案》1991 年第 4 期。
⑤ 〔日〕警务局保安科：《高等警察报》第四号，第 258 页。

政府一派。其援助金九一派主要是因为临时政府是诸多独立运动团体中实力最雄厚的，复国后势必成为领导集团。同时虹口公园事件已经使金九一派名声大震，在独立运动各团体中树立了权威。当时 CC 系对金九一派的支援途径有三。其一，为临时政府提供经费资助。在陈果夫的积极促成下，金九和蒋介石在南京中央军官学校进行秘密会晤，金九一派获得每月 5000 元的经费援助。① 其二，帮助金九一派培养军事、政治干部人才。在洛阳分校内特设韩人训练班，在中央军官学校设立韩国特务队。其三，保护金九等独立运动领导人的人身安全，躲避日本的追捕。为维持因五党统一而陷于无政府状态的临时政府，金九奔赴杭州，组织大韩国民党，但返回南京后遭日本宪警追捕，在陈果夫的帮助下逃往淮清桥藏匿，在南京居住 1 年之久。此后不久，金九的家人也陆续移住南京。1937 年全面抗战爆发，日寇轰炸南京，在陈果夫的安排下，金九与韩人百余名乘船离开南京到汉口避难。

实际上，国民政府对韩国独立运动的援助也有出于自身安危之考虑。远而言之，朝鲜半岛对于中国的地缘政治来说极为重要；近而言之，韩国独立运动对于中国抗战有重要作用。首先，朝鲜半岛是中国东北地区和京津之屏障，一旦被他国占据，势必危害东北并引起京津地区震动。如果朝鲜半岛为日本或俄国占领，必是心腹大患，遗祸无穷。从甲午战争、日俄战争、九一八事变直至全面侵华，日本大陆政策一步一步付诸实行，中国举步维艰、步步退让，都证明了朝鲜半岛对于中国安全至关重要。所以，国民政府希望通过援助韩人复国，在朝鲜半岛建立一个对中国友好的政权，维持东亚和平和大陆安全。其次，国民政府对韩国独立运动的援助也是考虑到抗日的现状。1910 年，日本吞并韩国后，以韩国为策源地，将势力扩张到中国东北地区，并一步一步伸向中国腹地。特别是九一八事变后，日本成为中韩两国的共同敌人，韩人的抗日独立运动和中国的抗日运动具有更深的合作基础。中日战争全面爆发后，在中国的韩国独立运动团体又与中国结成抗战统一战线，参加到中国抗战中来，成为中国战场上重要的组成部分。因此，国民政府支援韩国进行独立运动的本身就是抗日，而且日后朝鲜半岛建立一个对中国友好的政权更是长远的利益。

---

① 〔韩〕金九：《白凡逸志》，宣德五、张明惠译，重庆出版社，2006，第 223 页。

（二）韩人对中国革命和国民政府的认识

近代以来，中韩两国被卷入资本主义世界体系，内部封建王朝的衰落和外部东西方列强的侵略，使两国一直在世界近代资本主义的风浪中艰难地跋涉，而两国所面临的革命任务和革命道路也有很多相似之处。基于历史渊源和现实环境，流亡到南京的韩人也对中国的近代革命有了更深刻的认识和反思。

辛亥革命发生后，流亡到中国关内的韩人被中国的革命消息所鼓舞。"最早接触中国革命党人、直接参加他们的革命活动并以此来开拓中国革命党和韩国独立运动关系的是睨观申圭植。"① 此后很多韩人学生得知辛亥革命的消息后，也开始流亡到南京地区。1912 年初，流亡到延边的郑元泽听说中国正在兴起以孙中山和黄兴为中心的革命运动，而且韩国的有志青年也参加了，于是决心流亡到中国关内地区，② 而后到南京开始了求学生涯。1911 年末，李泰俊与朋友金弼淳计划流亡之时，被震撼天下的革命军消息所感动，于 1912 年初流亡到南京并与当地的政治人物频繁接触。当时在南京的韩人学生共 6 名，其中留学已三四年的 3 名韩人学生在武昌起义刚爆发就加入学生军参加了北伐。③ 1914 年，吕运亨得闻辛亥革命的消息后，也来到南京留学，在南京读书的 3 年中确立了毕生从事韩国光复伟大事业的志向。④ 从这些事实可以看出，辛亥革命是吸引早期韩人到中国关内地区的最直接原因。许多韩人对中国的辛亥革命抱有莫大期待，并支持中国革命，参加北伐。这是因为韩人一直期盼着，倘若有一天中国革命成功，中国再度强盛，韩人可以借助中国方面的援助，赶走强占国土的日本，光复祖国，所以视中国革命如己任。

日本以韩国为跳板，一步一步开始侵略中国之时，韩人终于开始有机会向中国政府要员游说并且积极寻求援助。1919 年韩国三一运动和中国五四

① 〔韩〕辛胜夏：《睨观申圭植和中国革命党人的关系》，孙科志译，载复旦大学韩国研究中心编《韩国研究论丛》第 2 辑，上海人民出版社，1996，第 130 页。

② 〔韩〕郑元泽：《志山外游日志》，探求堂，1983，第 18～20 页。

③ 〔韩〕裴京汉：《上海·南京地区初期（1911～1913）韩人亡命者与辛亥革命》，《东洋史研究》第 67 期，1999 年 7 月。

④ 〔韩〕吕运弘：《梦阳吕运亨》，青厦阁，1967，第 22 页。

运动相继爆发，中韩两国人民开始相互支援。① 但是当时中国正是烽烟四起、军阀混战之时，与任何一派联络对以后韩国独立运动都是至关重要的。因此，韩人首先采取务实的政策："以适当之人员组成中国外交团，与中国南北两政府及各省长、督军交涉，以便加强临时政府之政治行动及军事准备，使朝鲜青年投考中国军官学校，以实现临时政府与中国之联合行动。"②韩国独立运动者以此为基本政策，在中国形势混乱之时，以谋求援助为目标，联络中国各派军阀。南京国民政府成立以后，在形式上统一了中国，韩人转向南京国民政府寻求支援。1931 年九一八事变之后，韩国独立运动的领导者立即意识到日本侵华是韩国争取中国支持的良机，因此金九、金元凤等人开始到南京接触、联络国民政府中的重要人物，以中韩两国共同抗日来寻求国民政府领导人给予援助。

同时，南京韩人在南京与韩国之间也扮演了桥梁的角色，促进了两国相互理解和双方关系的发展。1931 年 4 月万宝山事件③发生，南京韩人会立即发表宣言，澄清万宝山事件的真实情况："此次事件，必是日本帝国主义

---

① 关于韩国三一运动和中国五四运动期间中韩两国相互支援的论述有：杨昭全：《现代中朝友谊关系史的开端——三一运动和五四运动期间两国人民相互支援的史实》，《世界历史》1979 年第 3 期。

② 韩国国史编纂委员会：《韩国独立运动史》（3），国史编纂委员会，2004，第 361～367 页。

③ 1931 年 4 月，郝永德以"专农稻田公司"经理的名义非法租用 500 垧（每垧相当于 7 亩）地，为期 10 年，言明契约经长春县政府批准后生效。契约尚未批准，郝永德便将地转手租给韩人李升薰等耕种。李升薰召集 180 名韩人在马家哨口村西挖掘一条长约 20 公里、宽 3～5 公尺之水渠，以便自伊通河引水灌溉，种植水稻。然而由于此沟渠之挖掘，多在其他中国农民之耕地上，此渠既破坏农田、阻塞行船，且将造成水患，自然引起公愤抗议，长春县政府在农民请愿下，命第三区公安局长前往制止。但事隔二日，韩人继续挖掘，6 月 2 日公安局长在省府命令下，再度前往制止时，日本长春领事馆也已派出日警 6 名在现场加以干涉阻拦。韩人在日警的撑腰下，恃众顽抗，不准中国农民填沟，长春市政筹备处为免事态扩大，撤退警察，劝阻中国农民离去，并与日本长春领事馆达成谅解，希望韩人先行停工，以便合理协商解决。不料日本领事一方面拒绝中方要求，另一方面又召集更多韩人，在日本 60 余名便衣武装警察机关枪监视下护渠，终于引起与中国民众之冲突。在纠纷中，日警向中国农民开枪示威。此后日本方面除原有警察之外，并增派便衣之陆军三四十名，携带机枪及山炮，强占民宅，挖掘战壕。强行于马家哨口一带，断绝一切交通，并四处侦捕农民领袖，惊吓附近农民，杀害中国贫民。此即引起中国人愤怒的万宝山事件。万宝山事件发生后，汉城之《朝鲜日报》根据记者金利三之报道，讹称有中国马队袭击韩人，《朝鲜日报》并于 7 月 2 日、3 日以号外渲染韩人在吉林道受中国官民袭击之危急情况。韩国各地掀起仇华风潮。万宝山事件的研究成果参见胡春惠《万宝山事件与东北的韩人问题》，载中国抗日战争史学会《抗日战争与中国历史——九一八事变六十周年国际学术讨论会文集》，1994。

者，有组织的阴谋，日本帝国主义者，利用东省华人驱逐韩人，及万宝山事件发生之机会，资助不良鲜人流氓等激起排华运动，并且日本的流氓不良分子变装鲜服，混入群众，屠杀华侨，以致不祥事扩大。"① 宣言还剖析了万宝山事件，认为通过该事件，日本可一石三鸟："第一，近年以来，中韩两民族亲善合作，要作革命的联合战线，日本帝国主义者大起恐惶，常欲谋挑拨离间中韩民族合作，适乘此机会，耸动亲日派不良鲜人，激起排华运动，致伤中韩民族感情，企图破坏中韩民族联合战线；第二，日本政府欲积极进行满蒙政策，更换朝鲜总督和满铁总裁，此二人皆为日本军国主义的健将，发生此大不祥事，殊成注意者，此莫非日本帝国主义者故意出事藉端，积极进行大陆政策；第三，耸起大扰乱，藉口治安，增兵于韩国、满洲，以武力彻底实行积极政策，并对俄备战。"② 因此，中韩两国应该不为日本的阴谋所蒙蔽，更应该切实合作，打到日本帝国主义，实现独立自由，才是根本办法。可以说，抗战前侨居南京的韩人不仅是韩国独立运动的基础，也是中国了解韩国的窗口和调节中韩关系的纽带。

四　结语

综上所述，抗战前，居住在南京的韩人主要是独立运动者和支持韩国光复的韩人，他们通过各种途径与国民政府进行接触，获得国民政府的支持和援助，在南京地区如火如荼地开展复国运动。国民政府对南京韩人也给予了极大的扶植，三民主义力行社和陈果夫、陈立夫代表的CC系分别支持以金元凤为首的义烈团、朝鲜民族革命党和以金九为代表的韩国独立党、大韩民国临时政府，国民政府与韩国独立运动者之间建立了深厚的友谊。同时，南京韩人对中国革命有着敏锐的观察，对东亚国际局势也有着深刻认识。他们审时度势，不仅获得了中国的援助，而且也帮助中国抗日，消除两国民众之间的误解，架起了一座中韩友谊的桥梁，谱写了两国倾力合作抗击外来侵略的历史篇章。

① 《中央日报》1931年7月11日。
② 《中央日报》1931年7月11日。

Strangers in a Strange Land: Korean Exiles and Sino-Korean Relations before the Fall of Nanjing

Li Xin

Abstract　Since the ancient time, China is in a close and intimate relationship with its neighbor—Korea, and this trend especially activates in the modern times that many Koreans immigrated into China. This article concerns the Koreans in Nanjing and studies the Korean political community and other associations between 1910 and 1937. And attempts to analyze the support from the government to the independence movement in Nanjing and analyze the Koreans understanding on Chinese government and Chinese development.

Keywords　Koreans; Nanjing; China－Korea Relationship

论唐与新罗的相互认识及其特征

拜根兴　阳运驰

【内容提要】 自7世纪初唐与新罗缔结新型宗藩关系之后，双方经历了从携
　　　　手并进到摩擦动荡，最终迎来关系正常发展的漫长历程，新罗成为唐与
　　　　周边政权宗藩友好关系的典范。唐人眼中的新罗与新罗对唐人的认知在
　　　　双方频繁的人文交流中呈现不同的特征，并对双方进一步交流产生影
　　　　响。与此同时，新罗的神秘与唐朝的发达，先进文化的向心力与探索神
　　　　秘的驱动力，在宗藩关系框架下交相辉映，烘托出相互认知的流光溢
　　　　彩。唐朝的开放包容国策在与新罗交往过程中亦得到很好的体现。

【关键词】 唐朝　新罗　宗藩关系　相互认识

【作者简介】 拜根兴，韩国国立庆北大学文学博士，陕西师范大学历史文化
　　　　学院教授、博士生导师，主要从事古代中韩、中日关系史研究；阳运
　　　　驰，陕西师范大学历史文化学院硕士研究生。

　　自7世纪初唐与新罗缔结新型宗藩关系之后，双方经历了从携手共进到
摩擦动荡，最终迎来成熟发展的漫长历程，新罗成为唐与周边政权宗藩友好
关系的典范。据笔者考察，海内外学界对唐与新罗关系的研究成果斐然，①
只是由于史料分散欠缺的缘故，涉及唐与新罗相互认识问题，现有研究中

---

① 中外学界关联研究如下。中国学界：杨通方：《中韩古代关系史论》，中国社会科学出版
　社，1996；陈尚胜：《中韩交流三千年》，中华书局，1997；王小甫主编《盛唐时代与东北
　亚政局》，上海辞书出版社，2003；拜根兴：《唐朝与新罗关系史论》，中国社会科学出版
　社，2009；党银平：《唐与新罗文化关系研究》，中华书局，2007；拜根兴：《石（转下页注）

着墨者并不多，而这一问题的研究却是唐罗关系中必须解决的重要问题之一。鉴于此，本文采用中、韩、日现存史料，通过爬梳唐朝与新罗近300 年交往之史实，探讨双方宗藩关系中官方与民间相互认识涉及问题，以就教于诸师友方家。

一 唐人眼中的新罗

（一）藩属国新罗

唐朝建立之前，中原王朝与朝鲜半岛高句丽、百济往来多见于载，而新罗与中原王朝交往的记录在史料中却并不多见。在唐之前，中原人对新罗的认识相当有限。随着隋朝灭亡、唐朝建立，新罗使臣、留学生、僧侣的陆续到来，以及唐廷对朝鲜半岛事务介入的加深，唐罗之间开启了相互认识的大门。加之有同处半岛的高句丽、百济政权的参照，唐人对新罗的评判认识，趋于积极正面。也就是说，此一时期唐人对新罗的认识，受到当时东亚国家政权间关系发展的影响。

首先，对唐廷来说，相比其他周边政权而言，新罗作为地处朝鲜半岛的藩属实体，由于特定时空下双方各自需求的接近，其更具可以预见的可信度，唐人对新罗远比其他藩属政权更为亲近。唐朝建立次年（619），高句丽便派遣使者到长安，武德四年（621），高句丽、百济、新罗均派遣使者前来，史书没有明确记载唐朝如何接待高句丽、百济使者，却有唐高祖李渊

（接上页注①）刻墓志与唐代东亚交流研究》，科学出版社，2015；拜根兴：《七世纪中叶唐与新罗关系研究》，社会科学文献出版社，2020。韩国学界：〔韩〕权惠永：《古代韩中外交史：遣唐使研究》，汉城：一潮阁，1997；〔韩〕权惠永：《在唐新罗人研究》，首尔：一潮阁，2005；〔韩〕权惠永：《신라‘君子國’이미지의 형성》，《韩国史研究》第 153 辑，2011；〔韩〕河日植：《唐中心的世界秩序와 新罗人의 自我认识》，《历史와现实》第 37 辑，2000；〔韩〕金昌谦：《新罗与海洋》，문현，2018；송영대：《〈通典〉의 韩国古代史 认识와 杜佑의 中华思想》，《韩国古代史探究》第 35 辑，2020。日本学界：〔日〕古畑彻：《七世纪末から八世纪初 たかけの新罗・唐关系：新罗外交史 の一试论》，日本朝鲜史学会编《朝鲜学报》第 107 辑，1982；〔日〕井上直树：《八世纪中叶の新羅・唐関係——孝成王代を中心に》，日本唐代史研究会编《唐代史研究》第 12 号，2009；〔日〕植田喜兵成智：《羅唐战争终结期记事にみる新羅の对唐意識：〈三国史記〉文武王 14、15、16 年条の再検討》，早稻田大学东洋史墾话会编《史滴》第 36 号，2014。

对新罗使者"亲劳问之"的记载。不仅如此，唐廷还派遣大臣庾文素前往新罗，赐予新罗国王玺书，以及画屏风、锦彩三百段。① 武德五年（622），唐廷再遣假通直散骑侍郎李祯出使新罗。可以看出，在唐与朝鲜半岛诸政权交往之初，唐朝似对新罗就区别对待，显示出双方的某种特有的亲近。② 其后《旧唐书·张文瓘传》曾载云，新罗外叛，唐高宗将发兵征伐。时宰相张文瓘患病在家，乃带病面见高宗，"奏曰：'比为吐蕃犯边，兵屯寇境，新罗虽未即顺，师不内侵。若东西俱事征讨，臣恐百姓不堪其弊，请息兵修德以安百姓'。"③ 对于新罗侵占百济、高句丽故地，唐高宗有意发兵征讨，但朝中重臣却认为此时新罗虽未归顺唐朝，但并未产生大的危害，因而反对出兵新罗。唐高宗最终听从宰相建议，打消用兵新罗的念头。尽管这其中不乏唐朝不愿东西两面作战的因素，也反映出唐朝君臣在针对新罗问题上，不希望走得太远。唐中后期，在唐新罗质子被任命为唐朝副使出使新罗，擢拜新罗人在朝廷任职等，都显示出唐廷对新罗人的信任和与新罗关系的密切。总体来看，近300年的唐罗交往，唐朝君臣对新罗政权的认知，除过简短的"唐罗战争"及其之后20余年之外，其余时间均比较积极正面。当然，这也说明唐人对新罗的认识具有时段性特点。

其次，对唐廷而言，新罗臣服唐朝，愿意纳入唐朝的天下秩序之内，接受唐朝的庇护册封至为关键。前期唐朝屡次调解朝鲜半岛三国之关系：灭亡百济之后，唐朝还以宗主国的姿态敕令罗、济会盟；百济、高句丽灭亡，新罗侵占百济故地，接纳高句丽亡叛的做法，显然触及唐朝的忍耐底线。由此可见，唐朝虽对新罗施以某些援助，但其必须是建立在以唐朝固有的天下秩序基础之上，新罗一旦与唐朝倡导的天下秩序理念背道而驰，唐朝就会采取武力，上文提及的"唐罗战争"就是如此发生。④ 另一方面，在双方官方交流阻绝、百姓认知极度下降之时，新罗仍然使用唐朝的年号纪年，韩国庆州雁鸭池王宫遗址出土的宝相纹砖铭"调露二年"字样，以及在庆州月城附近望星里瓦窑遗址出土的"仪凤四年皆土"板瓦铭文就能说明问题，显示

① 《旧唐书》卷199上《东夷·新罗传》，第5335页。
② 拜根兴：《唐都长安与新罗庆州》，载杜文玉主编《唐史论丛》第21辑，三秦出版社，2014。
③ 《旧唐书》卷85《张文瓘传》，第2815～2816页。
④ 关于唐罗战争，参见拜根兴《论罗唐战争的性质及其双方的交往》，《中国边疆史地研究》2005年第1期。

出双方交往过程中唐朝先进文化的向心作用。

伴随着唐罗间交往的加深，唐人眼中的新罗也逐渐摆脱此前流于表面之现象，即新罗从此前的"蛮夷之邦"形象，演变为所谓"君子之国"。例如，开元年间新罗派遣使者入唐，玄宗在派遣回使问题上颇多考虑，"闻其人多善奕碁，因令善碁人率府兵曹杨季鹰为璹之副。璹等至彼，大为蕃人所敬。其国碁者皆在季鹰之下，于是厚赂璹等金宝及药物等"。① 从此记载看，唐廷知晓新罗人热衷棋艺，特遣派棋坛高手杨季鹰随同出使。因为相对于突厥、吐蕃等政权，同处东亚文化圈的新罗、日本，他们对唐文化已有一定的积累，中上层学习唐朝制度文化也趋于自觉。具体来说，新罗使者、留学生等仰慕唐朝发达的文化制度，频繁入唐，学习唐朝的制度改衣冠、官制等，因此在唐人眼中，新罗知识阶层有着和唐人较为接近的知识水准，堪称君子之国。正因如此，唐玄宗还对行将出使新罗的邢璹云："新罗号为君子之国，颇知书记，有类中华。以卿学术，善于讲论，故选使充此"，② "以卿谆儒故持节往，宜演经义，使知大国儒教之盛"。③ 另外，开元年间唐玄宗给新罗王的诏敕中也提到，新罗国"三韩善邻，时称仁义之乡，世著勋贤之业。文章礼乐，阐君子之风。纳款输忠，效勤王之节。固藩维之镇卫，谅忠义之仪表。岂殊方憬俗可同年而语耶"。④ 可以看出，在唐人的观念中，新罗知识阶层的学识水平某种程度上已接近唐朝，并在有些方面有与唐朝分庭抗礼之势。当然，这也是这一时期中华文化东向传播的突出成果，是东亚文化圈繁荣发展的集中表现。因此，唐朝不仅十分重视挑选派遣出使新罗的使臣，而且对新罗的儒学发展也多持肯定态度。

唐人对新罗知礼仪、重文化的认识，在《旧唐书》《新唐书》及其他史书中亦有不少记载。新罗人看重唐朝名士萧颖士、张文成、冯定、白居易的诗文画作，史载：

> 是时外夷亦知颖士之名，新罗使入朝，言国人愿得萧夫子为师，其

---

① 《旧唐书》卷 199 上《东夷·新罗传》，第 5337 页。
② 《新唐书》卷 220《东夷·新罗传》，第 6205 页。
③ 《三国史记》卷 8《新罗本纪·孝成王》，第 189 页。
④ 《三国史记》卷 8《新罗本纪·圣德王》，第 178 页。

名动华夷若此。①

　　新罗、日本东夷诸蕃，尤重其（张文成）文，每遣使入朝，必重出金贝以购其文，其才名远播如此。②

　　初，源寂使新罗，其国人传定《黑水碑》《画鹤记》，韦休符使西蕃，所馆写定《商山记》于屏，其名播戎夷如此。③

元稹为白居易《白氏长庆集》所作序云：

　　鸡林贾人求市颇切，自云：本国宰相每以百金换一篇，其甚伪者，宰相辄能辨别之。自篇章已来，未有如是流传之广者。④

　　可以看出，萧颖士、白居易等人的诗文在新罗颇受追捧，而且培育出大量唐文化的粉丝；这些声震东亚的文人学者在新罗超凡的影响力，亦可窥见一斑。当然，如此也可看出在唐人的眼里，新罗知识人文学素养或许已能与唐人衔接，并达到一定的高度，否则，他们无法理解这些名人大家的佳作。不过，作为学术研究，我们不妨换个角度探讨这一问题，《旧唐书》《新唐书》这种传写方式，是否也有自我夸耀的成分？上述史料阐明的重点，或许只是表明这些名人大家的作品在新罗是如何受到欢迎，新罗知识人乐于接受唐朝文化而已。

　　此外，唐与新罗交往虽日益加深，唐人对新罗的了解也愈加深入，但由于海陆间隔路途遥远，对一些具体事物认识的分歧，以及文化习俗的差异，唐人对新罗的认识有时也会出现一些盲点。据韩国史籍《三国史记》记载，唐德宗贞元年间，新罗得一九尺高人参，千里迢迢进献唐廷，而"德宗谓非人参，不受"。⑤ 双方因认识的差异，以及德、顺之际唐朝廷的混乱，竟然导致交流亮起红灯，⑥ 这些均反映出唐朝与新罗之间相互认识的时段性、间接性特点。

---

① 《旧唐书》卷 190《萧颖士传》，第 5049 页。
② 《旧唐书》卷 149《张荐传》，第 4024 页。
③ 《新唐书》卷 177《冯定传》，第 5279 页。
④ （唐）白居易著，朱金城笺注《白居易集笺注》附录二《序跋·白氏长庆集序》，第 3973 页。
⑤ 《三国史记》卷 10《新罗本纪·昭圣王》，第 209 页。
⑥ 拜根兴：《唐与新罗使者往来关联问题的新探索：以九世纪双方往来为中心》，《中国边疆史地研究》2008 年第 1 期。

（二） 充满神秘的海东新罗

对于唐朝中上层官员来说，宗藩关系是维系唐罗交往的主轴。但由于新罗地处大海，即使官方来往频繁，一般百姓对其了解仍然有限，认为新罗是"异境""海外仙山"，是"沧溟千万里"① 的海外之国。也就是说，由于茫茫大海阻隔，来往要经历诸多艰难，唐人对新罗的认识往往带有"神秘"色彩。有唐诗言道："旷望绝国所，微茫天际愁。有时近仙境，不定若梦游。"② 能够自海路来，或者从大唐到新罗的人，在唐人眼中往往都是"神异"之人，都值得敬佩和赞赏。对此，宋人李昉编著的《太平广记》一书中多有记载，韩国学者金昌谦曾撰专文探讨涉及问题。③

众所周知，唐朝建都于内陆关中平原，距离大海路途遥远，时人对海洋的认识非常有限。唐人眼中的新罗，遥远且神秘，故而认为从海上入唐的新罗人一般具有某种特异能力，而到达新罗的唐人使者等，前往新罗经历生死考验，常常被看作一种悲壮冒险。史载云："归崇敬累转膳部郎中，充新罗册立使。至海中流，波涛稍息，举舟竟免为害。"④ 往来新罗的海路充满了危险，能够闯过苍茫大海，在唐人眼中都似有神助。《博异志》中有一则关于白幽求的记载："唐贞元十一年，秀才白幽求，频年下第。其年失志，后乃从新罗王子过海，于大榭公岛，夜遭风，与徒侣数十人为风所飘。南驰两日夜，不知几千万里。"这个秀才白幽求后来漂到海上仙山，还遇到仙人，得到仙人的点拨。最终辗转从明州上岸到达唐境，"自是休粮，常服茯苓，好游山水，多在五岳，永绝宦情矣"。⑤ 这则记载，姑且不论其真实与否，白幽求跟随新罗王子过海遇到神仙，一定程度上反映出唐朝人对于渡海到新罗国者的敬佩。他们置生死于度外，从另一角度看，却是以"神异"扮演者的姿态出现，令人神往。开成五年（840），宦官王文擀一行出使新罗，

---

① （清）彭定求：《全唐诗》卷 256《刘眘虚·海上诗送薛文学归海东》，中华书局，1960，第 2869 页。
② （清）彭定求：《全唐诗》卷 256《刘眘虚·海上诗送薛文学归海东》，中华书局，1960，第 2869 页。
③ 〔韩〕金昌谦：《往返唐与新罗之间使臣航路与海洋经验：以〈太平广记〉为中心》，载韩国新罗史学会编《新罗史学报》第 17 辑，2009。
④ 《太平广记》卷 177《器量·归崇敬》，第 1319 页。
⑤ 《太平广记》卷 46《神仙·白幽求》，第 299 页。

完成使命返回，不幸在海上遭遇风暴。

> 王事斯毕，回橹累程，潮退反风，征帆阻驻，未达本国，恐惧在
> 舟。夜耿耿而罔为，魂营营而至曙。呜呼！险阻艰难，备尝之矣。及其
> 不测，妖怪竞生。波溟濛而滔天，云暧霼而蔽日。介副相失，舟楫差
> 池，毒恶相仍，疾从此起。扶持归国，寝膳稍微，药石无功，奄至徂
> 谢，享年五十有三。①

王文撰其人虽未死于海中，但因受到怪异的海上风暴惊吓，返回唐都长安后
很快就去世了。太子赞善大夫苗弘本会昌年间"副新罗使立其嗣，将命至
其国，使病死，公专其礼"。② 也就是说，担当唐朝正使的薛宜僚，难以承
受海上惊悚，辗转到达目的地新罗后猝然病逝，副使苗弘本不辱使命，圆满
完成预定的交涉任务。

　　远在大海的新罗国具有这种"异境"意象，穿过大海往来于两国之间
需要经历艰难险阻，因此也就赋予目的地新罗一系列神秘的色彩，这在一些
记载中频繁出现。《太平广记》卷247"薛宜僚"条、卷423"元义方"条、
卷481"新罗"条中对新罗的记载体现出这种神异和非同寻常。

　　与此同时，在唐人眼中，新罗国是"海外仙山"，是许多珍宝的归宿之
地。据《太平广记》记载，曾任职蔡州的高瑀，得到可能是道流人物皇甫
玄真进献的尘埃巾子，而此宝物就是皇甫玄真从新罗所得，即"皇甫请避
左右，言某于新罗获巾子，可辟尘，欲献此赎甲。即于怀探出授高。高才
执，已觉体中清凉。惊曰：此非人臣所有，且无价矣。甲之性命，恐足酬
也。皇甫请试之。翼日，因宴于郭外。时久旱，埃尘且甚。高顾视马尾鬃及
左右驺卒数人，并无纤尘。监军使觉，问高：何事尚书独不沾尘坌？岂遭逢
异人，或至宝乎？"③ 可见，在唐人眼中，新罗国富有神异宝物，是一个神
奇的地方。唐人李涉在《与弟渤新罗剑歌》中提到，"我有神剑异人与，暗

---

① 周绍良主编《唐代墓志汇编》下册，上海古籍出版社，1992，第2237～2238页。
② 周绍良主编《唐代墓志汇编》下册，上海古籍出版社，1992；〔朝鲜〕韩致奫：《海东绎
　　史》卷37《上国使一》，汉城：景仁文化社，1990。
③ 《太平广记》卷404《宝·避尘巾》，第3285页。

中往往精灵语。识者知从海东来，来时一夜因风雨"，① 诗中提到新罗神剑，无疑也是一件奇异之珍宝。《太平广记》又载云：

> 上崇释氏教，乃春百品香和银粉以涂佛室。遇新罗国献五色氍毹及万佛山，可高一丈。上置于佛室，以氍毹藉其地。氍毹之巧丽，亦冠绝于一时。每方寸之内，即有歌舞乐，列国山川之状。或微风入室，其上复有蜂蝶动摇，燕雀飞舞。俯而视之，莫辨其真假。万佛山雕沉檀珠玉以成之，其佛形大者或逾寸，小者八九分。其佛之首，有如黍米者，有如菽者。其眉目口耳，螺髻毫相悉具。其瓣缕金玉水精，为蟠盖流苏。菴萝薝葡等树，构百宝为楼阁台殿。其状虽微，势若飞动。前有行道僧不啻千数。下有紫金钟，阔三寸，以蒲牢衔之。每击钟，行道僧礼拜至地。其中隐隐，谓之梵声。盖关缤在乎钟也。其山虽以万佛为名，其数则不可胜计。上置九光扇于岩岫间。四月八日，召两街僧徒入内道场，礼万佛山。是时观者叹非人工。及见有光出于殿中，咸谓之佛光。即九光扇也。由是上命三藏僧不空，念天竺密语千口而退。②

这里的唐帝乃唐代宗，韩国史书《三国遗事》卷 3 有类似的记载。对此，笔者认为虽然唐代宗（762~779）与新罗景德王（743~765）在位时间重合只有短短的两三年，但新罗景德王经历了唐玄宗后期及唐肃宗在位期间唐罗交流的所有事件，而此一时期唐罗各个层面的交流十分活跃，③ 新罗对唐朝野变动也颇为熟悉，对各皇帝的个人品质、喜好亦相当了解，从太子到皇帝的唐代宗热衷佛教，新罗人或许早就探知了解，故在唐代宗即位不久，就投其所好，进贡如此巧夺天工、充满佛教因素的贡品，④ 显示出这一时期新罗人对佛教认识水平的提高，唐罗佛教文化交流的新动向。作为唐人心目中的"海外异境"，这件新罗进献的五色氍毹，佛意醇厚、精妙绝伦，加深了唐人对新罗的印象。

---

① 《全唐诗》卷 477《李涉·与弟渤新罗剑歌》，第 5425 页。

② 《太平广记》卷 404《宝·万佛山》，第 3257 页。

③ 拜根兴，「사신 왕래와 당대 동아시아 삼국의 문화 교류: 새로 발견된 묘지명과자료를 碑刻 중심으로」，载中国海洋大学韩国研究所编『해양과 동아시아의 문화교류』，도서출판 경진，2014。

④ 拜根兴：《〈三国遗事〉所见唐罗关系关联内容的新探索》，载杜文玉主编《唐史论丛》第 9 辑，三秦出版社，2006。

（三）奇异的入唐新罗僧

唐朝建立伊始，入唐新罗僧侣持续增多，他们在唐朝求法巡礼佛教宝刹，拜名僧大德为师，参与唐朝组织的佛经翻译等活动。在入唐的新罗人之中，僧侣是一个独特的群体，他们的所作所为广为人知、印象深刻。僧撰体史书及唐人的笔记小说中，常常可看到新罗僧侣的身影。

首先，从《宋高僧传》中的一些记载来看，唐人眼中的新罗僧人意志坚定、品德高尚。新罗僧人与生俱来的独特品格对唐人来说也极具吸引力。入唐僧侣义湘容貌俊秀、气质俊逸、学识渊博，到达登州之后，获得登州信奉佛教的妙龄少女的敬仰，想要跟随义湘。但身为僧侣的义湘佛心强劲，婉言拒绝了少女的请求。当义湘返回新罗路过登州，少女仍恋恋不舍，最终少女化身为龙，誓愿追随义湘。这段记载虽带有神话色彩，但可看出登州这位妙龄少女对新罗高僧义湘的崇敬已升华到极致。义湘潜心求法心无旁骛，两次拒绝少女求请，其在唐人眼中极具正面形象亦由此可见。① 《宋高僧传》中还有相关记载：

> 释无漏，姓金氏，新罗国王第三子也。本土以其地居嫡长，将立储副，而漏幼慕延陵之让，故愿为释迦法王子耳。遂逃附海艦，达于华土。欲游五竺，礼佛八塔，既度沙漠，涉于阗已西，至葱岭之墟，入大伽蓝，其中比丘皆不测之僧也。问漏攸往之意，未有奇节而谒天竺。……，后见长伟而天矫，僵于石上欹。寺僧咸默许之，又曰："必须愿往天竺者，此有观音圣象，祷无虚应，可祈告之。得吉祥兆，可去勿疑。"漏乃立于像前，入于禅定，如是度四十九日，身婴虚肿，略无倾倚。②

上述史料中提到的无漏是新罗王子，但却具有坚韧的求法之心。他历经艰难入唐，又谋划去天竺求法。作为新罗贵族，能够克服如此困难，其信仰的至

---

① （宋）赞宁撰，范祥雍校注《宋高僧传》卷 4《唐新罗国义湘传》，中华书局，1987，第74～76 页。

② （宋）赞宁撰，范祥雍校注《宋高僧传》卷 21《唐朔方灵武下院无漏传》，中华书局，1987，第 545 页。

高无上与日月同鉴。《宋高僧传》卷 19 还有新罗高僧无相传记，高僧大德的高尚品格浸润于字里行间；收藏于西安碑林博物馆的《唐李训夫人王氏墓志铭》中，记载了开元末、天宝初，驻锡岐州大云寺，具备崇高修养的一位新罗和上的事迹，① 很值得进一步研究。另外，诸如慈藏、义湘、无相、慧超等新罗僧人，他们来到唐朝已实属不易，但还能坚定信心，克服各种阻碍，对佛教传播颇多建树，在唐人眼中，他们已具备中土佛教大师应有的品格和智慧，成为唐与新罗佛教传承过程中影响非凡的领军人物。

其次，在唐人眼中，新罗僧侣自海东来，这件事情本身就被赋予了神异的特质，这可能与百济、高句丽很快灭亡，新罗成为朝鲜半岛的唯一政权，半岛所有的奇异色彩，都为新罗僧人所承接有关。相对于其他域外国家，唐人对新罗人的认识了解虽然比较广泛，但新罗僧人在唐人眼中仍旧充满神秘色彩，极富传奇。入唐后居住于睢阳的新罗僧侣金师，预言睢阳太守裴宽次日将改任新的官职，结果很快得到精准的验证，正说明新罗僧人有着能够预知未来的特质。② 当然，也有可能这位新罗僧侣此前已得到裴宽将要改任他职的消息，故意卖弄玄虚。《太平广记》卷 77 "葫芦生" 条中记载了新罗僧人为后来担当封疆大吏的张建封看相，一言断定他以后的官途，说他不可能当上宰相，同时还指出当时只是巡官的李藩能位极人臣。③ 更加令人惊讶的是新罗僧人还能通 "冥司"，以 "纱笼中人" 向张建封解释他之所以不能为相，乃是命定之数。新罗僧人的预言果然在数年之后得到验证，李藩如新罗僧人所言位居宰相之职。《太平广记》卷 153 "李藩" 条中也有相关记载：

> 会有新罗僧能相人，且言张公不得为宰相，甚怀怏。因令于使院中，看郎官有得为宰相者否。逼视良久，曰："并无。"张公尤不乐，曰："莫有郎官未入院否。"报云："李巡官未入。"便令促召。逡巡至，僧降阶迎，谓张公曰：……李公竟为宰相也，信哉。④

---

① 拜根兴：《唐〈李训夫人王氏墓志铭〉关联问题考析》，载《纪念西安碑林九百二十周年华诞国际学术研讨会论文集》，文物出版社，2008。
② 《太平广记》卷 147《定数·僧金师》，第 1064 页。
③ 《太平广记》卷 77《方士·葫芦生》，第 489 页。
④ 《太平广记》卷 153《定数八·李藩》，第 1100 页。

李藩的命数果然印证了新罗僧人预言，证明新罗僧人预言比较准确。再加上这则故事在《太平广记》中出现两次，显示其流传之广泛，进而在一定程度上表明新罗僧人不仅善于相面，而且了解唐廷官吏升迁之道，并得到唐人的认可。新罗僧人能够窥探天机，洞察官场动态，预测没有丝毫偏差，这样的神秘奇异形象难免令人感到惊异。

同时，除了极具神秘色彩之外，唐人惊叹新罗僧人见多识广，熟谙海中珍宝。《太平广记》卷405"李德裕"条中提到新罗僧人得到的稀世珍宝"龙皮"，能够让人在酷暑中感受到沁人心脾的凉爽，见多识广的李德裕也感到新奇无比。这些奇珍异宝，出自遥远的海东新罗僧人之手，显示出这些人富有超自然的能力。

当然，个别新罗僧人的不恰当行为，也造成了一定的负面影响。《宣室志》载云：

> 贞观中，有玉润山悟真寺僧夜如蓝溪，忽闻有诵法华经者。……乃闻声自地中发，于是以标表其所。明日穷表下，得一颅骨在积壤中。其骨槁然，独唇吻与舌鲜而且润。……遂以石函置于千佛殿西轩下，自是每夕常有诵法华经声在石函中。长安士女观者千数。后新罗僧客于寺仅岁余，……窃石函而去……已归海东矣。①

可以看出，这位新罗僧人竟然窃取悟真寺石函返回新罗。神异的东西被新罗僧人窃为己有，确实应受到挞伐，当然这种行为会影响他们在唐人心目中的评判。

渡海而来的新罗僧人非同寻常，唐人将他们和阅历丰富的胡商相提并论。新罗僧人来自惊险奇绝的大海，又有佛教赋予的虚幻神秘，自然就会有几分异于常人的传奇色彩。他们入唐后的足迹其实并没有局限于唐境，有的人从南海出发前往印度，有的人从陆路途经吐蕃，直至印度；有的归于唐朝后返回新罗，有的亡命于茫茫求法之途。而没有返回的新罗僧侣，在唐人眼中成为神异和传奇的代称，更遑论那些归唐的新罗僧人。在唐人眼中，新罗僧侣的"神通"大放光彩，他们受到唐人的尊重和崇敬。

---

① 《太平广记》卷109《报应·悟真寺僧》。

二　新罗认知中的唐朝

如上所述，唐朝建立伊始，新罗就遣使与唐朝保持官方往来，双方人员流动源源不断。官方交流或因特殊时段的些许隔阂有所减少，但民间的往来却一如既往，这种人员流动一直持续到唐朝灭亡。那么，新罗人如何看待当时的唐朝，这是需要着重探讨的另一议题。

（一）唐朝的强大与发达

早期的新罗由于与中原王朝远隔沧波，其对中原的认识，多是以进入中原的新罗使者所见所闻为主。唐朝建立之后，出于对中原王朝先进文化的向往，以及联合唐朝对抗百济、高句丽的目的，双方的交往逐渐密切并常态化，新罗人对唐朝政局的了解认识也日渐深入。而强大的唐朝，对新罗的影响也日渐重要。

1. "宗主国"唐朝

对于唐王朝建立的"天下秩序"，新罗王廷承认其藩属地位，认同并遵从唐朝的宗主地位。具体来说，统一朝鲜半岛之前，新罗多次派遣使者向唐朝求助，接受唐朝调停。根据《三国史记》卷 5 记载：真德王二年冬，新罗派遣使者邯帙许出使唐朝，唐太宗通过御史责问其"臣事大朝，何以别称年号"，对此新罗使臣回答："曾是天朝未颁正朔，是故先祖法兴王以来，私有纪年。若大朝有命，小国又何敢焉"。① 贞观二十二年（648）末，新罗重臣金春秋入唐，新罗随后奉行唐朝纪年。对于唐皇帝的责问，新罗能够迅速更改，一方面说明新罗迫于时势，十分重视与唐朝的交往；另一方面，新罗已从根本上认同唐朝的宗主国地位。《三国史记》卷 6 中亦载曰："新罗隔于两国，北伐西侵，暂无宁岁。战士曝骨积与原野，身首分于庭界。先王愍百姓之残害，忘千乘之贵重，越海入朝，请兵绛阙。"② 新罗王金法敏承认新罗的藩属国地位，自称"千乘"之国。安史之乱爆发之后，唐玄宗逃亡四川，新罗使臣竟绕道前往成都朝贡，唐玄宗称其"衣冠知奉礼，忠义

---

① 《三国史记》卷 5《新罗本纪·真德王》，第 119 页。
② 《三国史记》卷 6《新罗本纪·文武王》，第 138 页。

识尊儒"。① 元和三年（808），新罗派使臣金力奇入唐朝贡，金力奇禀新罗王旨意上奏："贞元十六年，诏册臣故主金俊邕为新罗王，母申氏为大妃，妻叔氏为王妃，册使韦丹至中路闻王薨却回，其册在中书省。今臣还国，伏请授臣以归"。② 可以看出，唐朝对新罗行使宗主国吊唁、册封权力，新罗对此也没有异议，因此当新罗王去世之后，便立即派遣使者赴唐告哀。新罗承认唐王朝天下共主地位，赞同唐朝主张的"天下秩序"观念，学习吸收唐朝先进的制度文化，并在新罗中代之后，成为国家发展的重要指针和方向。

此外，罗末丽初僧侣的塔碑铭石刻题首，往往以"有唐新罗国""大唐新罗国"作为塔碑铭首行开端，曾入唐的新罗留学生很乐意宣扬其唐朝所授官职，③ 传世新罗造像铭、钟铭等金石文中，频频出现采用唐朝年号也可说明这一问题。④

2. 京师长安的魅力

7~9世纪，作为国际化大都市，东亚汉文化发展的原点，新罗人以各种理由入唐，将进入长安看作实现人生理想的一大幸事，唐都长安成为新罗了解世界的窗口。长安的魅力无处不在，吸引着世界各地的人们不远万里前来。在这里，新罗使者、留学生、僧侣看到来自异域不同肤色、不同习俗的人们，并通过唐都盛大的朝会或商贸媒介，可能与异域的使者或商贾建立起直接或间接关系。新罗使金春秋使团到达长安，受到唐太宗的隆重接待，双方宗藩关系得到落实，并直接促成新罗采用唐朝年号，"改其章服，以从中华制"；⑤ 新罗王陵的构建模式制度，即现在可以看到的新罗文圣王陵前石刻蕃酋像排列、龙江洞出土蕃酋土俑形象，其多与唐朝陵墓制度密切相关。⑥ 当然，天宝十二载（753）蓬莱宫含元殿朝贺中出现的"大伴古麻吕

---

① 《三国史记》卷9《新罗本纪·孝成王》，第190页。
② 《三国史记》卷10《新罗本纪·哀庄王》，第276页。
③ 如金献贞《海东故神行禅师之碑并序》，首题其官衔为"皇唐卫尉卿"，崔贺撰写《桐里山大安寺寂忍禅师碑颂并序》，首题其官衔"入唐谢恩兼宿卫"。如此题写在现存僧侣塔碑铭中并不少见。
④ 拜根兴：《唐朝与新罗关系史论》，中国社会科学出版社，2009，第332~335页。
⑤ 《三国史记》卷5《新罗本纪·真德王》，第138页。
⑥ 〔韩〕高富子：《庆州龙江洞出土的土俑服饰考》，拜根兴、王霞译，《考古与文物》2010年第4期。

抗争"事件，某种程度反映出在长安国际舞台之中，新罗、日本所处的地位和影响，这场历史"疑案"仍未最后落幕。[1] 但可以认定的是，无论新罗还是日本，他们都很看重唐人的态度，以及自己在唐都长安如此宏大国际舞台中的表现；9 世纪新罗与渤海在长安的争执也是如此，崔致远在《谢不许北国居上表》中对此有较为详细的记载，[2] 在此不赘。

新罗僧侣历经艰难入唐求法，大多先到唐都长安巡礼，特别是唐中期之前。长安是佛教中国化的中转站和出发点，佛教八大宗派（唯识宗、华严宗、密宗、禅宗、天台宗、三论宗、律宗、净土宗），除过天台宗、禅宗祖庭分别在浙江天台山、河南嵩山之外，其余六大宗派的祖庭都在这里。正因如此，新罗僧侣前来长安求法巡礼者多见于载，如众所周知的慈藏、义湘、圆测、明朗、胜庄；在长安参与玄奘、义净、菩提流志、金刚智、不空等法师译经的神昉、智仁、胜庄、慧超、无著、慧日、玄范，以及将长安作为西去印度取经终始点的慧轮、玄恪、慧业、玄太、求本等。[3] 虽然这些人因各种原因，要么死于取经路途，要么羁留印度，要么老死长安等地，并没有返回新罗，但他们强烈的求知欲，永不满足的求学精神，对佛教一如既往的崇敬，肯定影响到其他新罗僧侣和新罗人。[4] 就这样，怀着对唐都长安世界潮流的崇仰，对唐朝代表当时最先进文化的渴望，入唐新罗人返回新罗后必然影响到新罗王室，乃至一般新罗人，他们对唐朝乃至唐人的看法因此更趋正面和高大。

3. 唐朝政局变化

从新罗善德王时期对唐朝的相关记载来看，新罗国内对唐朝的制度已有较为深入的认识。640 年新罗善德王派遣王室子弟入唐求学，后新罗王廷定期遣派使者，其中包括宿卫、质子等，这些人长期居住于长安，成为藩属国

[1] 〔韩〕卞麟锡：《唐长安的新罗史迹》，亚细亚文化社，2000；〔日〕池田温：《唐研究论文选集》，孙晓林等译，中国社会科学出版社，1999；拜根兴：《石刻墓志与唐代东亚交流研究》，科学出版社，2015。

[2] 刘洪峰：《〈谢不许北国居上表〉在渤海史研究中的史料价值》，《通化师范学院学报》2008 年第 11 期。

[3] 拜根兴：《入唐求法：铸造新罗僧侣佛教人生的辉煌》，《陕西师范大学学报》（哲学社会科学版）2008 年第 3 期。

[4] 拜根兴：《唐代长安佛教文化的交融与传播：兼论长安都市文化的东亚传播》，载韩国东国大学佛教文化研究所编《佛教文化研究》第 12 辑，2012。

新罗有限参与并了解唐朝朝野政情的特殊人群，影响着新罗王廷对重大事件的抉择。当然，他们兼任新罗官方对唐人文交流之重任，堪称双方关系是否畅通的晴雨表。这些人除了学习和了解唐朝各项制度之外，对于唐朝野政局的变化也多有掌握，并将宗主国局势变化迅速传递回去，以助新罗官方采取应对措施。《三国史记》《三国遗事》均有唐朝政局出现变化，新罗王京望德寺双塔就会"打斗"的记载，足见唐朝政局变化对新罗的影响。① 上文提及安史之乱爆发之后，新罗王廷很快知晓唐朝内部动乱之走向，并做出客观且合乎常理的判断，派遣使臣到达成都，面见逃亡到成都的唐玄宗。9世纪末黄巢起义爆发之时，新罗亦能够及时调整对唐政策，终止派遣使者入唐。正是新罗朝野密切关注唐朝，在唐新罗使者的忠诚效力，故而才能够洞察唐朝时局变化，并采取有利于新罗的措施。

安史之乱爆发之后，随着唐王朝的衰落，在某些特定时期，新罗对待唐使者的态度出现变化。举例来说，唐德宗病亡，顺宗继立，但朝野政争不断。时"王叔文用事，惮季方不为用，以兵部郎中使新罗。新罗闻中国丧，不时遣，供匮乏，季方正色责之，闭户绝食待死，夷人海谢"。② 可以看出，新罗统治者听闻唐朝廷政局不稳，他们不仅减少派遣使者的次数，同时开始有意慢待唐使臣，这与前期新罗尊重宗主国使臣的做法迥然不同。当然，唐使者元季方不惧生死，誓死捍卫宗主国的尊严，也在新罗王廷树立了唐人视死如归的良好印象。在此，我们姑且将此算作唐罗关系发展中的一个特定事例，在唐罗近300年的交往历史中，维持宗藩友好关系是主流，这是值得肯定的。

新罗王廷之所以时刻关注唐王朝，重视学习中原文化，仿照唐朝中央建制制定一系列政治制度和礼法制度，有其深层原因。第一，如上文所言，唐朝是当时世界先进文化的代表之一，作为同处东亚的新罗，学习先进的文化制度，是当时最佳的选择，其固然是文化向心力所致，也是当时东亚国家发展的大趋势。日本同样如此。第二，新罗采用唐朝年号，着华服，以至诚事中国，在其统一三国之前，除学习先进文化之外，更重要的是通过密切与唐关系，取得在与高句丽、百济的残酷竞争中立于不败之地之效果。对此，史

---

① 拜根兴：《唐朝与新罗关系史论》，中国社会科学出版社，2009，第217～222页。
② 《新唐书》卷201《元义方传》，第5745页。

书载云："若新罗以一意事中国，使航贡篚相望于道，而法兴自称年号，惑矣。厥后承衍袭缪，多历年所。闻太宗之诮让，犹自因循。至是然后奉行唐号。虽出于不得已，而抑可谓过而能改者矣。"① 新罗采用唐朝年号，密切与唐朝的宗藩关系，应该说是新罗依据当时朝鲜半岛乃至东亚形势所做出的正确选择。第三，学习唐朝先进文化，促进新罗自身的发展。而最重要的原因，是新罗自身也存在较浓厚的宗藩观念，在与唐朝官方间的书信往来中以"臣"自称，默认唐朝的"天下秩序"。

（二）先进的制度文化

其一，新罗十分重视与唐朝的官方交往。从考古发现来看，唐昭陵、乾陵、定陵都有新罗使者或君长石像。唐太宗昭陵发现有新罗真德女王石像，高宗乾陵则有新罗藩臣像石刻；② 特别是 2016 年陕西省考古研究院发掘清理唐中宗定陵神道，在一尊残缺的石像背部发现刻有"金义让"铭文。据研究者考察，此"金义让"应是新罗入唐宿卫金思让的赐名。③ 这些新罗人石像陆续公开面世，显示了初唐时期唐朝和新罗关系的密切。从文献记载来看，唐朝建立第 4 年，新罗就派使节到达长安，唐朝厚待新罗使臣，并积极派遣使臣回访。此后新罗各类使臣络绎不绝入唐，唐朝定期派使册封新罗王，并成为唐朝处理与朝鲜半岛政权关系的支撑点。特别是贞观二十二年（648），新罗真德王遣王室成员金春秋及其子金文王入唐，受到唐太宗热情款待。金春秋向唐太宗提出观礼国学，太宗"赐以所制《温汤》及《晋祠碑》并新撰《晋书》。将归国，令三品以上宴饯之，优礼甚称"；④ 永徽元年金春秋长子金法敏入唐告讼并献诗，金春秋的次子金仁问多次面见唐高宗，随唐高宗前往万年宫避暑，与随行的三品以上官员一起，获得题名万年宫碑碑阴的殊荣。此后，唐玄宗曾在宫廷内殿宴请新罗圣德王十三年二月、

① 《三国史记》卷 5《新罗本纪·真德王》，第 119 页。
② 关于昭陵博物馆藏新罗真德女王石像残躯及底座铭文，可参见拜根兴《试论新罗真德女王石像残躯及底座铭文的发现》，载韩国新罗史学会编《新罗史学报》第 7 辑，2006，第 17~33 页。关于乾陵六十一藩臣石像，笔者在《唐朝与新罗关系史论》一书中指出，神道东侧东南角的手握弓箭的无头石人，可能是新罗使者。赵斌在《刍议唐乾陵六十一蕃臣像中的新罗人》（《丝绸之路》2010 年第 24 期）中则指出这个石像可能是新罗王金法敏。
③ 田有前：《唐定陵发现新罗人石像研究》，《北方文物》2019 年第 1 期，第 69~72 页。
④ （后晋）刘昫等：《旧唐书》卷 199《东夷传》，中华书局，1975，第 5335 页。

十月派遣到唐朝的新罗使臣金守忠等人，① 新罗惠恭王九年、十年入唐的新罗使臣亦曾得到皇帝延英殿接见的恩典。②

其二，相比朝鲜半岛的高句丽、百济，新罗与中原王朝往来在便利度上并不占优势，随着唐朝与新罗交往的增多，新罗学习唐朝先进制度文化的意愿日渐迫切。与此同时，唐王朝飞速发展，唐朝先进文化享誉世界，这些对处于后进的新罗官方或者一般平民来讲，极具吸引力。这样，承载传承先进文化制度的唐人，在新罗人的认知里，不免被放大。关于新罗人对唐朝的这种认识，或许可从一些史书记载中了解一二。史载云：

> 登州贾者马行余转海，疑取昆山路适桐庐。时遇西风，而吹至新罗国。新罗国君闻行余中国而至，接以宾礼。乃曰："吾虽夷狄之邦，岁有习儒者，举于天阙，登第荣归，吾必禄之甚厚。乃知孔子之道，被于华夏乎。"因与行余论及经籍，行余避位曰："庸陋贾竖，长养虽在中华，但闻土地所宜，不读诗书之义，熟诗书，明礼仪者，其唯士大夫乎，非小人之事也。"乃辞之。新罗君讶曰："吾以中国之人，尽闻典教，不谓尚有无知之俗欤。"行余还至乡井，自惭以贪客衣食，愚昧不知学道，为夷狄所嗤，况哲英乎。③

关于唐朝商人马行余漂流到新罗国的事件，④ 真切地反映出中唐时期新罗人对唐人的崇拜，以及对唐境的向往。新罗王认为唐朝人普遍有着较高的文化素养。对于随风漂流到新罗的唐朝商人，新罗王得知他来自唐朝，便以礼相待，还和马行余谈论诗礼。但是马行余对此感到惶恐，并回答新罗王，在中国能够"读诗书、明礼仪"的都是士大夫阶层，他作为一般商人并不能够熟读经书。对此新罗国王感到很讶异，并且回答说他以为唐人都熟知儒家经典。这则小故事或许只是反映新罗国王或上层的看法，但新罗国内对唐人的认识由此可窥一斑，无疑具有一定的代表性。唐人普遍知书达理，有着较高的文化素养，这种认知已成为新罗上至国王，下到知识阶层的一种共识，这

---

① 〔高丽〕金富轼：《三国史记》卷 8《新罗本纪·圣德王》，第 177 页。
② 〔高丽〕金富轼：《三国史记》卷 9《新罗本纪·惠恭王》，第 192 页。
③ 《太平广记》卷 481《蛮夷二·新罗》，第 3961 页。
④ 杨雪：《由"登州贾者马行余"故事管窥唐与新罗关系》，《黑龙江史志》2014 年第 13 期。

从《三国史记》的相关记载中即可找到答案。

新罗和唐确立宗藩关系之后，频繁派遣使者、留学生入唐求取儒家经典，学习唐朝先进的文化制度。《三国史记》卷 5 载："九年夏五月（640），王遣子弟于唐，请入国学。是时太宗大徵天下名儒为学官，数幸国子监，使之讲论，学生能明一大经已上皆得补官。"① 可见新罗善德王在位之时，就已派遣留学生来唐学习，显示出新罗对唐文化的向往。随着双方来往的增多，新罗对中原文化的向往倾慕，集中体现于中原王朝的一些制度文化已为新罗所采用。《三国史记》卷 10 中记载到：

> 四年春，始定读书三品以出身，读《春秋左氏传》、若《礼记》、若《文选》，而能通其义，兼明《论语》《孝经》者为上；读《曲》《礼》《论语》《孝经》者为中；读《论语》《孝经》者为下。若博通五经、三史、诸子百家者超擢用之。前祇以弓箭选人，至是改之。

就是说，新罗选拔人才是以中原王朝的儒家经典作为基准，即人才的选拔以是否精通儒家经典为准绳，进而替代新罗已有的传统人才选拔方式。同时，对于在唐朝取得科举名次回国的留学生，新罗更是重用有加。《三国史记》明确记载了新罗王廷对入唐留学生的重视及任用。

> 九月，以子玉为杨根县小守，执事史毛肖驳言。子玉不以文籍出身，不可委分忧之职。侍中议云："虽不以文籍出身，曾如大唐为学生，不亦可用耶。"王从之。②

显然，子玉并非文籍出身，依据新罗国内规定不可以担任官职，但此时新罗官方却以其曾留学大唐为理由，任命他为杨根县小守。新罗对唐朝儒家文化的虔诚仰慕，在宾贡进士崔致远代新罗王所撰《新罗王与唐江西高大夫湘状》中亦有所反映，其文云："弊国素习先王之道，恭称君子之乡，每

---

① 〔高丽〕金富轼：《三国史记》卷 5《新罗本纪·善德王》，〔韩〕新华社，1983，第 117 页。

② 〔高丽〕金富轼：《三国史记》卷 10《新罗本纪·元圣王》，〔韩〕新华社，1983，第 209 页。

当见善若惊，岂敢以儒为戏"。① 新罗对唐儒家文化敬慕之心由此可见。新罗对唐朝的重视仰慕还可从归国质子的表现中得到验证。《全唐诗》卷385《张籍·送金少卿副使归新罗》一诗中提到："云岛茫茫天畔微，向东万里一帆飞。久为侍子承恩重，今佐使臣衔命归。通海便应将国信，到家犹自著朝衣。从前此去人无数，光彩如君定是稀。"② 中唐以后，在唐新罗质子、宿卫，常常代表唐朝官方，以出使新罗唐朝副使身份返回故国新罗，享受体面和荣耀。同时对于新罗上层来说，有入唐经历无疑会增加在王廷政治博弈中的资本，新罗王金春秋就是比较典型的代表。唐永徽五年（654），新罗真德女王去世，由于其没有子嗣，国内群臣推荐伊飡于川为新罗王，于川本人则极力推辞。而金春秋曾出使高句丽、倭国，具备广阔的国际视野，又前往大唐请兵，与唐朝建立了较为稳固的宗藩关系；③ 他与重臣金庾信结为同盟，关系密切；④ 新罗王室圣骨不存，作为新罗真智王之孙的真骨金春秋当仁不让，最终被推为新罗王。新罗仰慕唐朝文化，与唐缔结宗藩友好关系，成为新罗国运发展的强力依仗。

其三，无论是名满京师的高僧圆测，还是经海路到达印度，又从陆路返回的传奇僧侣慧超，抑或誉满唐朝、新罗，以及高丽初的崔致远，他们均以仰慕大唐文化入唐。慧超9岁到达广州，圆测亦少小抵达唐都长安，崔致远则12岁搭商船到达日日向往的唐境。这些人入唐后或潜心修行、求法巡礼，或醉心科举、宾贡及第，成就了唐与新罗文化交流的佳话。无疑，他们入唐的意愿很大一部分来自他们的父母长辈，假如他们的父母没有对传入中国的佛教心动，未能对宾贡及第的荣耀无比向往，他们绝不忍心依依惜别年幼子息，送其前往万里之遥的异国他乡。与此同时，众多新罗僧侣将入唐求法当作铸造其佛教人生的关键征程，他们排除艰难险阻，甚至冒着生命危险，渡过茫茫大海，跋山涉水到达长安，学习中国化的佛教。有人经过多年修行巡

---

① （新罗）崔致远：《崔文昌侯全集》卷1《孤云先生文集》，亚细亚文化社，1982，第65页。

② 《全唐诗》卷385《张籍·送金少卿副使归新罗》，第4389页。

③ 〔韩〕朱甫暾：《金春秋의 외교활동과 新罗内政》，《韩国学论集》第20辑，1993。收入同氏《金春秋와 그의 사람들》，首尔：知识产业社，2018；〔韩〕朴淳教：《金春秋의 执权过程 研究》，韩国国立庆北大学博士学位论文，1999。

④ 〔韩〕文暻铉：《武烈王体系의 成立》，《增补 新罗史研究》，图书出版，2000，第363~382页。

礼回到新罗，有人因各种缘故驻留唐境不归，而有人竟死于往返之途，成为中国化佛教东传的殉道者。[①] 无论如何，唐朝先进的文化制度，开放包容的国策，东亚佛教传播中心地位的吸引力，促使这些在各自领域作出巨大贡献的新罗翘楚，在极富求知欲、富有远大志向的幼龄入唐，不仅显示出新罗人对先进文化的向往，大唐文化在新罗人心目中的崇高地位亦由此可见。

综上所述，入唐新罗使者、留学生、僧侣等对唐朝先进文化倾心向往，他们目睹唐朝国家的强盛繁荣，高度发达的制度文化，飞速发展的中国化佛教，高度国际化的大都市的超强吸引力，对此，他们心中充满赞叹和留恋。当他们回到新罗之后，可能有意识地放大宗主国唐朝的各种景象，进而使得新罗上至国王贵族，下到一般百姓，普遍认为不仅唐朝繁荣强大，而且唐人也有着较高的文化素养，人人都会赋诗作对。开放包容的国策使唐朝成为世界文化的中心，长安、洛阳是新罗了解世界的窗口，新罗的发展需要唐朝的帮助，故而非常重视与唐朝的各种交流。这种倾向性集中表现在上述新罗与唐朝交往的各个层面之中。

三　结语

本文论及唐与新罗相互认识牵涉的诸多问题，可能还有一些没有涉及的部分，笔者在随后的论述中当予以讨论。需要说明的是，唐朝与新罗相互认识，还具备一些独有的特征。其一，双方的认识具有时段性，即在近300年的交往过程中，唐朝对新罗，或者新罗对唐朝，在宗藩关系的架构下，其相互认识只是反映某一长时段的交往成果，是双方往来的绝好见证。而随着时间的推移，双方的认识可能会发生些微变化，但这种交往的实质保持不变。其二，双方认识受到时空、时局、特定人物，或者一些突发事件的影响。如在长达7年的唐罗战争期间（670～676年），双方对彼此的评价和认识肯定会发生变化，即好感度和认同度会受到干预影响；而在关系相对密切友好阶段，这种好感度就会叠加，并有利于进一步交流往来，如新罗真德王（647～654年）、圣德王（702～737年）等在位期间就是如此。其三，由于唐王朝的强盛，唐文化的先进性，以及唐朝奉行的开放包容政策，使得在1000

---

① 拜根兴：《唐朝与新罗关系史论》，中国社会科学出版社，2009，第172～173页。

余年前的东亚，唐罗相互认识过程中具有倾向性特点，即新罗对唐的认识相对于唐对新罗的认识更加主动和得力受用，其具体表现在宗藩关系的建立，以及双方使节往返的频度上。当然，官方的认知无疑会影响一般民众百姓，并成为主导力量，在双方关系的发展中发挥作用。总之，探讨唐与新罗间相互认识问题，对于更深入考察各个时期唐与新罗关系可提供帮助，推动唐与新罗关系研究走向深入。

The Characteristics of the Mutual Understandings between Tang Dynasty and Silla

Bai Genxing, Yang Yunchi

Abstract　Since the new kind of suzerain – tributary relationship between Tang and Silla established in the early 7th century, the two entities finally gained normal long – term relations after cooperations and frictions. Silla had become the very model among the tributary states around Tang Empire. However, during the frequent communications, the images of Silla in the eyes of the people of Tang were quite different from their images in Silla. These differences had further effects on the communications of the two states. Meanwhile, the mistiques sorrounding Silla and the superiority of Tang both made difference in this suzerain – tributary relationship. The open and tolerant culture of Tang was also reflected in the communication with Silla.

Keywords　Tang Dynasty; Silla; Suzerain-tributary Relationship; Mutual Understandings

韩国学界有关元末明初中朝关系研究综述

金洪培　王建辉

【内容提要】14 世纪后半叶，东亚格局发生巨变，中原王朝正值元明朝代更替，朝鲜半岛也经历了从高丽到朝鲜的政权更迭交接。之前维系百年的元帝国秩序崩塌，取而代之的是以明帝国为中心的新的东亚国际秩序。在东亚局势的变化与新秩序的建构过程中，各方关系错综复杂，这一历史时期的中朝关系也被中韩两国学界所关注。本文通过系统梳理韩国学界有关元末明初时期的元、明、女真、高丽、朝鲜关系方面的前期研究，对韩国学界的关注倾向进行深入剖析，以期为我国学界继续深入研究这段历史提供有益参考。

【关键词】元末明初　中朝关系　韩国学界

【作者简介】金洪培，延边大学人文社会科学学院院长、教授、博士生导师，主要从事东亚古代史研究；王建辉，延边大学人文社会科学学院世界史博士研究生，主要从事东亚古代史研究。

　　14~15 世纪，东亚经历了一段跌宕起伏的动荡时期，元被明取而代之，昔日强大的帝国日益衰败，远适漠北。在朝鲜半岛则发生易姓革命，王氏高丽近 500 年的基业被推翻，由李氏朝鲜取而代之。东北的女真势力也开始蠢蠢欲动，影响朝鲜半岛。居于海隅的日本则结束了半个多世纪的南北朝分裂混乱局面，重新归于一统，但这又引发了东亚其他国家沿海地区的大规模倭患。明帝国的崛起恢复了传统的东亚秩序，替代了元帝国秩序。而朝鲜半岛国家也在这一时期与中原王朝形成了典型的朝贡册封体系。① 可以说，元末明初是朝鲜半岛与明帝国间构建新的朝贡册封体系内容与形式的成型期。而朝鲜在该时期形成的对明关系，后因明清更替，转为对清关系，一直延续至近代。

在 14～15 世纪的东亚秩序重组过程中，各方势力都在积极谋求自身的发展，其间的利害冲突与和解不言而喻。因此这一时期的中朝关系史很早就引起学界的关注，不仅是中国学界，② 作为"关系史"另一方的韩国学界，乃至日本学界也都早已关注并尝试解读这段历史。以末松保和为代表的早期日人学者以"殖民者"的视角，将"朝贡关系"作为切入点对这段历史进行了研究，强调朝鲜对中原王朝的"事大"，③ 以此确立其在传统时代强大帝国的压制下，朝鲜半岛国家的"宿命论"主张。而早期韩国学者申奭镐则对日本学者的观点进行了批判，认为所谓的"事大外交"，其实是朝鲜半岛国家基于对经济、文化交流以及自身安全的考量，自主选择的外交策略，④ 即强调"自主性"。

在整个中朝关系史中，元末明初时期占据极为重要的地位，韩国学界相关成果颇丰，但尚未有国内学者对韩国学界成果进行专门的系统梳理，为数不多的综述也集中在部分学位论文的绪论部分，⑤ 因篇幅所限，整理不够全面系统。本文拟对韩国学界有关元末明初时期中朝关系史研究成果进行系统梳理，并对其研究倾向以及不足之处加以探讨。

---

① 〔韩〕全海宗：《韩中朝贡关系概观》，《东洋史学研究》1966 年第 1 期，《韩中关系史研究》，汉城：一潮阁，1970。
② 我国学界早期的研究侧重于中朝"友好"关系方面，后将注意力转为东亚朝贡册封体系的形成以及边界问题等方面。如：商鸿逵：《明代的中朝友好关系》，《五千年来的中朝友好关系》，开明书店，1951；滕绍箴：《从朝鲜〈李朝实录〉看明代女真族与朝鲜族的友好关系》，《延边大学学报》（社会科学版）1981 年第 3 期；巫侠：《明代中朝的友好关系》，《历史研究》1987 年第 3 期；叶泉宏：《明代前期中韩国交之研究（1368～1488）》，台北：台湾商务印书馆，1991；刁书仁、崔文植：《明前期中朝东段边界的变化》，《史学集刊》2000 年第 2 期。
③ 〔日〕末松保和：《丽末鲜初に於ける对明关系》，《城大史学论丛》1941 年第 2 期，《青丘史草》第 1 期，东京：笠井出版社，1965。
④ 〔韩〕申奭镐：《朝鲜王朝开国当时的对明关系》，《国史上的诸问题》第 1 期，1959。
⑤ 最近且最为翔实的"研究现状"整理当属张澍的《元末明初中朝关系演变研究》（东北师范大学博士学位论文，2019）。该文以"中国史"视角，将相关研究分为"中朝外交史范畴"与"疆域问题范畴"进行了梳理。

一　元、明与朝鲜半岛的关系

（一）元、明与高丽关系

1219 年的兄弟之盟开启了蒙丽关系，历经近百年的元干涉期（1259～1356 年）后，以 1356 年恭愍王的反元运动以及 1368 年元明更替为标志，蒙丽关系发生了巨大转变。此后，蒙丽关系一直延续至北元时期。

此前有关高丽末期的元丽关系研究，主要集中在恭愍王时期的反元运动，[①] 以及征东行省、沈王、双城总管府、东宁府、辽东攻略等领土与政治势力相关问题上。[②] 而元丧失大都北适之后，学界普遍认为高丽已摆脱元的干涉，[③] 因此相关研究并不多见。部分成果宏观地梳理或简略提及明—元—高丽的关系，[④] 还有学者围绕元皇室所有的济州牧马场处理问题，以及伴随

---

① 主要相关论著有如下几篇：〔日〕池内宏：《高丽恭愍王の元に对する反抗の运动》，《东洋学报》第 7 卷第 1 号，1917；〔韩〕朴容淑：《恭愍王代的对外关系》，《釜大史学》第 2 期，1971；〔韩〕闵贤九：《有关高丽恭愍王时代反元改革政治的考察》，《震檀学报》第 68 期，1989；〔韩〕闵贤九：《高丽恭愍王时期反元改革政治的展开过程》，《择窝许善道先生停年纪念韩国史学论丛》，汉城：一潮阁，1992；〔韩〕李康汉：《恭愍王五年（1356 年）"反元改革"再检讨》，《大同文化研究》第 65 期，2009；〔韩〕李益柱：《1356 年恭愍王反元政治再论》，《历史学报》第 225 期，2015。

② 〔日〕丸龟金作：《元·高丽关系の一齣-沈王について》，《青丘学丛》第 18 期，1934；〔日〕刚田英弘：《元の沈王と辽阳行省》，《朝鲜学报》第 14 期，1959；〔韩〕高柄翊：《丽代征东行省研究》（上、下），《历史学报》第 14、19 期，1961、1962；〔韩〕朴焞：《关于高丽末东宁府征伐》，《中央史论》第 4 期，1985；〔韩〕金九镇：《元代辽东地方的高丽军民》，《李元淳华甲纪念史学论丛》，1986；〔韩〕金九镇：《丽·元的领土纷争及其归属问题》，《国史馆论丛》第 7 期，1989；〔韩〕崔在晋：《高丽末东北统治与李成桂势力的成长》，《史学志》第 26 期，1993；〔韩〕柳昌圭：《高丽末崔莹政权的形成与辽东攻略》，《历史学报》第 143 期，1994；〔韩〕李奎哲：《恭愍王时期对外征伐政策的推进与实行》，《历史与实学》第 59 期，2016。

③ 或有学者认为恭愍王的反元政策未能彻底改变元干涉期的外交形态，参见〔韩〕崔钟奭《1356（恭愍王五年）-1369（恭愍王十八年）高丽-蒙古（元）关系性质——以"元干涉期"的延续性为中心》，《历史教育》第 116 期，2010。

④ 〔日〕池内宏：《高丽末に于ける明及び北元との关系》，《史学杂誌》29-1-4，1917（《满鲜史研究》中世篇 3，吉川弘文馆，1963）；〔韩〕金塘泽：《围绕高丽禑王元年（1375）重新建立与元的外交关系，各个政治势力间的矛盾》，《震檀学报》第 83 期，1983；〔韩〕尹银淑：《高丽的北元称号使用与东亚认识——以高丽的两面外交为中心》，《中亚研究》第 15 期，2010；〔韩〕李益柱：《14 世纪后半高丽—元关系研究》，《东北亚历史论丛》第 53 期，2016。

东北亚局势的剧变与高丽相关官职改编等具体问题展开了研究。①

　　相较而言，学界对明朝与高丽关系的关注度较高，相关成果非常丰富。20 世纪初，日本学者开始关注高丽与明朝的冲突与边界问题，② 虽有成果问世，但研究不够深入。20 世纪 40 年代，末松保和首次比较翔实地梳理了影响明朝与朝鲜半岛国家关系的重大事件，以及朝贡关系的形成脉络。③ 他的研究为此后相关研究的开展奠定了基础。④ 但该文是以殖民者的视角，叙述了朝贡册封事实及其形式，以及高丽与朝鲜对明朝的"事大"政策，片面地诠释了弱小国家的"被动性"。

　　此后，韩国学界对日本学界的研究进行了批判，认为日本学者把当时的半岛国家定义为受中原帝国支配的属国是为了将日本对朝鲜的殖民统治合理化，并认为朝贡册封关系中的上下秩序不具有实际意义，只是半岛国家出于自身需求，"自发性"地接受东亚外交新秩序而已。⑤ 东亚的"事大"不仅仅代表国力的强弱，还具有伦理层面的意义，是稳定东亚外交关系的保障。⑥ 除此以外，学界对此时期元、明与高丽关系的研究从内容上大体可以分为综合研究、领域与争端、外交活动与使节往来三大部分。

1. 综合研究

　　20 世纪 50～60 年代，韩国学者姜尚云、金龙基对明朝与高丽关系进行

---

① 〔韩〕金泰能：《耽罗与元朝的牧养时代》，《济州岛》第 19 期，1965；〔韩〕高昌锡：《丽·元与耽罗的关系》，《济州大论文集》第 17 期，1984；〔韩〕高昌锡：《元明交替期的济州岛——以牧胡乱为中心》，《耽罗文化》第 4 期，1985；〔韩〕陈祝三：《蒙元与济州马》，《耽罗文化》第 8 期，1989；〔韩〕黄云龙：《高丽恭愍王时期对元明关系——以官制变改为中心》，《东国史学》第 14 期，1980。

② 〔日〕池内宏：《高丽辛祸朝に于ける铁岭问题》，《东洋学报》第 8 卷第 1 号，1917；〔日〕池内宏：《高丽恭愍王朝の东宁府征伐に就いての考察》，《东洋学报》第 8 卷第 2 号，1918；〔日〕稻叶岩吉：《铁岭卫の位置を疑ふ》，《青丘学丛》第 18 期，1934。

③ 〔日〕末松保和：《高丽と明との场合》，《史林》25－1，1940；〔日〕末松保和：《丽末鲜初に於ける对明关系》，《城大史学论丛》1941 年第 2 期，《青丘史草》第 1 期，东京：笠井出版社，1965。

④ 〔韩〕张东翼：《末松保和教授的高丽时代史研究及其成果》，《韩国史研究》第 169 期，2015。

⑤ 〔韩〕申奭镐：《朝鲜王朝开国当时的对明关系》，《国史上的诸问题》第 1 期，1959；〔韩〕金成俊：《高丽与元·明关系》，《韩国史》第 8 卷，汉城：国史编纂委员会，1974；〔韩〕黄元九：《丽末·鲜初的对明关系》，《韩国史的再照明》，汉城：读书新闻社，1975；〔韩〕高锡元：《丽末鲜初的对明外交》，《白山学报》第 23 期，1977。

⑥ 〔韩〕朴忠锡：《国际秩序观念》，《韩国政治思想史》，汉城：三英社，1982，第 48～66 页。

了宏观研究。① 值得注意的是，韩国国史编纂委员会在 20 世纪 70 年代编撰的 25 卷本《韩国史》第 7、8 卷中全面介绍了元末明初的中韩关系，此部分由李铉淙与金成俊负责编写，有关论述成为当时韩国学界最普遍的通论。② 此外，黄元九、高锡元也分别撰文从宏观视角探讨了元末明初时期朝鲜的对明关系，尤其是对"事大"问题进行了新的阐释。③ 反观中国、日本学界在 20 世纪 70 年代以前尚未出现相关的研究成果。

进入 90 年代，韩国学界加大了对国史的研究力度，重新修订了 25 卷本《韩国史》，其中第 20 卷为《高丽后期社会与对外关系》，金成俊编写的《高丽末的局势与元·明关系》收录其中，该文主要叙述了恭愍王的反元政策、明朝兴起、亲元派与亲明派的矛盾以及出征辽东等内容。④ 张东翼的单行本《高丽后期外交史研究》也颇受韩国学界重视，其内容主要探讨了征东行省的置废以及有关丽元交涉中的问题。⑤ 此外，全淳东等韩国学者也发表了数篇相关论文。⑥

2000 年以后，韩国学者金顺子出版了《韩国中世韩中关系史》（2007年），该书深入探讨了该时期的中韩关系，具体围绕贡物与领土争端、礼部咨文变造、华夷论、辽东流民、马贸易等问题展开了讨论。⑦ 韩国学者李益柱从宏观视角探讨了 14 世纪东北亚关系史，⑧ 尹银淑从元朝的视角梳理了元末时期与高丽、明朝的关系。⑨

2. 领域与争端

20 世纪 60～70 年代，韩国学者金龙德与金库基在系统整理日本学者池内

---

① 〔韩〕姜尚云：《丽明（韩中）国际关系研究》，《中央大论文集》第 4 期，1959；〔韩〕金龙基：《14 世纪的明·高丽关系考》，《釜山大学校开校 20 周年纪念论文集》，1966。

② 〔韩〕李铉淙：《对明关系》，《韩国史》第 7 卷，汉城：国史编纂委员会，1973；〔韩〕金成俊：《高丽与元·明关系》，《韩国史》第 8 卷，汉城：国史编纂委员会，1974。

③ 〔韩〕黄元九：《丽末·鲜初的对明关系》，《韩国史的再照明》，汉城：读书新闻社，1975；〔韩〕高锡元：《丽末鲜初的对明外交》，《白山学报》第 23 期，1977。

④ 〔韩〕金成俊：《高丽末的局势与元·明关系》，《韩国史》第 20 卷，汉城：国史编纂委员会，1994。

⑤ 〔韩〕张东翼：《高丽后期外交史研究》，汉城：一潮阁，1994。

⑥ 〔韩〕全淳东：《14 世纪后半明朝对高丽·朝鲜的政策》，《明清史研究》第 5 期，1996。

⑦ 〔韩〕金顺子：《韩国中世韩中关系史》，首尔：慧眼，2007。

⑧ 〔韩〕李益柱：《14 世纪后半元·明交替与韩半岛》，《战争与东北亚国际秩序》，首尔：一潮阁，2006；〔韩〕李益柱：《14 世纪后半东亚国际秩序的变化与高丽—元、明—日本关系》，《震檀学报》第 114 期，2012。

⑨ 〔韩〕尹银淑：《元灭亡前后的元·高丽·明关系》，《历史文化研究》第 51 期，2014。

宏、稻叶岩吉等人的研究成果基础之上，分别探讨了铁岭卫、辽东、丽明间的矛盾与冲突等问题。① 80 年代，朴焞发表了《关于高丽末东宁府征伐》一文，专门讨论了 1369～1370 年高丽攻打辽东东宁府这一历史事件。② 金九镇就辽沈地区的高丽人势力、元朝东宁府、双城总管府、耽罗总管府的分离政策等问题进行了深入分析，并考察了高丽与元朝的领土纷争等问题。③ 到了 20 世纪 90 年代，韩国学界对该问题的关注重点放在了高丽向北方地区的扩张、高丽与元朝的关系及其内部政治变局等问题上。④

2000 年以后，韩国学者南义铉、李贞信、李圭哲、尹银淑、金顺子等围绕元朝与高丽之间的争端问题展开了研究。南义铉以辽东局势变化为中心，考察了元、明对辽东及高丽的态度变化；⑤ 尹银淑则以北元与明朝在辽东地区的对峙为主线，探讨了明元对峙对高丽的影响；⑥ 李贞信以双城总管府的设置为切入点，分析了李成桂家族以及东北亚局势的变化等问题；⑦ 李圭哲则将关注点放在恭愍王时期的对外征战政策及其实效问题上。⑧ 此外，金顺子梳理了中国学界有关当时中原王朝与朝鲜的领土争议问题的研究情况与视角等问题。⑨

总之，关于元、明与高丽之间的领域与争端问题，韩国学界普遍认为，高丽并不是一味地秉持向中原王朝"事大"的政策，对高丽反击元、明的问题有较高的关注，尤其是在高丽的辽东攻略问题方面。

---

① 〔韩〕金龙德：《铁岭卫考》，《中央大学校论文集》第 6 期，1961；〔韩〕金庠基：《辽东征伐与威化岛回军》，《高丽时代史》，汉城：东国文化社，1970。

② 〔韩〕朴焞：《关于高丽末东宁府征伐》，《中央史论》第 4 期，1985。

③ 〔韩〕金九镇：《元代辽东地方的高丽军民》，《李元淳华甲记念史学论丛》，1986；〔韩〕金九镇：《丽·元间的领土纷争与其归属问题》，《国史馆论丛》第 7 期，1989。

④ 〔韩〕崔在晋：《高丽末东北面统治与李成桂势力的成长》，《史学志》第 26 期，1993；〔韩〕柳昌圭：《高丽末崔莹政权的形成与辽东攻略》，《历史学报》第 143 期，1994；〔韩〕卢启铉：《高丽恭愍王初期的复兴外交政策》，《论文集》第 15 期，1992；〔韩〕卢启铉：《高丽的鸭绿江方面领土变迁（1269～1388）》，《论文集》第 18 期，1994。

⑤ 〔韩〕南义铉：《明太祖的辽东闭锁政策》，《江原史学》第 17～18 期，2002；〔韩〕南义铉：《元末·明初韩中之间辽东国境地带研究——以与东宁府、东宁路、东宁卫的相关性为中心》，《人文科学研究》第 61 期，2019。

⑥ 〔韩〕尹银淑：《纳哈出的活动与 14 世纪末东亚局势》，《明清史研究》第 28 期，2007；〔韩〕尹银淑：《北元与明的对峙——以辽东问题为中心》，《东洋史学研究》第 105 期，2008。

⑦ 〔韩〕李贞信：《双城总管府的设立及其性质》，《韩国史学报》第 18 期，2004。

⑧ 〔韩〕李圭哲：《恭愍王时期对外征伐政策的推进与实行》，《历史与实学》第 59 期，2016。

⑨ 〔韩〕金顺子：《现代中国学界对高丽—朝鲜初期韩·中领土问题的视角》，《历史与现实》第 76 期，2010。

3. 外交活动与使节往来

明朝与高丽之间绕不开的话题之一就是"马政"。马匹作为重要的战略物资不仅是双方官方贸易的主要内容，而且对双方的对外政策亦产生重要影响。韩国学界对此问题关注较早，南都泳是韩国古代马政史研究领域的权威学者，早在 20 世纪 60 年代就对元末明初时期马政与对明关系问题开展了相关的研究。① 此后，韩国学者金渭显、金顺子、林常薰等也开始关注明朝与高丽间的贡马、马贸易等问题。

进入 90 年代，韩国学界开始关注高丽末期的政治变动与对外政策的变化问题，以及明朝与高丽之间朝贡关系的形成与演进。韩国学界从不同角度分析了高丽对外政策的变化以及与中原王朝的朝贡册封关系。金顺子以高丽禑王时期的对外政策与对明认识为中心，探讨了辽东征伐与"事大"论的背景问题；② 金燉探讨了高丽内部各个政治势力对元、明的外交应对以及辽东征伐与主导政治势力的交替问题；③ 朴成柱就 14 世纪末东北亚局势的变迁所引发的流民问题以及各国的应对措施，论述了明丽间朝贡册封关系的形成与变化；④ 朴元熇则以《高丽史》中有关朱元璋的记载为中心，探讨了明丽初期双方的交涉问题。⑤ 围绕恭愍王时期的对外政策，赵敏、金暻绿与李命美等发表了学术论文⑥，其中赵敏以恭愍王即位到朝鲜太宗时期的对中关系为中心，较为详细地阐述了因内部政治势力间的对立导致的新的对中关系的形成问题。⑦

此外，金暻绿、郑东勋以明朝视角探讨了明朝重建外交秩序过程中对高丽、朝鲜的认识与政策。⑧ 除此以外，还有一些以个别人物为中心，从微观

---

① 〔韩〕南都泳：《丽末鲜初马政上所见对明关系》，《东国史学》第 6 期，1960。
② 〔韩〕金顺子：《高丽末对中关系的变化与新兴儒臣的事大论》，《历史与现实》第 15 期，1995。
③ 〔韩〕金燉：《高丽末对外关系的变化与政治势力的回应》，《金容燮教授停年纪念韩国史学论丛》第 2 期，1997。
④ 〔韩〕朴成柱：《高丽末期韩中流民》，《庆州史学》第 20 期，2001；〔韩〕朴成柱：《高丽末丽·明之间朝贡册封关系的演进及其性质》，《庆州史学》第 23 期，2004。
⑤ 〔韩〕朴元熇：《高丽与朱元璋的首次交涉小考》，《北方史论丛》第 3 期，2005；〔韩〕朴元熇：《高丽末朝鲜初对明外交的曲折》，《韩国史市民讲座》第 36 期，2005。
⑥ 〔韩〕金暻绿：《恭愍王时期国际局势与对外关系的演进情况》，《历史与现实》第 64 期，2007；〔韩〕李命美：《恭愍王代后半期的亲明政策背景》，《史学研究》第 113 期，2014。
⑦ 〔韩〕赵敏：《高丽末朝鲜初国内政治支配势力的对中认识》，《统一问题研究》第 22 期，2007；〔韩〕赵敏：《朝鲜李成桂势力与明朝的关系》，《东北亚研究》第 24 期，2007。
⑧ 〔韩〕金暻绿：《丽末鲜初洪武帝的高丽·朝鲜认识与外交关系》，《明清史研究》第 35 期，2011；〔韩〕郑东勋：《明初国际秩序的重组与高丽的地位》，《历史与现实》第 89 期，2013。

视角探讨外交关系的几篇论文①，以及相关基础资料整理与分析方面的研究成果。②

综上所述，可以看出韩国学界对元末明初时期半岛与中原政权的对外政策与使节往来问题研究已经积累了较多的成果。就内容来看，对国际大环境变化对明—丽、朝关系的影响的关注具有普遍性。不过由于韩国学者主要是站在高丽的立场上分析问题，因此其侧重及阐释与我国学界相关领域的研究有所不同。相较于我国学界而言，韩国学界对该时期中韩关系的研究起步较早，而且问题意识较为突出，研究内容也较为细致。然而部分观点尚不尽被学界所认同，有待进一步探讨。

（二）明朝与朝鲜关系

与元、明—高丽关系研究相比，明朝与朝鲜关系方面的研究成果较少，究其原因，主要是朝鲜对明朝的认识和政策相对稳定，不像高丽时期那样复杂。韩国学界的相关研究主要集中在对朝鲜奉行的"事大外交"的阐释及辽东攻略的解读等方面。

1. 综合研究

为反驳日本人笔下所描述的卑微的朝鲜形象，申奭镐、金龙基、李铉淙、全海宗等韩国资深学者很早就开始涉猎明朝与朝鲜关系的研究。③ 其中，20 世纪 70 年代韩国国史编纂委员会编纂的 25 卷本《韩国史》的第 9 卷中《朝鲜初期的对外关系——对明关系》部分就是由李铉淙撰写的，这也是当时韩国学界最为全面、系统的研究，此研究为后来的相关研究工作奠

---

① 〔韩〕李泰镇：《14 世纪东亚国际局势与牧隐李穑在外交上的作用》，《牧隐李穑的生涯与思想》，1996；〔韩〕金惠苑：《高丽恭愍王代对外政策与汉人群雄》，《白山学报》第 51 期，1998；〔韩〕尹银淑：《元末明初刘益投明与高丽使明性质》，《历史学报》第 221 期，2014。

② 〔韩〕金顺子：《高丽、朝鲜—明关系外交文书整理与分析》，《韩国中世史学报》第 28 期，2010；〔韩〕郑东勋：《高丽—明外交文书格式的形成与背景》，《韩国史论》第 56 期，2010。

③ 〔韩〕申奭镐：《朝鲜王朝开国当时的对明关系》，《国史上的诸问题》第 1 期，1959；〔韩〕金龙基：《朝鲜初期对明朝贡关系考》，《釜山大学校论文集》第 14 期，1972；〔韩〕李铉淙：《朝鲜初期的对外关系——对明关系》，《韩国史》第 9 卷，汉城：国史编纂委员会，1977；〔韩〕全海宗：《朝鲜前期韩中关系中的几个特点性问题》，《第 13 回东洋学学术会议讲演抄》，檀国大学校东洋学研究所，1983；〔韩〕孙承喆：《朝鲜朝事大交邻政策的成立及其性质》，《溪村闵丙河教授停年纪念史学论丛》，1988；〔韩〕安贞姬：《朝鲜初期的事大论》，《历史教育》第 64 期，1997；〔韩〕朴元熇：《明初朝鲜关系史研究》，汉城：一潮阁，2002。

定了坚实的基础。2002 年，朴元熇公开出版了《明初朝鲜关系史研究》，可以说是该领域的集大成之作。本书深入探讨了朝鲜表笺、朝鲜的辽东征伐计划与争议、围绕靖难之役朝鲜的应对举措，以及明朝与朝鲜间女真问题等。

2. 对外关系与使节往来

在对外关系与使节往来问题上，韩国学界关注的焦点主要集中在对朝贡册封关系的理解方面。曹永宪梳理了 15 世纪明与朝鲜之间礼制上的朝贡册封关系的形成，并提出这是基于现实国力间的差距所形成的一种关系；[①] 朴南勋以"对明贸易"为主线，阐释了明初对朝鲜外交的实质；[②] 金九镇、金松姬、韩明基围绕使臣往来问题，对使行规模、使行路线、接待以及"事大"与"自主"等问题进行了研究；[③] 金暻绿则分别以外交程序、归化、洪武年间的封典为中心，阐释了明朝与朝鲜的关系。[④]

3. 辽东攻略

朝鲜与明朝间围绕辽东地区所发生的矛盾问题也是韩国学界所关注的焦点。20 世纪 70 年代，朴元熇围绕辽东攻伐计划与表笺及相关问题撰写了研究类文章，并与郑道传和赵浚展开争论，[⑤] 一时为韩国学界所热议。南义铉围绕辽东都司、辽东贡路封闭事件，针对性地讨论了明朝与高丽、朝鲜的国界争端问题。[⑥] 此外，李圭哲、金暻绿、郑多函等也论及了辽东攻略问题。[⑦]

---

① 〔韩〕曹永宪：《15 世纪韩中关系》，《东洋史学研究》第 140 期，2017。
② 〔韩〕朴南勋：《朝鲜初期对明贸易的实际》，《关东史学》第 1 期，1982。
③ 〔韩〕金九镇：《试论朝鲜前期韩中关系史——关于朝鲜与明朝的使行及其性质》，《弘益史学》第 4 期，1990；〔韩〕金松姬：《朝鲜初期对明外交研究——以对明使臣与明使臣迎接官的性质为中心》，《史学研究》第 55、56 期，1998；〔韩〕韩明基：《世宗时期的对明关系与使节往还》，《世宗文化史大系》第 3 期，2001。
④ 〔韩〕金暻绿：《朝鲜初期对明外交与外交程序》，《韩国史论》第 44 期，2000；〔韩〕金暻绿：《朝鲜初期的归化政策与朝明关系》，《历史与现实》第 83 期，2012；〔韩〕金暻绿：《洪武年间明朝的封典整备与朝·明关系》，《中国史研究》第 106 期，2017。
⑤ 〔韩〕朴元熇：《明初朝鲜的辽东攻伐计划与表笺问题》，《白山学报》第 19 期，1975；〔韩〕朴元熇：《朝鲜初期的辽东攻伐论争》，《韩国史研究》第 14 期，1976。
⑥ 〔韩〕南义铉：《明前期辽东都司与辽东八站占据》，《明清史研究》第 21 期，2004；〔韩〕南义铉：《元末明初朝鲜·明的辽东争夺战与国界争端考察》，《韩日关系史研究》第 42 期，2012。
⑦ 〔韩〕李圭哲：《丽末鲜初国际局势的变化与对外征伐》，《全北史学》第 50 期，2014；〔韩〕金暻绿：《洪武年间明朝的辽东经略与朝·明关系》，《军史》第 102 期，2017；〔韩〕郑多函：《对朝鲜太祖时期辽东攻略试图的新解》，《历史与谈论》第 84 期，2017；〔韩〕郑多函：《有关朝鲜太祖时期辽东攻略试图的史学史以及对此问题的超国界分析与批判》，《韩国史研究》第 178 期，2017。

二　女真与朝鲜半岛的关系

14~15世纪，女真作为散居东北的弱小民族，试图通过与元、明以及高丽、朝鲜等周边国家的交流谋求自身的发展，对这些国家的外交政策产生了一定的影响。这其中女真与朝鲜的关系尤为密切，女真与朝鲜或通过婚姻、交易等方式维持相互间的友好关系；或相互侵掠。其间还有明朝的介入，使得各种关系变得更为复杂。

最早专文探讨元末明初朝鲜半岛政权与女真关系的是日本学者津田左右吉等，① 其相关研究主要以历史地理考证为主，研究目的是为侵略我国东北寻找理论依据。

韩国学界关于女真—高丽关系的研究，早期主要以尹瓘的北方领土开拓以及与女真关系等方向为主。② 从20世纪50年代开始，韩国学界将研究焦点放在朝鲜初期入朝女真人的活动问题上，③ 其后到了20世纪60~70年代，韩国学者李炫熙较为详细地探讨了入朝女真人受职、待遇、北方野人女真社会经济，以及和朝鲜的交往等问题。④ 而自20世纪70年代以来，韩国学界对女真—高丽关系的研究主要集中在以下五个方面。

第一是"东北面"女真诸部族与朝鲜的关系研究，这其中以金九镇的

---

① 〔日〕津田左右吉：《尹瓘征略地域考》，《朝鲜历史地理》第2期，1913；〔日〕津田左右吉：《高丽末に于ける鸭绿江畔の领土》，《朝鲜历史地理》第2期，1913；〔日〕津田左右吉：《高丽末に于ける东北境の开拓》，《朝鲜历史地理》第2期，1913；〔日〕津田左右吉：《鲜初に于ける豆满江方面の经略》，《朝鲜历史地理》第2期，1913；〔日〕池内宏：《鲜初の东北境と女眞との关系（1~4）》，《满鲜地理歴史研究报告》（2.4.5.7），东京帝大文学部，1916~1920；〔日〕稻叶岩吉：《高丽尹瓘九城考》，《史林》第16卷第1期，1931。

② 〔韩〕金庠基：《女真关系始末与尹瓘的北征》，《国史上的诸问题》第4期，1959；〔韩〕金九镇：《尹瓘9城的范围与朝鲜6镇的开拓——以女真势力关系为中心》，《史丛》第21~22期，1977；〔韩〕罗满洙：《高丽的对女真政策与尹瓘的北征》，《军史》第7期，1983。

③ 〔日〕河内良弘：《李朝初期の女真侍卫》，《朝鲜学报》第14期，1959。

④ 〔韩〕李炫熙：《朝鲜前期留京侍卫野人考》，《乡土汉城》第10期，1960；〔韩〕李炫熙：《朝鲜前期向化野人的授职性质考》，《史鉴》第2期，1964；〔韩〕李炫熙：《关于朝鲜前期来朝野人的政略待遇》，《史学研究》第8期，1964；〔韩〕李炫熙：《朝鲜时代北方野人社会经济交涉考》，《白山学报》第11期，1971；〔韩〕李炫熙：《朝鲜王朝的向化野人交考——接待问题用例》，《研究论文集》第10期，诚信女子大学人文科学研究所，1977。

成果尤为突出。① 这些研究有助于了解散居半岛东北地区的女真诸部族与朝鲜的交往过程，以及高丽、朝鲜能够向东北面扩张领土的外因。

第二是朝鲜初期的北进政策与女真征伐问题研究。② 此类研究关注的焦点是朝鲜初期的领土扩张问题以及朝鲜对女真军事活动的应对问题。韩国学界的主流观点认为朝鲜初期为了防御边界，对女真采取羁縻怀柔政策，后因女真诸部间发生冲突，朝鲜才趁机北进。

第三是朝鲜建国势力与女真的关系研究。③ 徐炳国提出，掌控东北面的李成桂的势力基础中有相当部分成员来自女真部落。

第四是明朝的建州卫设立与朝鲜的应对政策问题，即就女真问题，明朝与朝鲜间的关系研究。④

第五是朝鲜与女真的经济往来以及受职、向化等羁縻怀柔政策以及同化问题的研究。⑤

① 〔韩〕刘凤荣：《王朝实录所见李朝前期的野人》，《白山学报》第 14 期，1973；〔韩〕金九镇：《丽末鲜初豆满江流域的女真分布》，《白山学报》第 15 期，1973；〔韩〕金九镇：《初期毛怜兀良哈研究》，《白山学报》第 17 期，1974；〔韩〕金九镇：《骨看兀狄哈女真研究》，《史丛》第 20 期，1976；〔韩〕金九镇：《朝鲜前期女真两大种族——兀良哈与兀狄哈》，《白山学报》第 68 期，2004。

② 〔韩〕金光洙：《高丽前期对女真交涉与北方开拓问题》，《东洋学》第 7 期，1977；〔韩〕梁泰镇：《豆满江国境河川论考》，《军史》第 6 期，1983；〔韩〕姜性文：《有关朝鲜时代女真征伐的研究》，《军史》第 18 期，1989；〔韩〕徐炳国：《朝鲜前期对女真关系史》，《国史馆论丛》第 14 期，1990；〔韩〕方东仁：《朝鲜初期的北方领土开拓——以鸭绿江方面为中心》，《关东史学》第 5～6 期，1994；〔韩〕李弘斗：《朝鲜初期野人征伐骑马战》，《军史》第 41 期，2000；〔韩〕朴正珉：《太宗时期第一次女真征伐与东北面女真关系》，《白山学报》第 80 期，2008。

③ 〔韩〕徐炳国：《李之兰研究》，《白山学报》第 10 期，1971；〔韩〕柳昌圭：《李成桂的军事基础》，《震檀学报》第 58 期，1984；〔韩〕许兴植：《高丽末李成桂的势力基础》，《高柄翊回甲纪念史学论丛——历史与人的对应》，1984。

④ 〔韩〕徐炳国：《童勐哥帖木儿的建州左卫研究》，《白山学报》第 8 期，1970；〔韩〕徐炳国：《凡察的建州右卫研究》，《白山学报》第 13 期，1972；〔韩〕朴元熇：《永乐年间明与朝鲜间的女真问题》，《亚细亚研究》第 33 卷第 2 期，1990。

⑤ 〔韩〕李仁荣：《鲜初女真贸易考》，《震檀学报》第 8 期，1937；〔韩〕李炫熙：《与女真的贸易——对野人交涉政策的背景》，《韩国史论》第 11 期，1982；〔韩〕金九镇：《明代女真社会的经济生活方式及其变化》，《东洋史学研究》第 17 期，1982；〔韩〕金九镇：《朝鲜前期对女真关系与女真社会实态》，《东洋学》第 14 期，1984；〔韩〕韩圭哲：《高丽来投来往的女真人》，《釜山史学》第 25～26 期，1994；〔韩〕李炫熙：《朝鲜前期野人的留京绥怀政策考》，《金斗钟教授稀寿纪念论文集》，1996；〔韩〕金九镇：《朝鲜初期同化为韩民族的土著女真》，《白山学报》第 58 期，2001；〔韩〕朴元熇：《宣德年间明与朝鲜间的建州女真》，《明初朝鲜关系史研究》，汉城：一潮阁，2002；〔韩〕韩成周：《朝鲜时期对受职女真的座次规 （转下页注）

此外，金九镇编撰的《（朝鲜初期）与女真的关系》①，较为全面地阐述了朝鲜初期朝鲜与女真关系史，代表了韩国学界的主流观点。② 另有几位学者对朝鲜初期与女真的往来问题进行了研究。③

三　结语

综上所述，元朝与高丽、朝鲜，明朝与朝鲜的关系，普遍受到韩国学界的关注。尤其是 20 世纪中期以后，韩国学界摆脱了早期日本学者歪曲的历史视角，独立自主地开展了这段历史的研究。韩国学界相关研究起步较早，其研究也较为系统和全面。在元、明与高丽关系史方面，韩国学界普遍关注元末明初时期朝鲜半岛纷乱的内外局势及其对外政策的变化；在明朝与朝鲜关系方面，韩国学界注重对"事大"外交的阐述和理解；在女真与高丽、朝鲜关系方面，更多地探讨了朝鲜对女真社会的影响、东北面领土扩张以及归附女真人在朝鲜初期的作用等。广泛了解韩国学界的多样阐释，有助于我们以更加客观、均衡的视角去看待这段历史。

整体而言，韩国学界的前期研究侧重于微观研究，宏观层面的系统性、综合性研究还不多见。在文献资料方面以其本国现有资料为主，基础资料建设和与中国学界的学术信息共享程度还不尽如人意，这也造成对外关系史研究易陷入主观诠释的误区。

（接上页注⑤）定——以世宗·成宗实录为中心》，《满洲研究》第 4 期，2006；〔韩〕韩成周：《朝鲜初期受职女真人研究——以世宗时期为中心》，《朝鲜时代史学报》第 36 期，2006；〔韩〕韩成周：《朝鲜初期朝·明二重受职女真人的两属问题》，《朝鲜时代史学报》第 40 期，2007；〔韩〕郑多函：《朝鲜初期对野人与对马岛藩篱·藩屏认识的形成与敬差官派遣》，《东方学志》第 141 期，2008；〔韩〕郑多函：《朝鲜前期图们江流域"女真藩篱·藩胡"的形成与性质》，《韩国史学报》第 41 期，2010；〔韩〕韩成周：《朝鲜与女真关系以及 6 镇地区的居民》，《韩日关系史研究》第 49 期，2014。

① 〔韩〕金九镇：《（朝鲜初期）与女真的关系》，《韩国史》第 22 卷，汉城：国史编纂委员会，1995。

② 〔韩〕金九镇：《（朝鲜初期）与女真的关系》，《韩国史》第 22 卷，汉城：国史编纂委员会，1995；〔韩〕朴正珉：《朝鲜初期的女真关系与女真认识的定型》，《韩日关系史研究》第 35 期，2010。

③ 〔日〕河内良弘：《14～17 世纪女真の外交文书について》，《阿尔泰学报》第 13 期，2003；〔韩〕郑多函：《朝鲜前期女真伪使的发生与处理问题考察》，《史学研究》第 100 期，2010；〔韩〕郑多函：《朝鲜前期豆满江流域出现的两个"朝鲜"》，《明清史研究》第 37 期，2012。

The Literature on the Sino－Korean Relations during the Late Yuan and Early Ming Dynasties in ROK

Jin Hongpei , Wang Jianhui

Abstract　In the second half of the 14th century, great changes took place in the East Asia. The occasion of the Ming and Qing dynasties changed, and the Korean Peninsula also experienced regime change from Koryo Dynasty to Yi Dynasty. The order of the Mongol Yuan Empire, which had lasted for a hundred years, collapsed, and was replaced by a new East Asian international order centered on the Ming Empire. In the process of the political transformation and the new international order construction, the relations between the parties became complicated, therefore Sino Korean relations in this historical period were attracting more and more attention in the two countries academia. By systematically sorting out the research on the relationship among Yuan, Ming, Jurchen, Koryo and Yi Dynasty in the late Yuan and early Ming Dynasties, this paper aims to make a deep analysis of the tendency in the ROK academia, and provide a useful reference for the Chinese academia to continue to study the history about this period.

Keywords　Late Yuan and Early Ming Dynasties; Sino－Korean Relations; ROK Academia

中国学界高丽史研究现状与展望[*]

中国学界高丽史研究现状与展望[*]

李廷青　　魏志江

【内容提要】 近代以来，中国学界对高丽王朝历史诸多领域都进行了十分有
益的探索，内容涉及高丽外交、政治、社会、经济、文化等许多方面。
不少研究考证精细，论述缜密，具有很大的启发性，为进一步的研究奠
定了基础。同时已有研究也存在诸多不足，在今后的研究中应该突破传
统的关系史研究视角，拓展新的研究视野；增加论题的精细化、深入化
程度；活跃学术对话，进一步扩大国际视野。

【关键词】 高丽史　高丽对外关系　高丽经济　高丽文化

【作者简介】 李廷青，韩国高丽大学韩国史系博士，高丽大学亚细亚问题研
究院研究委员，主要从事韩国高丽史、中韩关系史研究；魏志江，中山
大学国际关系学院教授、博士生导师，中山大学韩国研究所所长，主要
从事中韩关系史、东亚国际关系等研究。

高丽王朝（918～1392年）是朝鲜半岛历史上一个极为重要的时期，是
朝鲜半岛实现国家统一和经济、文化繁荣发达的时代。同时，高丽王朝与同
时期中国各个政权保持着十分密切的关系，高丽与宋、辽、金、元的关系，
是中朝关系的转型时期，即朝鲜半岛的政权由传统的向中国汉族王朝朝贡转
变为向北族王朝朝贡的时期。中国涉及高丽的著述最早可以追溯到宋代使臣
出使高丽后写下的《鸡林志》《宣和奉使高丽图经》等书籍，然而这些多是

---

　* 本文系中国国家留学基金委资助项目，为国家社会科学基金项目 "《高丽史》点校、考释与
研究"（项目编号：14BSS011）的阶段性成果。

关于高丽政治、社会、民情等方面的叙述，称不上研究。真正以科学方法来研究包括高丽史在内的朝鲜半岛历史以及中朝关系史是近代以来才逐渐开展起来的。因此，笔者拟对近代以来中国学界关于高丽史的研究作一梳理和总结，希望通过这样的学术史回顾能够对中国学界进一步开展朝鲜半岛历史研究、中朝关系史研究等有所裨益。

由于篇幅有限，本文着重关注主要问题和学界的相关研究现状。通过回顾、梳理与整合学界的相关研究成果，从以下四个方面加以概述。

一　高丽对外关系史的研究①

公元 10 世纪上半叶起，高丽先后或同时展开对辽、金或宋朝的朝贡外交，东亚国际秩序呈现多元化和复杂化的趋势。12 世纪蒙元兴起后，高丽通过与其皇室联姻形成"甥舅之国"的特殊关系。10～14 世纪中朝政治关系呈现异彩纷呈的时代特征。中国与朝鲜半岛关系研究一向是中国学界有关朝鲜半岛历史研究中的热门与"强项"，在高丽史领域当然也不例外。学界在这一方面着力颇多，出现了涉及高丽史的多部中朝关系通史性著作②，专门研究相关内容的断代性论著也有若干。但其中多以同时期中国各政权为中心来探讨中朝（丽）关系，反过来从高丽角度出发来探讨与中国各政权关系的论著则较为少见。

以下分别以同期中国各个政权与高丽的关系逐一介绍相关研究成果。

（一）宋丽关系

宋丽关系一开始继承了唐罗以来中朝传统的朝贡关系，后来辽、金的先后崛起导致宋丽关系逐渐偏离了以政治上的臣属为前提的典型而实质的朝贡关系，③ 而更偏重于文化与经济的交流，双方以友好交往为主。学界大多秉持这一论调。

---

①　为行文方便，对外关系史中涉及经济、文化方面的内容将在下文中展开叙述。

②　例如，张政烺等：《五千年来的中朝友好关系》，开明书店，1951；杨昭全、韩俊光：《中朝关系简史》，辽宁民族出版社，1992；《中朝关系通史》编写组编《中朝关系通史》，吉林人民出版社，1996；杨通方：《中韩古代关系史论》，中国社会科学出版社，1996；蒋非非、王小甫等：《中韩关系史》（古代卷），社会科学文献出版社，1998；杨昭全、何彤梅：《中国—朝鲜·韩国关系史》，天津人民出版社，2001；魏志江：《中韩关系史研究》，中山大学出版社，2006。

③　〔韩〕徐荣洙：《三国和南北朝交涉的性格》，《东洋学》第 11 辑，1981，第 78 页。

专著方面，中国台湾学者王仪所著《赵宋与王氏高丽及日本的关系》①是专论宋丽关系的拓荒之作，其运用了中朝日三方现存史料，对两宋与高丽、日本往来的史实作了一般性梳理与介绍，内容除了政治关系外，还有经济和文化交往；大陆方面最早关于该领域的专著是杨渭生所著《宋丽关系史研究》，该书亦从政治、经济、文化等方面考订了宋丽关系的发展与演变的情况。② 相比王著，杨著在内容和深度上都有了很大的扩充，但或许受各种限制，两者都未能充分利用和参考韩、朝、日学界的先行研究成果。陶晋生的《宋辽关系史研究》尽管不是专门探讨宋丽、辽丽关系史的著作，但书中也有相当的篇幅涉及宋朝与高丽政治关系的论述。③ 对于宋丽政治关系，早期代表性论文有张家驹《两宋与高丽之关系》、④ 宿白《五代宋辽金元时代的中朝友好关系》⑤ 等，皆为概述性文章，以叙述相关史实为主。20 世纪 80 年代以来杨通方、徐连达等也发表过类似的文章。⑥

讨论宋丽的外交关系，不得不涉及以下四个问题。

第一，宋丽交聘之目的。杨昭全不赞同韩国金庠基、李丙焘等学者关于高丽与北宋（包括南宋）建立朝贡关系主要是为了引进先进文化和获得经济利益的观点，他认为，无论北宋还是高丽，两者建立朝贡关系之着眼点均是友好相待以共同御敌，即主要出于政治方面的考虑。⑦ 而杨渭生则指出，除了政治军事目的以外，宋丽朝贡关系的建立还有更深刻的历史文化背景和经济上的原因。而且，宋丽通好，不仅高丽向宋朝学习先进的文化，宋朝也向高丽吸取有益的东西。⑧ 也有论者认为，双方都有利用对方的一面，但不能简单地认为宋丽交聘只是为了政治军事支持或经济文化吸收，而应该看

---

① 王仪：《赵宋与王氏高丽及日本的关系》，台北：台湾中华书局，1980。
② 杨渭生：《宋丽关系史研究》，杭州大学出版社，1997。
③ 陶晋生：《宋辽关系史研究》，台北：联经出版事业公司，1984。
④ 张家驹：《两宋与高丽之关系》，《民族杂志》1936 年第 6 期。
⑤ 宿白：《五代宋辽金元时代的中朝友好关系》，载张政烺等《五千年来的中朝友好关系》，开明书店，1951。
⑥ 徐连达：《10 世纪中叶到 11 世纪初北宋与高丽王朝的友好关系》，《韩国研究论丛》第 1 辑，上海人民出版社，1995；杨通方：《五代至蒙元时期中国与高丽的关系》，《中韩古代关系史论》，中国社会科学出版社，1996。
⑦ 杨昭全、何彤梅：《中国—朝鲜·韩国关系史》，天津人民出版社，2001。持这样观点的学者还有孙建民等，参见孙建民、顾宏义《中国宋朝与高丽外交关系论略》，《洛阳师专学报》1996 年第 1 期。
⑧ 杨渭生：《宋丽关系史研究》，杭州大学出版社，1997。

到，双方行动的根源仍然有传统的思想因素在起作用，即怀柔或慕华的外交理念（尽管这种理念不起决定作用）。[①]

第二，宋丽关系史的分期问题。对于该问题，学界有不同的看法，既有四分法也有三分法。持四分法的学者如李立将宋丽关系史分为 4 个时期：宋太祖—宋真宗时期、宋神宗—宋哲宗时期、宋徽宗时期、宋钦宗—宋高宗时期；[②] 吴玉亚亦将其分为 4 个时期，而具体略有不同：例同东夷（962 ~ 994年）、登州设馆（1014 ~ 1030 年）、例同西夏（1071 ~ 1100 年）、例同辽国（1100 ~ 1126 年）。[③] 持三分法的学者如徐连达将其分为 3 个时期：宋太祖—宋真宗时期、宋真宗—宋英宗时期、宋神宗—宋徽宗时期；[④] 杨渭生也将其分为 3 个时期：宋太祖—宋仁宗时期、宋神宗—宋钦宗时期、宋高宗—宋孝宗时期。[⑤] 另外，有论者认为，宋神宗至宋高宗时期是两国外交关系一个连贯的整体，北宋的灭亡，与高丽接壤的金国的崛起，并没有从根本上改变宋与高丽的关系，两国的政策仍延续旧例。[⑥]

第三，南宋与高丽关系的转变。南宋时期，由于国力以及国际环境的变化，宋廷与高丽关系发生转变，值得关注。中国台湾学者黄宽重详细地考察了南宋政权与高丽关系的演变。[⑦] 对于宋丽关系的变化，周一良认为，南宋时期宋丽关系的疏远以至断绝，原因在于宋方对高丽的猜疑。[⑧] 而齐廉允则提出，东亚局势的变化促使国家实力凋落的南宋朝廷逐步放弃了对高丽的主动外交。[⑨] 杨昭全则主张，两国皆慑于金之军事压力。[⑩]

[①] 吕英亭：《高丽王朝对辽、宋、金政治关系的比较研究——以高丽为中心》，山东大学硕士学位论文，2002。

[②] 李立：《宋朝与高丽的外文关系》，《城市研究》1995 年第 5 期。

[③] 吴玉亚、包伟民：《变动社会中的外交模式——从宋廷对高丽使臣接待制度看宋丽关系之流变》，《山东师范大学学报》（人文社会科学版）2004 年第 1 期。

[④] 徐连达：《10 世纪中叶到 11 世纪初北宋与高丽王朝的友好关系》，《韩国研究论丛》第 1辑，上海人民出版社，1995。

[⑤] 杨渭生：《宋丽关系史研究》，杭州大学出版社，1997。

[⑥] 周立志：《宋神宗至高宗朝与高丽关系的几点思考》，《宋史研究论丛》2010 年第 1 期。

[⑦] 黄宽重：《南宋与高丽的关系》，《中韩关系史国际研讨会论文集》，台湾韩国研究学会，1983；黄宽重：《高丽与宋、金的关系》，《韩国学报》1985 年第 5 期。

[⑧] 周一良编著《亚洲各国古代史》（上册），高等教育出版社，1958，第 70 页。

[⑨] 齐廉允：《宋朝的高丽政策》，山东师范大学硕士学位论文，2008；齐廉允：《由"联合"到"拒入"：南宋初年高丽政策的转向》，《黄河科技大学学报》2010 年第 5 期。

[⑩] 杨昭全、何彤梅：《中国—朝鲜·韩国关系史》，天津人民出版社，2001。

第四，与使节相关的问题。陈泰夏、祁庆富、杨渭生、孙建民、顾宏义、高同同等重点考察了双方使节的往来时间以及往来人员的官职、籍贯、姓名、目的、交通路线等问题。① 吴玉亚、包伟民指出，宋对高丽使臣的接待经历了"例同东夷—例同西夏—例同辽国"的变化，而这一变化过程正是宋朝国力日衰及其在整个东亚世界中地位下降的折射。② 而孙建民则关注到宋、丽双方的聘使活动中，普遍存在着假（加）官出使借以提高使团的规格，进而表示对对方的尊重和对双方外交的重视的情况，而这种情况在宋朝尤为突出。③ 另外有学者专门对某些使节的具体活动作了探讨。④

（二）辽、金—丽关系

契丹的兴起揭开了 10～13 世纪东北亚国际关系史一个重要阶段的序幕，以中原汉族王朝为中心的朝贡体系，不仅因为一个新成员的加入而更加复杂，而且这一新成员的武力强于中原汉族政权宋朝，其逐渐构建起一个以少数民族政权为中心的国际政治体系。作为东北亚的一员，高丽不得不面对这一新挑战。韩国学者李丙焘即尝谓高丽历史是"与其北方塞外民族的斗争史"。⑤ 与韩、日学界⑥不同的是，中国学界对于辽、金与高丽关系的研究开

① 陈泰夏：《高丽·宋朝之间使臣路程考》，载林天蔚、黄约瑟主编《古代中韩日关系研究》，香港大学亚洲研究中心，1987；祁庆富：《宋代奉使高丽考》，《中国史研究》1995 年第 2 期；杨渭生：《宋丽使节表》，《宋丽关系史研究》，杭州大学出版社，1997；孙建民、顾宏义：《宋朝高丽交聘考》，《信阳师范学院学报》1997 年第 1 期；高同同：《宋朝与高丽聘问研究》，暨南大学硕士学位论文，2017。

② 吴玉亚、包伟民：《变动社会中的外交模式》，《山东师范大学学报》（人文社会科学版）2004 年第 1 期。

③ 孙建民：《宋朝高丽交聘考》，《信阳师范学院学报》（哲学社会科学版）1997 年第 1 期。

④ 例如，赵丽媛：《韩国华奉使高丽始末》，《剑南文学》2012 年第 2 期；高小红：《李兴佑使宋与丽宋使者往来规模及特点》，《黑龙江史志》2012 年第 19 期；刘迎胜：《金富轼浮海使宋与宋丽交往研究》，《海交史研究》2015 年第 1 期。

⑤ 〔韩〕李丙焘：《韩国史大观·中世篇》，震檀学会，1961。

⑥ 韩国方面代表性成果有：〔韩〕金渭显：《契丹的东北政策——契丹与高丽女真关系之研究》，台湾华世出版社，1981；李龙范：《高丽与契丹的关系》，《东洋学》第 7 期，1977；金光洙：《高丽前期对女真交涉和北方开拓问题》，《东洋学》第 7 期，1977；朴汉男：《高丽对金外交政策研究》，成均馆大学博士学位论文，1994 等；日本方面，代表性学者有稻叶岩吉、池内宏、箭内亘、旗田巍、森克己和三上次男等，其成果多收录于《满鲜地理历史研究报告》（东京帝国大学文学部出版，第 1～14 册）、《满洲历史地理》（南满洲铁道株式会社，第1～2 卷）、《朝鲜历史地理》（南满洲铁道株式会社）、《日本历史》（岩波讲座）、《金代社会、政治的研究》（中央公论美术出版）等书中。

展较晚，成果亦相对较少，20 世纪 50 年代尤其是 90 年代以来这一情况逐渐有所改观。

中国台湾学者陶晋生的《宋辽关系史研究》中有相当篇幅涉及辽丽政治关系的内容，之后大陆学者魏志江的《辽金与高丽关系考》① 集中研究了高丽与辽、金的政治、经济与文化关系，是中国学界第一部系统深入研究辽、金与高丽关系的专著。值得一提的是，魏著尤其重视利用韩国、日本等有关史料和研究成果，特别是参考波斯文《史集》中关于"东夏国"的有关记载并采用审音勘同的研究方法对"蒲鲜万奴"的国号问题的阐述，颇有见地。论文方面，有不少概述性的文章，从总体上阐述了辽丽关系的发展情况。②

领土争端与战争在辽丽政治关系中占有很大的比重，因此颇受学者关注③。研究者从不同方面深入探讨了辽丽领土争端的由来，辽丽战争的原因、经过、结果和影响。战争之后，辽朝和高丽逐渐建立起了所谓典型的宗藩关系，形成了制度化的使者互派体系。在两国使节互遣方面，诸如历史分期、遣使次数、遣使目的地、遣使类型、使者类型、遣使反映出的外交特点等方面，学界已有不少成果。④ 对于辽丽的朝贡关系，蒋戎指出辽丽朝贡制度是辽朝通过武力强迫高丽建立起来的，但是高丽才是这次朝贡制度确立的

---

① 魏志江：《辽金与高丽关系考》，香港天马图书有限公司，2001。
② 具有代表性的论文有：李符桐：《辽与高丽之关系》，《台湾师范大学历史学报》第 3 期，1975；徐琼、王臻：《浅论辽与高丽的关系》，《中朝韩日关系史研究论丛》（1），延边大学出版社，1995；魏志江：《论辽与高丽关系的分期及其发展》，《扬州师范学院学报》（社会科学版）1996 年第 1 期；魏志江：《略论辽国与高丽的关系》，《东北亚研究》1996 年第 4 期等。
③ 例如，宋健：《辽高丽的边界纷争》，载杨昭全主编《中朝边界研究文集》，吉林省社会科学院，1998；郑川水：《辽圣宗及辽与高丽藩交考略》，《辽宁大学学报》（哲学社会科学版）2003 年第 1 期；王贵竹：《试论十至十一世纪辽与高丽在大同江以北地区的争夺》，延边大学硕士学位论文，2010；张莹莹：《论辽丽战争与辽丽宋三国的政治关系》，延边大学硕士学位论文，2010；曹中屏：《高丽与辽王朝的领土争端与三十年战争》，《韩国研究》第 10 辑，国际文化出版社，2010。
④ 参见陈俊达《高丽遣使辽朝研究述评》，《绥化学院学报》2015 年第 2 期；陈俊达、杨军：《高丽赴辽使者群体研究》，《黑龙江社会科学》2016 年第 5 期；陈俊达：《高丽遣使辽朝研究》，吉林大学硕士学位论文，2016；陈俊达：《高丽使辽使者类型及其派遣考论》，《西北民族大学学报》（哲学社会科学版）2016 年第 5 期；陈俊达：《辽朝与高丽使者往来分期探赜——兼论东亚封贡体系确立的时间》，《西北民族大学学报》（哲学社会科学版）2017 年第 4 期；李碧瑶、杨军：《〈高丽史〉所见辽朝出使高丽使者类型及派遣》，《域外汉籍研究集刊》第 18 辑，2018；张国庆：《辽与高丽关系演变中的使职差遣》，《辽金历史与考古》第 4 辑，2013。

真正受益者。① 刘一指出，辽丽封贡活动进行过程中，形成了诸如对朝贡频度和时间的规定、横宣使制度等一系列制度。这些制度多为首创，并为后世所借鉴和采用。②

20 世纪 30 年代，朱希祖钩稽相关史料通过列表比定梳理出《金开国前三世与高丽和战年表》③，这应当是中国学界最早关注金丽关系的文章。80~90 年代以来，学界发表了许多关于金丽关系的通论性文章④，其内容多有重复，大致都谈到了金（女真）建国前后与高丽隶属关系的变化、金丽宗藩关系的建立以及维持等问题。金丽的领土争端与战争亦是学界关注较多的问题，蒋秀松、魏志江、潘清等皆肯定了曷懒甸之战对女真的战略意义。⑤ 辽丽战后"保州问题"直接影响金与高丽关系的发展和变化，赵永春、玄花、赵娟等指出，"保州"交涉中辽、金在土地和名分的问题上更加重视名分，而高丽则更加重视土地等实际利益并最终获得了实惠。⑥

对于金丽的宗藩关系，玄花指出，金丽外交制度以辽丽外交惯例为蓝本，是在"事大"原则基础之上，通过盟誓确立起来的，具有等级性、约束性的特点，为两国维持和平外交关系提供了重要保障。⑦ 刘一认为，辽丽形成的一系列规范化制度多为辽代首创，并多为金代所沿用。⑧ 在宗藩关系下，两国之间的使节往来也受到关注。⑨

10~13 世纪初，东北亚国际局势变幻莫测，各国政治关系复杂微妙。总的来说，宋辽金时期的中朝关系比唐朝与新罗的朝贡关系更为实际且多元

① 蒋戎：《辽朝与高丽朝贡关系浅析》，《东北史地》2008 年第 6 期。

② 刘一：《辽丽封贡制度研究》，《满族研究》2012 年第 2 期。

③ 朱希祖：《金开国前三世与高丽和战年表》，《燕京学报》第 15 期，1934。

④ 例如，孙进己：《辽代女真与高丽的关系》，载中国朝鲜史研究会编《朝鲜史研究》（6），1986；王崇时：《十至十二世纪初女真与高丽的关系》，《北方文物》1986 年第 3 期；景爱：《辽代女真人与高丽的关系》，《北方文物》1990 年第 3 期；王德毅：《金与高丽的关系》，《台湾师范大学历史学报》第 18 期，1994。

⑤ 蒋秀松：《女真与高丽间的"曷懒甸之战"》，《民族研究》1994 年第 1 期；魏志江、潘清：《女真与高丽曷懒甸之战考略》，《中山大学学报》（社会科学版）2001 年第 5 期。

⑥ 赵永春、玄花：《辽金与高丽的"保州"交涉》，《中国边疆史地研究》2008 年第 1 期；赵娟：《试论金与高丽的"保州"交涉》，《文学界》（理论版）2010 年第 4 期。

⑦ 玄花：《金丽外交制度初探》，吉林大学硕士学位论文，2007。

⑧ 刘一：《辽丽封贡制度研究》，《满族研究》2012 年第 2 期。

⑨ 合灿温：《高丽遣使金朝研究》，吉林大学硕士学位论文，2016；鞠贺：《金朝遣高丽使臣群体研究》，吉林大学硕士学位论文，2018；鞠贺：《金朝遣高丽使臣选派考论》，《宁夏大学学报》（人文社会科学版）2018 年第 6 期。

化，仅就高丽与宋或辽、金的关系做个别研究，不能兼及高丽、宋、辽或金三国间的相互关系，也就无法真正把握那个时代的特征。吕英亭和林国亮对此作了尝试，① 而且与中国学界大多数学者的做法不同，他们以高丽作为主体来展开研究。

（三）（蒙）元丽关系

在元朝对高丽的直接控制和干涉下，元丽关系是否偏离了传统东亚宗藩关系的轨道？是否还是传统的一般意义上的朝贡册封关系？蒙元时代中国与高丽的政治关系有着十分鲜明的时代特征，因此也是学界讨论的一个热点话题。早期交往、双方战争、征东行省的设立及联姻等也引起较多学者的关注。

中国台湾学者王仪的《蒙古元与王氏高丽及日本的关系》② 是这方面研究的拓荒之作，其运用了中朝日三方现存史料，对 13～14 世纪蒙元与高丽、日本的关系作了宏观的叙述，涉及政治、经济、文化往来等方面。大陆学者乌云高娃所著《元朝与高丽关系研究》③ 从蒙古与高丽的早期交涉、蒙古与高丽的战争、元朝征日本及高丽的态度、元朝公主与高丽王室的联姻、元朝与高丽关系中的译者等方面探讨了元朝与高丽的关系。林德春、孟古托力等学者也发表过相关概述性的文章。④

20 世纪 80 年代以来，有许多学者专门探讨了蒙古与高丽战争的相关问题，对蒙丽战争的原因、经过、结果都做过不同程度的研究。⑤ 其中郝时远认为蒙古对高丽发动侵略战争与蒙古对辽东地区的经略密切相关；朴文一指

---

① 吕英亭：《高丽王朝对辽、宋、金政治关系之比较》，山东大学硕士学位论文，2002；林国亮：《高丽与宋辽金关系比较研究》，延边大学博士学位论文，2011；

② 王仪：《蒙古元与王氏高丽及日本的关系》，台北：台湾商务印书馆，1974。

③ 乌云高娃：《元朝与高丽关系研究》，兰州大学出版社，2012。

④ 林德春：《略论蒙元与高丽的关系》，《松辽学刊》（社会科学版）1997 年第 4 期；孟古托力：《蒙元与高丽关系述论》，《北方文物》2000 年第 4 期。

⑤ 例如，王民信：《蒙古入侵高丽与高丽联军征日》，载《中韩关系史国际研讨会论文集》，台湾韩国研究学会，1983；范寿琨：《试论十三世纪蒙古对高丽的入侵》，《社会科学战线》1983 年第 4 期；郝时远：《蒙古东征高丽概述》，《蒙古史研究》第 2 辑，内蒙古人民出版社，1986；俞群策：《蒙古贵族东征朝鲜之我见》，《云南教育学院学报》1987 年专辑；朴文一：《论 1231～1260 年间蒙丽战争与外交之争》，《延边大学学报》（社会科学版）1997 年第 1 期；陈得芝：《忽必烈的高丽政策与元丽关系的转折点》，《元史及民族与边疆研究集刊》第 24 辑，上海古籍出版社，2012；姜婷：《忽必烈时期（蒙）元与高丽关系研究》，陕西师范大学硕士学位论文，2011。

出，蒙丽两国实现讲和与国交的建立主要是高丽人民长期斗争的结果，此外蒙古企图利用高丽南征南宋、东征日本的战略方针也起到一定的促进作用。同时，忽必烈和高丽元宗之间的友情也不应完全被忽视。陈得芝、姜婷等认为忽必烈之所以对高丽采取怀柔政策，原因在于忽必烈已经接受了中原王朝传统的希冀"万国来朝"思想；同时高丽崇尚儒学和佛教，这符合忽必烈"遵用汉法"的政策。李春圆指出，1260 年王倎成功出使蒙古，才是蒙丽关系出现转折的真正节点。①

关于征东行省问题也有不少研究成果，宋炯指出，征东行省每一次兴废沿革都与元丽关系密切相关，同时征东行省的特殊性也使其成为高丽内部政治斗争的工具。② 程尼娜认为，高丽国并没有因为征东行省的设置而消失，而是始终保持着很强的独立性。③ 薛磊将征东行省分为征伐型、常设型、增置型三种不同形态。④ 边兰芹认为，1280～1286 年的征东行省与高丽国之间存在一种"部分从属"关系，1287～1356 年的征东行省与高丽国之间有一种混合行政的关系。⑤

元朝公主与高丽王室的联姻是中朝关系史上一个十分特殊的现象，是学界比较关注的领域。萧启庆认为元朝公主"下嫁"高丽与中国历代和亲政策不同，元丽联姻是蒙古强权政治的产物，他将这种统驭方略比称以近代殖民制度中的"间接统治"，同时他也指出元丽统治者皆欲以婚姻为实现政治利益的工具，只是强弱之势互殊而所求不同。⑥ 金春亦认为丽元通婚成为蒙古不战而得高丽的重要外交渠道，是两国为了各自不同的政治利益进行的外交交锋。⑦ 朴延华、朱红华、兰阳等揭示了元丽在联姻中的政治干涉。⑧ 辛

---

① 李春圆：《1260 年前后蒙丽关系转折补论——以高丽〈与张学士书〉为线索》，《元史及民族与边疆研究集刊》第 33 辑，上海古籍出版社，2017。
② 宋炯：《元代的征东行省》，《广西社会科学》2002 年第 5 期。
③ 程尼娜：《元代朝鲜半岛征东行省研究》，《社会科学战线》2006 年第 6 期。
④ 薛磊：《元代征东行省新论》，《内蒙古社会科学》（汉文版）2008 年第 3 期。
⑤ 边兰芹：《征东行省与高丽国关系研究》，吉林大学硕士学位论文，2014。
⑥ 萧启庆：《元丽关系中的王室婚姻与强权政治》，《中韩关系史国际研讨会论文集》，台湾韩国研究学会，1983。
⑦ 金春：《丽元通婚外交研究》，《延边大学学报》（社会科学版）2014 年第 5 期。
⑧ 朴延华、朱红华：《试论元丽两国政治联姻关系》，《延边大学学报》（社会科学版）2004 年第 1 期；兰阳：《论元丽联姻及其对高丽的政治影响》，延边大学硕士学位论文，2007。

卓如把关注点放在元朝公主在高丽的地位及其个人命运上。① 乌云高娃探讨了高丽王室与元朝公主政治联姻背景下两国的文化交流。② 与元朝公主入嫁高丽相关的是高丽贡女问题，王崇时较早关注到这一问题，③ 之后喜蕾所著《元代高丽贡女制度研究》对这个问题有更加系统的研究。④

在元丽的宗藩关系问题上，朴延华、金春、李梅花、张建松等学者分别分析、探讨了元朝对高丽政治、经济、文化等各方面的干涉；⑤ 于磊考察了高丽后期国内的党争同蒙元对丽政策之间的相互关系。⑥ 对于两国宗藩关系的评价，黄枝连认为高丽与元的关系基本上不是在"天朝礼治体系"的规范之下开展的；⑦ 王明星、王东福等指出元丽之间偏离了传统东亚宗藩关系的轨道，呈现东亚古代国际关系史上一种独特的形态；⑧ 付百臣揭示了元与高丽朝贡关系的主要特征就是功利性，即以确认君臣主从关系为实际内涵，对经济利益的重视程度前所未有，朝贡的礼仪象征性则大为降低；⑨ 姜维东认为元朝控制高丽的主要手段打上了游牧民族的烙印；⑩ 金春把丽元百年政治关系所反映的国家关系模式定义为蒙古"六事"和传统朝贡册封制度这

---

① 辛卓如：《高丽宫廷中的蒙古贵族妇女》，南京大学硕士学位论文，2007。
② 乌云高娃：《高丽与元朝政治联姻及文化交流》，《暨南学报》（哲学社会科学版）2016 年第 10 期。
③ 王崇时：《元与高丽统治集团的联姻》，《宋辽金元史》1993 年第 2 期。
④ 喜蕾：《元代高丽贡女制度研究》，民族出版社，2003。
⑤ 朴延华：《高丽后期王权研究——以元朝控制干涉期为中心》，延边大学博士学位论文，2007；朴延华：《元朝对高丽控制与干涉——达鲁花赤和札鲁忽赤》，《朝鲜·韩国历史研究》第 10 辑，延边大学出版社，2009；金春：《元控制高丽储君方法研究》，《朝鲜·韩国历史研究》第 11 辑，延边大学出版社，2011；李梅花：《试析蒙元支配对高丽王朝的影响》，《内蒙古大学学报》（哲学社会科学版）2011 年第 1 期；赵琰：《元丽朝贡关系下几个同化问题研究》，内蒙古师范大学硕士学位论文，2009；张建松：《蒙元对高丽的控制与干涉》，《华北水利水电大学学报》（社会科学版）2014 年第 1 期。
⑥ 于磊：《高丽后期党争与蒙元对丽政策研究——以忠烈、忠宣、忠肃时期为中心》，南京大学硕士学位论文，2008。
⑦ 黄枝连：《天朝礼治体系研究·东亚的礼义世界》（中卷），中国人民大学出版社，1994，第 163 页。
⑧ 王明星：《元朝高丽内属政策的出台与失败》，《朝鲜·韩国历史研究》第 11 辑，延边大学出版社，2011；王东福：《朝鲜半岛与东北亚国际关系史研究》，延边大学出版社，2002。
⑨ 付百臣主编《中朝历代朝贡制度研究》，吉林人民出版社，2008，第 78 页。
⑩ 姜维东：《元朝控制高丽政略考》，《赤峰学院学报》（汉文哲学社会科学版）2011 年第 2 期。

两种对外关系模式的综合体。① 由此可见，尽管各家表述各异，但基本都指向元丽关系的特殊性。

高丽与元朝的特殊关系，使得两国之间使节往来非常频繁。颜培建考察了出使元朝的高丽使节的选任标准。② 张建松考订了高丽使团出使元朝的路线、使团的设职情况、使团出使过程中的一些经济文化活动。他在文中修正了中国著名历史学家吴晗关于木棉传入高丽的相关论述，认为木棉应该于1364年传入高丽；而且还提出"元朝遗民"的概念。③ 舒健还进一步从高丽来元朝的使臣的种类、任务、人员构成、语言交流、在元所受到的招待以及他们来华后所接触人士等方面多角度论述，全面系统地描述了高丽来华使臣的方方面面。相比张建松，舒健对高丽使臣的考察更加全面，而且除了整体研究之外，还有个案研究。他选择了赵书昌、李藏用、赵仁规、印侯和田禄生等使臣为例，从使臣的往来展现蒙丽之间关系的变化发展。他还通过考证，解决了历史上一个疑问——柏朗嘉宾笔下的高丽王子究竟为何人。他认为，其为高丽新安公王佺。④ 另一方面，梁英华对蒙元使臣派遣高丽的时间、背景、使命内容、使命完成情况、使臣活动与影响等实证内容进行整理，她指出蒙元对高丽的使臣派遣体现出压迫与怀柔的双重特征。⑤

（四）明丽关系

明丽关系由于处于中国元明鼎革及朝鲜半岛丽鲜换代的特定时期，亦引起学界的重视。较早关注明丽关系的是中国台湾学者叶泉宏，他在《明代前期中韩国交之研究（1368～1488）》一书中比较了高丽与朝鲜外交策略与手段的异同，进而阐明高丽与朝鲜对明国交之得失所在。⑥ 此后，大陆学界

---

① 金春：《论丽元和平外交关系建立的历史意义》，《朝鲜·韩国历史研究》第12辑，延边大学出版社，2012。

② 颜培建：《蒙元与高丽人员交往探讨——以高丽使臣身份为中心》，南京大学硕士学位论文，2011。

③ 张建松：《元代高丽使团研究》，南京大学硕士学位论文，2007。

④ 舒健：《蒙元时期高丽来华使臣研究》，南京大学博士学位论文，2008；舒健：《也谈〈柏朗嘉宾蒙古行纪〉所记高丽王子》，《中国边疆史地研究》2008年第3期；舒健：《蒙元时期高丽来华使臣接待考述》，《甘肃社会科学》2010年第5期；舒健、张建松：《韩国现存元史相关文献资料的整理与研究》，上海大学出版社，2015。

⑤ 梁英华：《蒙元时期遣使高丽研究》，北京大学博士学位论文，2008。

⑥ 叶泉宏：《明代前期中韩国交之研究（1368～1488）》，台北：台湾商务印书馆，1991。

薛篁、孙卫国、任君宇、连建丽、李艳涛等学者也作了这方面的研究。①

洪武年间东北亚国际关系呈现复杂多变的特征，高丽在明与北元之间斡旋，实行所谓"两端"外交。张献忠认为，高丽辛祸王时期对明朝和北元的两端外交不是等距离外交，实质上是亲元外交；② 张士尊也指出，高丽亲元派与亲明派不断斗争，影响了高丽对明政权的交流与认同。③ 刁书仁、于晓光、赵现海等则揭示，高丽两端外交政策除了受到元、明两个政权的压力外，亦有自身国家利益的追求。④ 特木勒进一步指出，高丽与北元周旋与后来"征伐"东宁府是有关系的。⑤ 另外，也有学者从明朝角度来思考这一时期的明丽关系。邵国莉、玄花等指出明朝对高丽实施的怀柔与遏制相结合的政策，是在复杂国际形势下的权宜之计。⑥

明朝初年，明丽的边界之争与女真的归属成为两国关系的重要问题。薛篁认为，刚刚建国的朱元璋统治集团为了争取高丽王朝的支持以消灭元朝残余势力，才默认了高丽王朝的某些领土要求。⑦ 任君宇则指出，明朝泱泱大国不与小国计较的思想及其对两国边界划分的模糊不清，为后来中朝边界的界定做出了错误引导。⑧ 在铁岭卫问题上，张辉认为明朝在铁岭立卫的本意是对以鸭绿江为界的西北段边界的进一步认定以及使之成为招揽女真的跳板；⑨ 李花子则指出，辽东铁岭和高丽铁岭的并存以及对其位置的误解，是高丽和明

① 薛篁：《明洪武年间明朝与高丽王朝关系略论》，《社会科学战线》1997 年第 4 期；孙卫国：《略论明初与丽末之中韩关系》，《韩国学论文集》第 6 辑，北京大学出版社，1997；任君宇：《明与王氏高丽的关系论述》，辽宁大学硕士学位论文，2007；连建丽：《元末明初中朝关系的变化与封贡关系的重构》，山东师范大学硕士学位论文，2011；李艳涛：《高丽末期与元－明关系研究》，陕西师范大学硕士学位论文，2014。

② 张献忠：《试论高丽辛祸王朝对明朝和北元的"骑墙"外交》，《南开学报》（哲学社会科学版）2012 年第 3 期。

③ 张士尊：《高丽与北元关系对明与高丽关系的影响》，《绥化师专学报》1997 年第 1 期。

④ 刁书仁、张春：《论明初高丽王朝与明朝的关系》，《北华大学学报》（社会科学版）2000 年第 1 期；于晓光：《元末明初高丽"两端"外交原因初探》，《东岳论丛》2006 年第 1 期；赵现海：《洪武初年明、北元、高丽的地缘政治格局》，《古代文明》2010 年第 1 期。

⑤ 特木勒：《北元与高丽的外交：1368～1369 年》，《中国边疆史地研究》2000 年第 2 期。

⑥ 邵国莉：《明初和平统一东北战略研究》，东北师范大学硕士学位论文，2006；玄花：《明朝对高丽的政策探微》，《北方文物》2011 年第 1 期。

⑦ 薛篁：《明洪武年间明朝与高丽王朝关系略论》，《社会科学战线》1997 年第 4 期。

⑧ 任君宇：《明与王氏高丽的关系论述》，辽宁大学硕士学位论文，2007。

⑨ 张辉：《明丽鲜外交研究（1368～1418 年）——对几个重要问题的再探讨》，复旦大学硕士学位论文，2002。

朝在铁岭卫问题上发生争执的起因。① 在女真问题上，于晓光认为洪武初年明朝虽已认识到东北的女真人在战略上的重要性，但尚无力分兵经略；洪武后期，明太祖开始对东北女真人地区积极经略，在一定程度上遏制了朝鲜对辽东领土的野心。② 傅长寿作为高丽归化人，其特殊的身份在明丽关系中扮演过重要角色，桂栖鹏、黄时鉴、陈尚胜等学者都对其进行过不同程度的研究。③

（五）中国与高丽的人员往来

中国各政权与高丽关系密切，双方人员往来尤为频繁。由于人员往来涉及的因素较多，不少学者又以长时段而非某一个王朝为时间节点来研究相关问题，因此在此单独叙述。代表性著作有王霞所著《宋朝与高丽往来人员研究》，该书按照人员身份的不同，以使节、商人、移民、留学生和求法僧等为对象，对宋丽间的往来人员进行了系统的考察与研究，进而揭示了宋丽间交往的深度和广度。④ 元朝与高丽之间的关系十分特殊，因此元朝与高丽人员往来的状况与历代相比表现出了一些新的特征。关于这个问题的研究情况，李鹏所撰《国内近三十年元丽人员往来研究概述》已经做过系统的整理。⑤ 该文从"高丽向元朝的人员流动"（涉及高丽普通民众的移民研究，以及各阶层高丽人士的具体研究，主要集中于高丽王族、贡女、宦官、文臣、使者、学生、僧人等）、"元朝向高丽的人员流动"（涉及普通移民、元朝公主以及随处人员、红巾军等）、"往来于元丽之间的重要人物"（涉及奇皇后、忠烈王和忠宣王、赵孟頫、李齐贤等人物）三个方面，对学界的相

① 李花子：《明初铁岭设卫之谜》，《韩国学论文集》第 16 辑，辽宁民族出版社，2007。
② 于晓光：《洪武时期明朝与朝鲜围绕女真问题的交涉初探》，《韩国研究论丛》第 14 辑，世界知识出版社，2007。
③ 桂栖鹏：《高昌傅氏与明初中朝交往》，《中国边疆史地研究》1995 年第 2 期；黄时鉴：《元高昌人东遗事》，《第三届韩国传统文化国际学术研讨会论文集》，山东大学出版社，1999；陈尚胜：《傅长寿与高丽、朝鲜王朝的对明外交》，《第七届明史国际学术讨论会论文集》，1999。
④ 王霞：《宋朝与高丽往来人员研究》，中国社会科学出版社，2018。
⑤ 李鹏：《国内近三十年元丽人员往来研究概述》，《内蒙古大学学报》（哲学社会科学版）2010 年第 5 期。尽管该文回顾的仅限最近 30 年（截至 2010 年）以来学术界的研究情况，但据笔者不完全统计，更早之前，有关这个问题的研究成果相对较少；2010 年以后的相关研究，亦无较大变化。

关研究成果进行了整理归纳。

此外，从单向的角度出发或专门针对某些特殊群体的研究也不少。吴松弟、王崇时、杨晓春等学者对唐、五代以及蒙元时期朝鲜半岛向中国的移民情况进行了总体考察，探讨了高丽人大批进入中国的原因、移民构成、在中国的分布状况以及人口数量估计、对两国产生的影响等。[①] 樊文礼对宋代高丽宾贡进士的情况进行了疏释，他认为北宋高丽宾贡科施行时间短、宾贡进士人数少是由于高丽本国科举制的发展以及辽朝对宋丽交往的干预。[②] 在元丽的人员交流中，高丽宦者扮演了重要角色。张金俊通过对高丽宦者进入元朝的背景、原因、主要代表人物及其活动的探究，揭示了元朝内廷中高丽籍宦者在元丽交往中所起到的积极和消极作用。[③] 程尼娜专门探讨了元朝对东北地区高丽人统辖情况。[④] 至于元丽政治联姻背景下的人员往来方面的内容，上文已有涉及，不再赘述。

另一方面，杨昭全、牟元珪、芦敏、张建松则梳理了辽、宋、金、元、明时期中国人迁入高丽的情况，涉及了当时中国人入丽原因、移民构成、分布状况、高丽朝廷的应对措施以及移民对两国产生的影响等。[⑤] 武玉环、姜维公等关注了渤海民族移民高丽的情况。[⑥] 孙泓探讨了女真人迁徙入居高丽

---

① 吴松弟：《唐五代时期朝鲜半岛对中国的移民》，《韩国研究论丛》第 1 辑，上海人民出版社，1995；吴松弟：《蒙（元）时期朝鲜半岛对中国的移民》，《韩国研究论丛》第 2 辑，上海人民出版社，1996；王崇时《元代入居中国的高丽人》，《东北师大学报》（哲学社会科学版）1991 年第 6 期；杨晓春：《13～14 世纪辽阳、沈阳地区高丽移民研究》，《中国边疆史地研究》2007 年第 1 期。

② 樊文礼：《宋代高丽宾贡进士考》，《史林》2002 年第 2 期。

③ 张金俊：《高丽人元宦者关联问题研究》，陕西师范大学硕士学位论文，2015。

④ 程尼娜：《元朝对东北地区高丽人统辖探析》，《东北史地》2004 年第 4 期。

⑤ 杨昭全：《北宋、辽时期的朝鲜华侨》，《华侨华人历史研究》1990 年第 2 期；杨昭全、孙玉梅：《朝鲜华侨史》，中国华侨出版公司，1991；牟元珪：《高丽时期的中国"投化人"》，《韩国研究论丛》第 3 辑，上海人民出版社，1997；芦敏：《辽、宋、金时期迁入高丽的中国移民》，《华侨华人历史研究》2007 年第 4 期；芦敏：《宋人移民高丽述论》，《华侨华人历史研究》2012 年第 4 期；芦敏：《高丽社会中的华人移民（公元 10 至 13 世纪）》，《黄河科技大学学报》2013 年第 4 期；张建松：《元明之际高丽境内中国移民考察》，《中州学刊》2014 年第 6 期；张建松：《元末明初江浙士人流寓高丽探微》，《第十五届中国韩国学国际研讨会论文集》（历史卷），民族出版社，2016。

⑥ 武玉环：《王氏高丽时期的渤海移民》，《吉林大学社会科学学报》2007 年第 3 期；姜维公、黄为放：《辽与高丽边界视域下的渤海移民》，《社会科学战线》2017 年第 12 期。

的历史。① 李杰对入丽怯怜口在高丽进行的活动进行了论述并分析了这一群体身份的特殊之处以及在元丽交往中产生的作用。② 李廷青专门对移居高丽的中国移民中在高丽朝廷入仕为官的群体进行了相对系统的探讨。③ 此外，还有不少学者分别以双冀、"赵匡胤后裔"、"朱熹后裔"、傻长寿家族等中国移民为重点进行个案研究，探讨这一时期中国与高丽的人员往来问题，于兹不赘。

二　高丽政治、社会史的研究

中国学界对于高丽政治、社会史的研究主要涉及贵族政治、社会改革、王室婚姻以及相关制度等方面。

高丽王朝是一个贵族性质浓厚的时代，少数门阀贵族保持着极深的纽带关系，以自己为中心统治国家。某种程度上说，贵族政治是把握高丽社会（尤其前中期）的"一把钥匙"。中国学界对这一问题有所涉及，可惜目前尚处于开拓阶段，不论在数量上还是质量上均有较大的提升空间。朴延华、李英子通过剖析庆源李氏一族兴衰史，揭示庆源李氏一族的发达与高丽贵族政治关系，阐明高丽贵族政治的兴衰历程。④ 金禹彤认为，高丽初期效法唐、宋政治制度多流于形式，本质上却形成一种为具有贵族政治特征的等级君主制服务的政治制度，原因在于施行了以贵族制度为核心的身份制度。⑤

社会改革方面，李成德考察了高丽成宗在政治、军事、教育等方面的改革，肯定了其在封建秩序的巩固、国防建设、人民发展生产和文化的繁荣等方面的积极作用。⑥ 朴延华考察了忠宣王在政治、社会等领域的改革，她指

---

① 孙泓：《高丽时期女真人迁居朝鲜半岛及其影响》，《暨南学报》（哲学社会科学版）2016年第10期。
② 李杰：《元朝人高丽怯怜口研究》，延边大学硕士学位论文，2016。
③ 李廷青：《浅论高丽文宗时代众多宋人入仕高丽的原因》，《资治文摘》（管理版）2010年第3期；李廷青：《中国人入仕高丽朝考论》，《韩国研究论丛》第23辑，世界知识出版社，2011；李廷青：《中国人入仕高丽国研究》，复旦大学硕士学位论文，2016。
④ 朴延华、李英子：《试论庆源李氏家族与高丽贵族政治的关系》，《东疆学刊》2006年第4期。
⑤ 金禹彤：《高丽王朝身份制度对其政治制度形成之制约——兼与唐、宋比较》，《北方文物》2008年第4期。
⑥ 李成德：《略论高丽王朝成宗的社会改革》，中国朝鲜史研究会编《朝鲜史研究》（5），内部刊物，1984。

出此次改革因触动权门势族既得利益，又受到元廷强力干涉而最终以失败告终。① 郑红英对高丽恭愍王初期的改革与反元政策进行了考察，肯定了其在对元关系方面的效果。②

在高丽王室婚姻问题上，王民信梳理、考察了高丽王室的婚姻情况，涉及高丽王室与同姓、近亲、蒙古王室以及其他姓族的婚姻状况，大致勾勒出高丽王室的婚姻形态。③ 朴延华、李英子指出高丽在近500年统治历史中高丽王室族内婚与族外婚参半。④ 关于元丽王室联姻，上文已有阐述，兹不赘述。

对于高丽的统治制度，中国学界也进行了多方面的探讨，涉及科举、法制、官制、礼制、兵制等方面。自古以来，中国与朝鲜半岛一直保持着紧密的联系，而朝鲜半岛在多个方面也深受中国影响，其中在制度方面表现尤为明显。因此中国学界多关注到这一现象并立足于此，总体上侧重于高丽制度与中国制度的比较研究。然而，对于各项制度在高丽社会如何受容、内化、运作则关注较少。

在教育与科举制度方面，卓国用详细考察了儒学影响下高丽王朝教育的演变过程；⑤ 田华麟重点探讨了高丽时期国子监及私学的发展情况；⑥ 张在硕则关注了科举、教育与高丽王朝集权化的关系。⑦ 霍嫣然通过研究认为，高丽的官学教育相对于宋朝来讲，形式较为单一、简单、不烦琐，但其教学模式和学习内容有新的变化。⑧ 而高明士、田廷柱、杨渭生等从不同方面对高丽科举与唐宋科举进行了比较，基本认为高丽的选举制度大体仿唐，有时

---

① 朴延华：《高丽后期王权研究》，延边大学博士学位论文，2007；朴延华：《高丽忠宣王即位之改革》，《朝鲜·韩国历史研究》（第11辑），延边大学出版社，2011。
② 郑红英：《高丽恭愍王初期的改革与反元政策》，延边大学硕士学位论文，2003。
③ 王民信：《高丽王室的婚姻问题分析》，《韩国学报》第3期，1983。
④ 朴延华、李英子：《高丽王室族内婚制及其变化》，《东疆学刊》2003年第1期。
⑤ 卓国用：《韩国高丽朝的教育演变及其受中国儒学的影响》，《史学汇刊》第9期，1978。
⑥ 田华麟：《高丽时期的教育》，《朝鲜研究文集》第1辑，1981。
⑦ 张在硕：《高丽王朝集权化中的科举与教育》，《朝鲜历史研究论丛》（1），延边大学出版社，1987。
⑧ 霍嫣然：《宋丽官学教育制度的发展及其比较》，延边大学硕士学位论文，2012；郑永振、霍嫣然：《高丽中期中央官学的变迁考察——兼与宋朝的比较》，《延边大学学报》（社会科学版）2012年第1期。

兼采宋制，但不是拘泥地生搬硬套，而是有沿有革，有因有创。① 张霞从参加科举及第的士人入手，对有资料可考的参加科举的高丽士人的姓名、籍贯、家世、及第情况等各个方面进行了考察，试图以此分析高丽的社会情况。② 李岩认为，科举制度的实施为高丽王朝走向文官政治铺平了道路，促进了儒家思想的国家化，但也带来了诸多弊病。③ 此外，张琏瑰④翻译的韩国学者李成茂所著《高丽朝鲜两朝的科举制度》为中国学界进一步了解高丽科举制度提供了参考。

法制方面，张春海在该领域用力最深，通过一系列文章⑤对高丽的法制问题进行了系统的探讨。他对《高丽律》进行了辑佚与复原，并在此基础上对《唐律》与《高丽律》的法条进行了详细的比较分析，指出高丽统治集团在移植《唐律》的过程中对《唐律》进行了大量改动，使《高丽律》和《唐律》相比呈现出迥然不同的面貌。他认为，高丽对中国法制的移植之所以经历了一个极为曲折的过程，最主要的原因就是高丽王权与贵族利益的不一致引发了"华化"与"土俗"之争。此外，魏殿金、李冬焱、杨学明等也对高丽法制与唐宋法制进行了比较探究。⑥ 除

① 高明士：《略论高丽科举制度中的隋唐诸要素》，《韩国学报》第 5 期，1985；高明士：《东亚教育圈形成史论》，上海古籍出版社，2003；田廷柱：《高丽与唐科举制度比较研究》，《韩国学论文集》第 8 辑，民族出版社，2000；杨渭生：《宋丽科举教育之比较》，《第二届韩国传统文化学术研讨会论文集》（文化卷），学苑出版社，2001。

② 张霞：《高丽登科记考》，曲阜师范大学硕士学位论文，2013。

③ 李岩：《高丽朝科举制度的实施对其社会文化走向的影响》，《韩国学论文集》第 19 辑，中山大学出版社，2011。

④ 〔韩〕李成茂：《高丽朝鲜两朝的科举制度》，张琏瑰译，北京大学出版社，1993。

⑤ 张春海：《唐律、高丽律比较研究——以法典及其适用为中心》，北京大学博士学位论文，2006；《高丽移植唐代法制之变形及其历史背景》，《上海交通大学学报》（哲学社会科学版）2008 年第 3 期；《高丽司法制度对唐制之变形研究》，《史林》2008 年第 4 期；《"华化"与土俗之争背景下高丽对宋代法制的移植》，《华南农业大学学报》（社会科学版）2008 年第 3 期；《试论高丽与中国法制关系之演进——以"华化"与"土俗"之争为中心》，《复旦学报》（社会科学版）2011 年第 1 期；《论高丽对唐司法制度的"变异"——以刑部为中心的探讨》，《南京大学学报》（哲学·人文科学·社会科学）2016 年第 4 期；《论高丽对唐财产刑的变异》，《南京大学法律评论》2019 年春季卷；《唐律、高丽律比较研究》，法律出版社，2016。

⑥ 魏殿金：《高丽与唐宋法律制度的比较》，《韩国研究论丛》第 2 辑，上海人民出版社，1996；李冬焱：《从〈高丽律〉对〈唐律〉的吸收看中朝关系》，延边大学硕士学位论文，2007；杨学明：《宋与高丽的法制对比研究》，陕西师范大学硕士学位论文，2015。

了唐宋因素，辽金对高丽司法体制的影响也引起了关注。马天认为，辽朝司法中的"南北面官"制度因战争的缘故对高丽产生了影响，催生了高丽的"光军司"与"南北枢密院"等一系列变革的发生，提升了高丽的国势，也大大改善了高丽境内各民族的生存环境与质量。[①]马天、姜德鑫指出金朝"天眷新制"通过外交与战争的双重手段，对高丽王朝的司法体系产生了巨大的影响，认为金"天眷新制"继唐宋之后给予了高丽司法"第二次生命"。[②]

官制方面，杨昭全所著《中国—朝鲜·韩国文化交流史》中有相关章节对高丽的中央、地方官制作了概述。[③]龚延明从整体上系统地考察了唐宋官制对高丽前中期官制的影响。[④]潘书英从组织机构、官员结构构成、职能等方面专门探讨了宋代枢密院制度对高丽的影响。[⑤]

礼制方面，金禹彤在其论文《高丽礼制研究》中对高丽的礼制进行了深入系统的考察，她指出高丽礼制建设主要借鉴了中国唐宋制度，其架构了五礼体系，同时又纳入了佛道"二氏礼"，形成了特殊的礼制格局。[⑥]高丽礼制的实施产生了一定的政治、社会功效，在朝鲜半岛儒教化进程中扮演了重要角色。

兵制方面，徐日范认为，高丽前期兵制虽然在某些方面与唐朝府兵制相似，但其赖以存在的经济基础、军人的社会成分以及具体治兵方法等主要方面都与唐代府兵制全然不同，因此不能把它看作府兵制。[⑦]

---

① 马天：《浅议辽代司法中"南北面官"制度对高丽的影响》，《赤峰学院学报》（汉文哲学社会科学版）2016 年第 10 期。

② 马天、姜德鑫：《金代"天眷新制"对高丽王朝司法体系的影响》，《北华大学学报》（社会科学版）2016 年第 6 期。

③ 杨昭全：《中国—朝鲜·韩国文化交流史》，昆仑出版社，2004。

④ 龚延明：《高丽国初与唐宋官制之比较——关于唐宋官制影响研究之一》，《韩国研究》第 1辑，杭州大学出版社，1994；《唐宋官制对高丽前期王朝官制之影响——以中枢机构为中心之比较研究》，《中国史研究》1999 年第 3 期；《唐宋官制对高丽中期王朝之影响——以高丽王朝成宗、文宗官制改革为中心与唐宋官制比较研究》，《韩国学论文集》第 6 辑，北京大学出版社，1997。

⑤ 潘书英：《宋代枢密院制度对高丽的影响》，上海师范大学硕士学位论文，2011。

⑥ 金禹彤：《高丽礼制研究》，延边大学博士学位论文，2010。

⑦ 徐日范：《试论高丽前期兵制与唐朝兵制的主要区别》，《朝鲜历史研究论丛》（1），延边大学出版社，1987。

三　高丽经济史的研究

受马克思主义史学观的影响，古代土地所有制问题曾经是中国经济史学界论争的热点，这一现象在高丽史研究领域也曾经出现过，但这种讨论只在20世纪80年代小范围、短时间存在过。中国学界对高丽经济史领域的研究重心绝大部分还是放在高丽与中国经济交流的探索上。

1. 相关制度

关于土地制度，李成德、姜孟山等学者主张高丽前期田柴科土地制为封建土地国有制。① 朴真奭对此持相反的意见，他主张高丽土地所有制性质为私有制。② 此外，朱寰认为，高丽王朝的田柴科具有东方采邑的意义，在许多方面类似于莫斯科大公国对服役贵族的分封。③ 与此相关，崔炯淳指出高丽时期土地和奴婢是继承制度的主要对象，当时财产继承形态是份额上优待长子的子女不均等继承；④ 而崔鲜香专门探讨了高丽女性的财产继承问题。⑤ 刘方则将宋朝与高丽女性的财产继承进行了比较，她认为高丽女性在家庭中所受待遇相对公平。⑥ 寺院经济作为高丽社会经济中的一个重要部分也引起了关注，吴凤从寺院田、寺院奴婢和寺院的商业活动三个方面对高丽寺院经济的构成进行分析，并探讨了寺院经济对高丽社会各方面的影响。⑦ 此外，

---

① 李成德：《高丽王朝前期田柴科土地制度初探》，《河南大学学报》（社会科学版）1987年第4期；李成德：《高丽王朝土地所有制的形式》，《河南大学学报》（社会科学版）1990年第1期；姜孟山：《朝鲜封建社会论》，延边大学出版社，1999。

② 朴真奭：《论高丽前期曾否实行均田制的问题》，《朝鲜史研究》（6），1986。

③ 朱寰：《高丽王朝田柴科土地制度研究》，《历史研究》1989年第5期。

④ 崔炯淳：《高丽时期财产继承制度探讨》，《朝鲜历史研究论丛》（1），延边大学出版社，1987。

⑤ 崔鲜香：《高丽时期"为人女"女性在财产关系中的地位》，《韩国研究论丛》第18辑，世界知识出版社，2008。目前，中国学界关注高丽女性这一问题的主要是崔鲜香，她的相关论文还有：《佛教和儒学思想对高丽女性生活的影响》，《延边大学学报》（社会科学版）2008年第5期；《高丽时期"为人女"女性在婚姻、家庭关系中的地位》，《中华女子学院学报》2009年第4期；《高丽社会、经济、政治及对外关系对女性生活的影响》，《延边大学学报》（社会科学版）2010年第2期；《高丽女性在高丽与蒙元关系中的作用》，《内蒙古大学学报》（哲学社会科学版）2010年第1期。与高丽女性相关的论文还有：姜诗萌、梁亚楠：《论高丽时期婚姻制度中女性的地位》，《哈尔滨学院学报》2018年第9期。

⑥ 刘方：《宋朝与高丽女性的财产继承比较》，延边大学硕士学位论文，2014。

⑦ 吴凤：《试论高丽朝寺院经济》，延边大学硕士学位论文，2018。

孙进己和李廷青对高丽时期金属货币的铸造问题进行了系统的探讨。[①]

2. 经济交流

（1）宋丽贸易

杨渭生、王仪和黄纯艳等学者的著作[②]以及各类中朝关系通史性著作对宋丽的贸易往来都有不同程度的涉及。在杨渭生、陈慧、芦敏、张弛等学者的共同努力下，这一领域的研究越来越完善。[③]杨渭生对宋丽朝廷间的贡赐物品、宋商至高丽的活动进行了详细的考究；芦敏在考究双方交易物品的基础上，指出宋丽之间官方交易物品的构成不仅体现了两国特有的经济和文化因素，同时也体现了一定的跨区域性质；陈慧认为宋丽两国的贸易起到了中转交流的作用。

此外，宋晞、黄纯艳、王霞、李梅花、李海英等学者都不同程度关注到往来高丽的宋代商人群体，他们基本上都对该群体在宋丽经济、政治、文化关系中所发挥的作用表示了肯定。[④]另外，李廷青、戴琳剑翻译的韩国学者李镇汉所著《高丽时代宋商往来研究》[⑤]则为中国学界进一步了解高丽的宋商问题提供了参考。另一方面，白承镐、芦敏还考察了高丽民间商人与宋交往的时间、路线、交易品等情况，并探讨了其产生的作用。[⑥]相比政治关

---

① 孙进己：《关于高丽钱币的几个问题》，《中国钱币》1991年第3期；李廷青：《高丽铸行铁钱考》，《中国钱币》2021年第2期；李廷青等：《海东青蚨——高丽铸币》，商务印书馆，2021。

② 杨渭生：《宋丽关系史研究》，杭州大学出版社，1997；王仪：《赵宋与王氏高丽及日本的关系》，台北：台湾中华书局，1980；黄纯艳：《宋代海外贸易》，社会科学文献出版社，2003。

③ 陈慧：《论高丽与宋的朝贡贸易》，延边大学硕士学位论文，2002；芦敏：《宋丽海上贸易研究》，厦门大学博士学位论文，2008；张弛：《论宋与高丽间的商贸往来》，延边大学硕士学位论文，2008。相关论文还有：朴真奭：《十一至十二世纪宋与高丽的贸易往来》，《中朝经济文化交流史研究》，辽宁人民出版社，1984；黄宽重：《宋、丽贸易与文物交流》，《震檀学报》，韩国震檀学会，1991；孙建民、顾宏义：《宋朝与高丽"朝贡贸易"考论》，《河南大学学报》（社会科学版）1997年第2期。

④ 宋晞：《宋商在宋丽贸易中的贡献》，《史学汇刊》第8期，1977；黄纯艳：《论宋代海商在中外关系中的作用》，《云南社会科学》1995年第5期；王霞：《试论宋商在宋丽交流中的作用》，《怀化学院学报》2007年第11期；李梅花：《宋丽关系史上的特殊群体——宋商》，《辽东学院学报》（社会科学版）2011年第3期；李海英：《宋朝海商与宋朝高丽关系》，《沈阳大学学报》（社会科学版）2015年第2期。

⑤ 〔韩〕李镇汉：《高丽时代宋商往来研究》，李廷青、戴琳剑译，江苏人民出版社，2020。

⑥ 白承镐：《高丽的民间贸易——对宋的贸易为中心》，《韩国研究》第10辑，国际文化出版社，2010；芦敏：《宋丽海上贸易研究》，厦门大学博士学位论文，2008。

系，宋丽在经济、文化上的交往更加密切、连贯，因此学界也有宋丽"民间外交"的说法。对此，孙建民、顾宏义认为其与实际状况不符，民间往来尽管一直存在并起过一定的作用，但并不构成双方关系的支配因素，反而受官方外交的影响较大。①

（2）辽金—丽贸易

魏志江对辽金与高丽的贸易作了系统考察，他指出，辽金与高丽经济交流的形式主要有朝贡贸易、使臣夹带贸易、榷场贸易及走私贸易等。② 吕士平把金丽两国关系交往的主体——使节作为考察对象，将金丽使节贸易分为贡赐贸易、私觌贸易、自由贸易和走私贸易四种类型。③ 辽金元时期都曾在鸭绿江和图们江流域建立榷场与高丽进行贸易，李乐营指出，虽然高丽在这种榷场贸易中表现出极大的被动性，但实质上给高丽的向北蚕食带来了极大的契机。④

（3）元丽贸易

陈高华、吴泰合著《宋元时期的海外贸易》、⑤ 陈高华所作《元朝与高丽的海上贸易》⑥ 等对元朝与高丽海上交通路线、商品交换、商人的活动情况进行了探讨，陈高华还通过研究《老乞大》《朴通事》所记载的高丽商人到元大都的沿途所见、贸易活动等情况考察了高丽与元的经济文化交流。⑦ 高荣盛所著《元代海外贸易研究》⑧ 对元丽贸易活动也有所涉及。张雪慧考察、论述了元代中国同高丽经过海、陆交通进行的多种管道、不同形式和规模的贸易往来，以及商业活动对双方社会风习和民众生活的影响与渗透。⑨ 赵淘对高丽入贡元廷、元官员索取的高丽物品进行了

---

① 孙建民、顾宏义：《中国宋朝与高丽外交关系论略》，《洛阳师专学报》1996 年第 1 期。

② 魏志江：《辽金与宋丽关系考》，香港天马图书出版有限公司，2006；魏志江：《辽金与高丽的经济文化交流》，《社会科学战线》2000 年第 5 期。

③ 吕士平：《金丽使节贸易研究》，吉林大学硕士学位论文，2009。

④ 李乐营：《北方游牧王朝与高丽的榷场贸易》，《朝鲜·韩国历史研究》第 17 辑，延边大学出版社，2016。

⑤ 陈高华、吴泰：《宋元时期的海外贸易》，天津人民出版社，1981。

⑥ 陈高华：《元朝与高丽的海上贸易》，《陈高华文集》，上海辞书出版社，2005。

⑦ 陈高华：《从〈老乞大〉〈朴通事〉看元与高丽的经济文化交流》，《历史研究》1995 年第 3 期。

⑧ 高荣盛：《元代海外贸易研究》，四川人民出版社，1999。

⑨ 张雪慧：《试论元代中国与高丽的贸易》，《中国社会经济史研究》2003 年第 3 期。

考证。①

此外，亦有不少学者专门探讨了宋元时期明州、福建（尤其泉州）、山东（尤其登州）等地与高丽的经济贸易活动。②

四　高丽思想、文化史的研究

中国学界对高丽文化领域的研究，除了宗教、文学等之外，关注的焦点主要还是两国的文化交流。在涉及高丽文化史的研究中尤其要提到的是杨昭全的《韩国文化史》，③ 该书是我国首部全面、系统阐述韩国文化史的学术著作，书中第五、六章专门介绍了高丽的宗教、教育、文学、艺术、建筑等方面的内容，总体而言，该书重微观具体而轻理论分析。

以下从五个方面进一步展开介绍。

（一）宗教

1. 佛教

何劲松所著《韩国佛教史》④ 第 8～11 章专门探讨了高丽时期佛教，内容涉及高丽前后期佛教的消长、教派的兴衰以及与政治的关系。金京振所著《朝鲜古代宗教与思想概论》⑤ 第 9 章 "朝鲜高丽时期的佛教与思想" 对高丽时期佛教思想的基本特点、宗派、主要佛教思想家的理论进行了介绍。金京振和李聪等也在论文中探讨了高丽佛教的特点。⑥

关于佛教文化交流，黄有福、陈景富所著《中朝佛教文化交流史》、⑦

---

① 赵淘：《蒙元时期高丽贡物考》，内蒙古师范大学硕士学位论文，2009。
② 代表性文章有：陈高华：《北宋时期前往高丽贸易的泉州舶商——兼论泉州市舶司的设置》，《海交史研究》1980 年第 2 期；宋晞：《明州在宋丽贸易史上的地位》，《史学汇刊》第 14 期，1986；倪士毅、方如金：《宋代明州与高丽的贸易关系及其友好往来》，《杭州大学学报》（哲学社会科学版）1982 年第 2 期；崔菊华：《元代山东与高丽的贸易》，《沧桑》2011 年第 1 期等。
③ 杨昭全：《韩国文化史》，山东大学出版社，2009。
④ 何劲松：《韩国佛教史》，宗教文化出版社，1997。
⑤ 金京振：《朝鲜古代宗教与思想概论》，中央民族大学出版社，2006。
⑥ 金京振：《试论高丽佛教的性质和主要特点》，《韩国研究论丛》第 20 辑，世界知识出版社，2009；李聪：《高丽佛教由王室受容向民族民间化的嬗变》，延边大学硕士学位论文，2009。
⑦ 黄有福、陈景富：《中朝佛教文化交流史》，中国社会科学出版社，1993。

陈景富所著《中韩佛教关系一千年》① 等著作对这个时期高丽与宋辽的佛教文化交流及佛教在高丽的流传作了翔实论述。此外，陈景富所作《试论9～12世纪中韩佛教交流的几个阶段及其各自特点》② 归纳、分析了中朝佛教交流的时代特征。顾宏义所作《宋朝与高丽佛教文化交流述略》指出宋丽佛学交流并不是单方面由中国传向高丽，而是双方互相交流，共同提高。③

僧侣是中朝佛教交流史上的一个重要载体。关于高丽来华僧人，学者关注最多的是义天和尚。高丽中期僧人大觉国师义天是宋丽佛教文化交流史上影响非常广泛的人物。目前中国学者中对义天研究最为全面的要数崔凤春，其所著《海东高僧义天研究》④ 把义天的佛门活动全过程作为研究对象，对其学法、求法和弘法活动进行了极为详细的考证。鲍志成所著《高丽寺与高丽王子》⑤ 对高丽寺的历史沿革作了详细考证，同时也对义天入宋游方求法、礼师及回国弘法作了探讨。此外，其他高丽僧人如义通、慧勤、普愚等亦受到一定的关注。⑥

另外，《高丽大藏经》的相关问题也受到关注。崔光弼、龚文龙等阐述了汉文大藏经形成与东传，《高丽大藏经》产生的时代背景、刊刻雕造、经板移安的过程及影响。⑦ 王德明认为，辽代雕成《契丹藏》之后，该藏经以赏赐、购买等方式传入高丽，这为高丽藏经的雕印提供了重要基础。⑧

---

① 陈景富：《中韩佛教关系一千年》，宗教文化出版社，1999。
② 陈景富：《试论9～12世纪中韩佛教交流的几个阶段及其各自特点》，《韩国研究》第11辑，国际文化出版社，2010。
③ 顾宏义：《宋朝与高丽佛教文化交流述略》，《西藏民族学院学报》（社会科学版）1996年第3期。
④ 崔凤春：《海东高僧义天研究》，广西师范大学出版社，2005。其他学者的相关研究主要包括两方面，一方面主要关注高僧义天在宋、辽的经历，另一方面涉及他的佛学思想。
⑤ 鲍志成：《高丽寺与高丽王子》，杭州大学出版社，1998。
⑥ 代表性论文有：方祖猷：《宋明州高丽宝云义通大师事迹考——兼论其在佛教史上的作用》，《宁波大学学报》（人文科学版）1996年第3期；邵灿园：《中国天台宗中兴与高丽入学僧留华传法》，《山西农业大学学报》（社会科学版）2006年第3期；王珽：《十四世纪高丽僧人慧勤行迹考》，《佛学研究》2002年第1期；李海涛：《高丽太古普愚的临济嗣法及其看话禅思想》，《世界哲学》2018年第3期。
⑦ 崔光弼、龚文龙：《〈高丽大藏经〉的刊刻及其价值》，《内蒙古民族大学学报》（社会科学版）2012年第5期；崔光弼、李春：《〈高丽大藏经〉与东亚地区文化交流》，《图书馆理论与实践》2013年第9期。
⑧ 王德朋：《〈契丹藏〉与高丽佛教》，《兰台世界》2012年6月下。

章宏伟指出，10～14 世纪中国与朝鲜半岛的汉文大藏经交流是双向的互动。①

2. 儒学（教）

李甦平所著《韩国儒学史》② 是中国学者撰写的第一部关于韩国儒学发展演变的学术专著，书中第二章专论高丽时期儒学的发展情况，主要介绍了李穑、郑梦周、郑道传、权近等人的儒学思想。金京振所著《朝鲜古代宗教与思想概论》③ 第八章"朝鲜高丽时期的儒教与思想"亦对高丽的儒教思想作了介绍。在朱子学方面，刘刚划分了朱子学在丽末鲜初传入、传播与发展的阶段。④ 金虎燮、朱七星等重点探讨了朱子学对高丽社会的影响。⑤ 邢丽菊指出，高丽时期儒释道三教虽然各有发展，但呈现很强的交叉发展以及融合的面貌，这种融合现象不是偶然的，而是根植于韩国本民族固有的文化传统中。⑥

3. 道教

金京振所著《朝鲜古代宗教与思想概论》第十章"朝鲜高丽时期的道教与思想"对高丽道教的发展作了介绍。黄勇考察了高丽时期的道教机构，尤其集中探讨了高丽睿宗时期道教的发展情况。⑦

（二）汉文学

从诗人诗作存世状况、朝鲜半岛古人名与字情况、科举发展状况等方面均可看出，高丽前期是朝鲜半岛汉文学全面发展的重要阶段，而真正促成汉

---

① 章宏伟：《10～14 世纪中国与朝鲜半岛的汉文大藏经交流》，《古籍整理研究学刊》2009 年第 6 期。

② 李甦平：《韩国儒学史》，人民出版社，2009。

③ 金京振：《朝鲜古代宗教与思想概论》，中央民族大学出版社，2006。

④ 刘刚：《朱子学传入朝鲜半岛研究（1290～1409）》，暨南大学博士学位论文，2012。类似的论文还有：李甦平：《朱子学在高丽时期的传播与发展》，《南昌大学学报》（人文社会科学版）2013 年第 1 期。

⑤ 金虎燮：《高丽末朱子学的社会作用》，延边大学硕士学位论文，2006；朱七星：《朱子学在朝鲜的传播与影响》，《朱子学新论：纪念朱熹诞辰 860 周年国际学术会议论文集》，1991。

⑥ 邢丽菊：《高丽时期儒释道三教的发展及相融》，《辽宁大学学报》（哲学社会科学版）2014 年第 6 期。

⑦ 黄勇：《高丽道观福源宫考》，《世界宗教研究》2013 年第 5 期；黄勇：《高丽睿宗与道教》，《四川大学学报》（哲学社会科学版）2014 年第 4 期；黄勇：《试论高丽睿宗的道教政策——以福源宫的建造为中心》，《东北师大学报》（哲学社会科学版）2015 年第 4 期；黄勇：《高丽王朝的道教机构》，《宗教学研究》2017 年第 1 期；黄勇：《高丽道殿九曜堂考》，《韩国研究论丛》2017 年第 2 辑，总第 34 辑，社会科学文献出版社，2017。

文学发展的主要动因，刘畅认为是宗藩关系下的慕华思想以及在此背景下形成并不断完善的教育制度。① 对高丽汉文学史的研究成果非本文所能详言，在此仅能举其大概。刘强所著《高丽汉诗文学史论》② 对高丽汉诗文学史的分期问题，以及高丽各个阶段汉诗文学的发展情况作了深入探讨，是中国学界关于高丽研究中为数不多的专题性著作之一。韦旭升所著《朝鲜文学史》和《韩国文学史》、③ 何镇华所著《朝鲜文学研究论集》、④ 朴忠禄所著《朝鲜文学论稿》、⑤ 李岩所著《中韩文学关系史论》和《朝鲜中古文学批评史研究》、《朝鲜文学的文化观照》⑥ 等著作中对高丽时期汉文学发展的情况均有翔实论述。此外还有金台俊著、张琏瑰译《朝鲜汉文学史》，⑦ 赵润济著、张琏瑰译《韩国文学史》，⑧ 李家源著、沈定昌等译《朝鲜文学史》⑨ 等相关著作，都涉及了高丽汉文学的情况。论文方面数量甚多，暂不备举。中国文人对高丽文坛的影响是学界关注的热点之一。⑩ 此外，对高丽文人的个案研究亦是热门课题，学界对林椿、李齐贤、李奎报、李穑、郑梦周等人关注最多，成果丰硕，由于篇幅所限，有关论文在此不具引。

（三）服饰文化

张雪芳认为，在高丽服饰发展过程中，外来服饰的影响首先从高丽上层吸纳，并逐渐向下层扩散，但是下层庶民阶级由于地位低下，并受到统治阶级的管制，所以服饰更多地保留了本国固有的样式。⑪ 林丹则从元对高丽、

---

① 刘畅：《论高丽前期汉文学发展主要动因》，《东疆学刊》2019 年第 1 期。

② 刘强：《高丽汉诗文学史论》，厦门大学出版社，2008。

③ 韦旭升：《朝鲜文学史》，北京大学出版社，1986；《韩国文学史》，北京大学出版社，2008。

④ 何镇华：《朝鲜文学研究论集》，中国广播电视出版社，1992。

⑤ 朴忠禄：《朝鲜文学论稿》，北京大学出版社，1994。

⑥ 李岩：《中韩文学关系史论》，社会科学文献出版社，2003；《朝鲜中古文学批评史研究》，人民文学出版社，2015；《朝鲜文学的文化观照》，商务印书馆，2015。

⑦ 〔韩〕金台俊：《朝鲜汉文学史》，张琏瑰译，社会科学文献出版社，1996。

⑧ 〔韩〕赵润济：《韩国文学史》，张琏瑰译，社会科学文献出版社，1998。

⑨ 〔韩〕李家源：《朝鲜文学史》，沈定昌等译，香港社会科学出版社有限公司，2005。

⑩ 代表性文章有：金卿东：《高丽、朝鲜时代士人对白居易的"受容"及其意义》，《文学遗产》1995 年第 6 期；崔雄权：《高丽文人笔下的陶渊明形象》，《延边大学学报》（社会科学版）2007 年第 1 期；刘艳萍：《韩国高丽文学对苏轼及其诗文的接受》，《延边大学学报》（社会科学版）2008 年第 4 期等。

⑪ 张雪芳：《高丽王朝服饰研究》，延边大学硕士学位论文，2012。

高丽对元两个角度分析双方服饰受到的影响程度并探究了其服饰相互影响的成因。① 孙雨苗、王厉冰剖析了高丽时期政治与服饰制度的联系。②

（四）音乐文化

高丽乐由雅乐、唐乐、俗乐组成。通常认为前二者来源于宋代的大晟乐和教坊乐，俗乐则是本土音乐部类。但王小盾经考察指出，高丽俗乐实有深厚的中国渊源。③ 王彦龙阐述了《高丽史·乐志》中所体现的中国儒家音乐思想，并对《高丽史·乐志》取法儒家经典《周易》的辩证思维作了探讨。④ 徐海准、陈真比较了宋雅乐和高丽大晟雅乐，探讨了高丽雅乐的特征。⑤

（五）文化交流

历史上中国与朝鲜半岛关系之密切世所罕见，而文化交流在双方关系中占据重要地位且影响深远。相关内容也是学界较早关注的议题，前已提及的多部中朝关系通史著作中均有涉及，其中杨昭全《中国—朝鲜·韩国文化交流史》⑥ 是一部全面、系统阐述中朝数千年文化交流的学术著作，当中就包含高丽时期中朝文化交流的相关内容。此外，专论10～14世纪中朝文化交流的论著也有不少，以下分别作简要介绍。

1. 宋丽交流

杨渭生从典籍、印刷术、人才、教育、医药、科技、文学、音乐、舞蹈、书画、宗教等方面，对宋与高丽之间的交流作了极为详细的考证。⑦ 李

---

① 林丹：《元朝服饰与高丽服饰及相互影响研究》，内蒙古师范大学硕士学位论文，2019。涉及高丽服饰对元朝影响的文章还有：王子怡：《"宫衣新尚高丽样"——元朝大都服饰的"高丽风"研究》，《艺术设计研究》2012年第3期；许风云：《元朝末年大都服饰"高丽风"形成的原因》，《齐齐哈尔大学学报》（哲学社会科学版）2015年第5期。

② 孙雨苗、王厉冰：《高丽时代政治对服饰制度演进的影响》，《服装学报》2018年第2期。

③ 王小盾：《高丽俗乐的中国渊源》，《中国社会科学》2012年第7期。

④ 王彦龙：《中国儒家音乐思想对〈高丽史·乐志〉的影响研究》，中国音乐学院硕士学位论文，2017。

⑤ 徐海准、陈真：《朝鲜半岛高丽时期的宫廷仪式音乐研究》，《星海音乐学院学报》2016年第4期。

⑥ 杨昭全：《中国—朝鲜·韩国文化交流史》，昆仑出版社，2004。

⑦ 杨渭生：《宋丽关系史研究》，杭州大学出版社，1997。

梅花则把研究的视野放得更广，对宋朝与高丽、日本的文化交流进行了较为系统深入的考察。① 陈玉龙等所著《汉文化论纲——兼述中朝中日中越文化交流》② 中在"五代至宋时期中国与高丽的文化交流"一节也讨论了类似问题。关于宋丽文化交流方面的文章还有不少，③ 其中陈尚胜认为在接受汉文化方面高丽追求对中国古典文化的全面吸收和模仿，而日本却有鲜明的"筛选"意识和现实意识。

2. 辽金—高丽交流

魏志江所著《辽金与高丽关系考》④ 有专门章节对辽金与高丽的文化交流进行了详细论述，涉及宗教、礼法、文学、天文星历、史学与艺术等各方面；王承礼、李亚泉和王巍等学者通过对高丽义天和尚著作中关于辽人佚文、辽人佛学著作的考察，揭示了辽丽佛教文化交流的史实。⑤

3. 元丽交流

朴真奭、王崇实、严圣钦、孙红梅、陈高华、吴明微等从建筑、历法、医学、秤制、礼仪、书籍、理学、习俗、宗教、造船技术、火药制造技术、印刷术、书法、音乐等方面考察了高丽与蒙元的文化关系，⑥ 其中孙红梅还重点从饮食、服饰、音乐、舞蹈等方面探讨了高丽对元朝的

---

① 李梅花：《10～13 世纪宋丽日文化交流研究》，华龄出版社，2005；《宋丽使节往来与文化交流》，《东疆学刊》2007 年第 3 期。

② 陈玉龙等：《汉文化论纲——兼述中朝中日中越文化交流》，北京大学出版社，1993。

③ 例如，宋晞：《宋元时代与日、丽的文化关系》，《历史月刊》第 104 期，1996；孙建民、顾宏义：《略论宋文化对高丽的影响》，《解放军外语学院学报》1996 年第 3 期；陈尚胜：《宋朝和丽日两国的民间交往与汉文化传播——高丽和日本接受宋朝文化的初步比较》，《中国文化研究》2004 年第 4 期等。

④ 魏志江：《辽金与高丽关系考》，香港天马图书出版有限公司，2006。

⑤ 王承礼、李亚泉：《高丽义天大师著述中的辽人文献》，《社会科学战线》1993 年第 2 期；王巍：《义天与辽和高丽的佛教文化交流》，《东北师大学报》（哲学社会科学版）1994 年第 5 期。

⑥ 朴真奭：《十三世纪后半期—十四世纪元与高丽的科技交流》，《延边大学学报》（社会科学版）1981 年第 4 期；王崇实：《元代蒙古族习俗对高丽的影响》，《中国典籍与文化》1993 年第 3 期；严圣钦：《高丽和蒙元的文化关系》，《第二届韩国传统文化学术研讨会论文集》（文化卷），学苑出版社，2001；孙红梅：《元朝与高丽"舅甥之好"及两国文化交流》，吉林大学硕士学位论文，2006；陈高华：《元朝与高丽的文化交流》，《韩国研究论丛》第 19辑，世界知识出版社，2008；吴明微：《高丽向元朝人口迁移中的音乐文化交流》，《福建师范大学学报》（哲学社会科学版）2015 年第 5 期；吴明微：《元代朝贡制度下中国与高丽的音乐文化交流》，《人民音乐》2016 年第 6 期。

影响。

此外，还有不少学者以典籍、瓷器、音乐、美术、《老乞大》等为切入点展开宋元与高丽文化交流的个案研究，这方面成果亦相当丰硕，限于篇幅，有关论文在此不具引。

五 结语：反思与展望

近代以来，特别是近 40 年来，中国学界的高丽史研究取得了长足进展，成就不凡。中国学者对高丽史的相关研究是积极的，在诸多领域都作了十分有益的探索，许多文章考证精细，论述缜密，具有很大的启发性，为进一步的研究奠定了基础，开拓了思路。同时也无须讳言，已有研究仍然存在诸多明显的不足，进而据此得出有关未来发展的若干展望。

第一，突破传统的关系史研究视角，拓展新的研究视野，重视研究对象即高丽本身的"主体叙事和主体意识"。回顾已有的研究不难发现，中国学界有关高丽史的研究，绝大部分聚焦于与中国有关的关系史领域，较少涉及高丽历史本身内容的直接研究。例如，上述研究中绝大部分是从中国王朝（宋、辽、金、元、明）的角度来探讨与同时期高丽的关系，仅有杨渭生等少数学者在研究中简单涉及过高丽本身的历史进程。[1] 而在一系列重大问题上，比如韩、日学界较关注的高丽"贵族社会论"、"多元社会论"、家族制、武人政权等领域，中国学界几乎尚未真正开展过相关研究；即使在上述已经涉及的政治制度、社会经济、思想文化等各方面的研究，也是侧重于交流史的比较考察，还未做到较为全面、系统而深入的研究。

中国历代典籍中关于朝鲜半岛的记载浩如烟海，上层知识阶层关注、研究朝鲜半岛的传统历来就有。中国学界在继承先辈这一"历史传统"的同时似乎也"天然地"形成了"从中国史的延长线角度"[2]"以中国视角来关注与研究韩国历史"[3] 的研究倾向。某种程度上说，在中国本该作为"世界

---

① 如杨渭生将高丽历史分为四个时期，即草创时期，太祖—定宗；丽朝前期，光宗—仁宗；丽朝中期，毅宗—元宗；丽朝后期，忠烈王—恭让王。

② 冯立君：《韩国学的"古代对外关系史"视角》，《当代韩国》2015 年第 1 期。

③ 权赫秀：《中国学界的朝鲜史研究与教学：历史的回顾与基于现实的展望》，《东亚世界的裂变与近代化》，中国社会科学出版社，2013，第 490 页。

史"之一部分的高丽史研究是依附或从属于中国史、中外关系史的。归根到底，是因为中国高丽史研究的学术基础还不够坚实。中国学界至今还没形成一支成熟的包括高丽史在内的朝鲜半岛古代史（此指整个前近代，即包含韩日学界所指的古代史、中世史、近世史）研究团队。[①] 长期以来，中国学界从事朝鲜半岛古代史以及古代中朝关系史研究的大部分人是国内研究中国古代史（或是涉及中外关系史）出身的专家学者，正如中国台湾学者黄宽重所言，"中朝关系的史料以中文为主，而且历史上多因中国政局的变动影响两国关系的发展，此一现象使得许多熟悉各朝文献的国史研究者兼治中朝关系史"。[②]

第二，运用多方史料进行更加系统、细化的研究，增加论题的精细化、深入化程度。回顾近百年研究历程，有关高丽史或者该时期中朝关系史的专著寥寥无几。延边大学出版社出版的《朝鲜通史》第2卷（高丽王朝时期）可以算得上是中国学界至今唯一的一部高丽王朝断代史专著，但仍属于大学教材性质。而专题著作仅有上文所提及的《宋丽关系史研究》《辽金与高丽关系考》《元朝与高丽关系研究》《元代高丽贡女制度》等少数几种。论文数量尽管不在少数，但是概述性文章所占比重较大，大多仅限于简单的史实叙述，在宏观与微观、面与点的研究上没有达到很好的结合，缺乏系统性和完整性，研究方法与理论性思考等方面也依然有较大的提升空间。寻找新的叙事框架、范式与结构是当前的挑战。总之，中国学界的高丽史研究在量和质方面都还有很大的提升空间。事实上，"有关朝鲜半岛历史的研究在国内学界整个世界历史研究学科的地位与影响也是相当薄弱的"。[③] 在这种情况下，高丽史研究在中国学界的朝鲜半岛史研究中更是一个相对薄弱的领域。

第三，活跃学术对话，进一步扩大国际视野。尽管从学科属性上来说，包括高丽史在内的朝鲜半岛历史属于世界史范畴，然而大部分专家学者对国外学界相关研究动态的关注度还不够高，较少参考以及借鉴韩、朝、日乃至

---

① 长期以来，由于各种原因，国内仅有延边大学形成专门的朝鲜半岛古代史的研究、教学团队，其也是全国唯一一个以朝鲜半岛历史为主要研究方向的硕士、博士两个层次的学位点。

② 黄宽重、张斐怡：《海峡两岸中韩关系史研究的回顾与展望》，《韩国学报》第16辑，台湾韩国研究学会，2000。

③ 权赫秀：《最近三十年国内学界有关朝鲜半岛近现代史研究综述》，《朝鲜·韩国历史研究》第10辑，延边大学出版社，2009。

西方等国外学者的研究成果，缺乏与国际学界的深入交流与平等对话。这样既难以对国外相关研究成果作出中国学界的响应，而我们的研究成果也无法引起国外学界的关注与重视，国际性的学术交流合作亦无法展开。与中国和朝鲜半岛之间交往的历史和现实相比，包括高丽史在内的历史学领域的学术交流与合作还有很大的拓展空间。国外学界的研究方法、选题意识也许是能为我所用的"他山之石"。

The Research Status and Prospect of Goryeo History Studies in China

Li Tingqing, *Wei Zhijiang*

Abstract   Since modern times, Chinese scholars have made a very helpful exploration of the history of Goryeo Dynasty by addressing many related issues involving the kingdom's diplomacy, politics, society, economy, culture and so on. Among them, there are quite a few valuable and enlightening works, which lay the foundation for future research. Despite this, there are still some shortcomings in the existing studies. The following is some suggestions for correcting them. First of all, from now on, there should be new research approaches adopted and the traditional approach of the history of international relations shouldn't be excessively emphasized any longer. Secondly, research topics should be refined and the discussions revolving around them should be deepened. Lastly, there should be more academic exchanges conducted, since these activities are of great significance to broaden Chinese scholars' international vision.

Keywords   The History of Goryeo Dynasty; Foreign Relations of Goryeo; Economy of Goryeo; Culture of Goryeo

社会与经济

韩国公共卫生危机管理机制研究

【内容提要】 自新冠肺炎疫情在韩国蔓延以来，韩国政府及时修改《传染病预防与管理法》《检疫法》《医疗法》等法律，建立了应对突发公共卫生危机的法律体系。并根据法律建立了公共卫生危机管理机制，即设立疾病管理本部，由本部全权负责公共卫生危机管理；建立传染病预警系统，根据预警级别采取相应措施；建立传染病危机分析评价体系，迅速判断危机程度；制定传染病预防及管理相关对策，迅速应对疫情；建立传染病防疫体系，应对新冠肺炎疫情。韩国公共卫生危机管理机制特点在于建立了从中央到地方的应急管理指挥系统；采取了"早准备、多检测、重隔离"的防疫措施；充分利用科技优势有效控制了疫情；通过信息公开、透明，获得了国民理解与支持。

【关键词】 韩国　新冠肺炎疫情　公共卫生危机管理

【作者简介】 田香兰，天津社会科学院日本研究所所长、研究员，东北亚区域合作研究中心研究员，法学博士，主要从事日韩老年社会福利及老龄产业研究。

　　韩国文在寅政府充分吸取了 2015 年中东呼吸综合征（MERS）的惨痛教训，积极完善了公共卫生危机管理机制。韩国在应对新冠肺炎疫情上取得了显著成效，其抗疫经验得到了世界普遍认可。韩国的抗疫经验在于公共卫生应急系统启动迅速、部门设置合理、成员分工明确、付诸行动迅速。一是中央防疫对策本部、中央灾难安全对策本部、地方灾难安全对策本部有机协同，强化了重大疫情中的统筹指挥能力。二是迅速透明公开信息，并通过 1339 和保健所，建立了国民咨询体系。三是通过宣传及引导加强社会治理，使国民遵守社会公德，并参与政府决策过程。四是支援被隔离人员生活，及时公布与国民生活密切相关的信息。韩国政府在这场抗击新冠肺炎疫情的战争中，充分发挥了韩国完善的危机预警机制和应急管理体系的制度优势，在规范、引导和服务中注重社会疏导能力的发挥并取得了明显效果。①

一 从中东呼吸综合征疫情到新冠肺炎疫情

1. 韩国中东呼吸综合征疫情回顾及控制疫情失败的原因

2015 年 5 月 20 日，韩国曾暴发中东呼吸综合征疫情，由于朴槿惠政府应对疫情失当，首尔成为中东呼吸综合征疫情最严重的地区，引发国际社会的广泛关注。从出现首例输入型病例到 7 月 27 日解除最后一名隔离对象，在短短 2 个月时间，疫情迅速扩散，最终导致 186 人确诊，36 人死亡，隔离了 16693 人。与其他非中东国家相比，输入型疫情为何在韩国迅速扩散？主要原因有以下三点。一是韩国僵化的公共卫生危机管理机制导致政府各部门之间、中央与地方之间缺乏协同性，无法共同应对疫情，影响了组织效率和连贯性，延误了时机。二是传染病诊断及治疗技术落后，未能拿出快速诊断的试剂、明确的治疗方案和有效药物。三是信息披露缺乏客观性和信息不对称引起国民不安和不信任。当公共卫生危机发生时，政府单靠屏蔽信息来阻止危机蔓延只能造成公众对政府的信任危机。

2. 韩国新冠肺炎疫情现状及控制疫情成功的原因

韩国新冠肺炎疫情经历了三个阶段。第一阶段：2020 年 1 月 19 日至 2 月 17 日，韩国病例增加缓慢，近 1 个月只增加了 30 例。第二阶段：2020 年 2 月 17 日至 3 月 6 日，韩国出现第 31 例确诊患者，该患者为"超级传播者"，引发多米诺骨牌效应，确诊病例快速飙升至 6284 例。第三阶段：2020 年 3 月 6 日至 5 月 16 日，韩国新增病例减少，16 日只增加了 10 例。据韩国疾病管理本部公布的消息，截至 2020 年 5 月 16 日，韩国新冠肺炎累计

---

① 王生：《从疫情防控机制看韩国应急管理体系》，《人民论坛》2020 年第 10 期。

确诊患者 11037 例，死亡患者 262 例。① 韩国之所以能够较快遏制疫情的蔓延，主要归功于韩国经历中东呼吸综合征后建立的公共卫生危机管理机制。韩国政府设立公共卫生危机管理指挥部——疾病管理本部②，加强传染病预警系统、建立传染病危机分析评价体系、制定传染病预防及管理对策、建立传染病防疫体系，积极应对疫情蔓延。

二　韩国及时修改公共卫生危机管理相关法律

为了应对新冠肺炎疫情，2020 年 2 月 26 日，韩国国会通过了《传染病预防与管理法》《检疫法》《医疗法》部分修订案，统称"新冠三法"，为应对新冠肺炎疫情奠定了法律基础。《传染病预防与管理法》修订案规定，当传染病预警级别达到二级"注意"阶段，就向老年人、儿童及贫困人员提供口罩等防护用品。该法案还规定当药品、口罩等价格暴涨或供应短缺时禁止出口，对于违反法律出口药品及防护用品者，处以罚款。该法案为隔离传染病疑似患者及流行病学调查提供了法律依据。如疑似患者拒绝接受检查或拒绝向保健医疗机构提供个人行程信息，将被处以 300 万韩元以下罚款。对于违反自我隔离措施或拒绝住院治疗者，处以 1000 万韩元以下罚款或判处 1 年以下有期徒刑。③《检疫法》修订案规定，保健福利部长官必须每 5 年制订一次检疫管理基本计划，准许保健福利部通过信息系统获得相关信息，允许检疫机关使用信息化设备。该法为设置及运营检疫所提供了法律依据，并规定国家有义务对检疫人员进行定期业务培训。按照该法，政府有权拒绝传染病发生国人员或存在传染危险的国家人员入境。《医疗法》修订案规定，由保健福利部长官负责建立医疗监督体系，对感染源进行医学监督，以防医疗机构被感染。该法要求政府建立诊疗记录保管体系，以保证医疗机构休业或停业时能够安全保管相关诊疗记录。

---

① 《COVID - 19 现状》，韩国新冠肺炎疫情网站，2020 年 5 月 16 日，http://ncov.mohw.go.kr/。
② 疾病管理本部于 2020 年 9 月升格为疾病管理厅，仍属于韩国保健福利部。考虑到韩国政府采取的疫情防控措施基本成形于疾病管理本部时期，因此本文仍沿用疾病管理本部称呼。
③ 《新冠三法》，2020 年 5 月 9 日，https://namu.wiki/w/% EC% BD% 94% EB% A1% 9C% EB% 82% 98% 203% EB% B2% 95。

三　韩国公共危机管理机制主要内容

1. 设立疾病管理本部，由本部全权负责公共卫生危机管理

韩国疾病管理本部隶属于保健福利部，是韩国公共卫生预警及应对指挥部，在公共危机管理中发挥核心作用。疾病管理本部制定及修改疾病管理相关计划；负责申报及管理传染病；收集、分析及交换信息；开展流行病学调查、分析传染病特点、支援地方自治体的流行病学调查；制定传染病实验室检查计划和检测标准；制定传染病病原体的国家标准，确立标准检测法；分析传染病病原体的分子特点；制定传染病污染地区入境检疫计划及统一管理。疾病管理本部设有紧急状况中心、传染病管理中心、传染病分析中心、疾病预防中心 4 个中心和国立保健研究院、国立检疫所 2 个机构。紧急状况中心集中统一管理所有传染病有关的信息，协助相关机构对现场进行指挥、管控和支援。该中心下设 5 个职能处，即危机应对及生物反恐处、检疫支援处、资源管理处、危机分析国际合作处、新型传染病应对处。危机应对及生物反恐处下设 24 小时紧急状况室。24 小时紧急状况室负责实时收集国内外传染病信息，实时应对传染病发生，迅速判断传染病危机等级，派遣现场应急对策小组，与相关部门协同对现场进行指挥。国立检疫所对传染病污染地区入境人员进行检疫；对检疫阶段所发现的疑似患者、接触人员进行跟踪调查并通报各市（道）；管理和监督检疫区域内媒介，检测传染病病原体。

2. 建立传染病预警系统，根据预警级别采取相应措施

韩国传染病预警系统分为一级关注（蓝色）、二级注意（黄色）、三级警戒（橙色）、四级严重（红色）四个等级（见表1）。新冠肺炎疫情暴发后，韩国政府迅速启动传染病预警系统，严格按照预警级别采取相应措施。

表1 韩国传染病预警系统与新冠肺炎疫情

等级	危机类型及应对措施	新冠肺炎疫情期间相应措施
一级关注(蓝色)	危机类型:国外发生和流行新型传染病 国内发生不明原因传染病 应对措施:建立传染病对策班子 监测和监控危机程度 采取现场防疫措施	2020年1月8日,中国湖北省武汉市发生新冠肺炎疫情,韩国政府启动危机警报,进入"关注"阶段。韩国疾病管理本部紧急状况中心负责密切关注国外疫情动向
二级注意(黄色)	危机类型:出现输入型传染病 国内出现传染病 应对措施:设立中央防疫对策本部 实施现场防疫 加强监测及监控	2020年1月20日,韩国出现第1例新冠肺炎患者,进入"注意"阶段。疾病管理本部设立中央防疫对策本部,本部长由疾病管理本部长兼任。本部实施流行病学调查,并协调地方自治体做好防疫工作
三级警戒(橙色)	危机类型:在局部地区出现传染病 传染病在社会传播 应对措施:启动中央事故处理本部 加强跨部门、跨机构合作 加强防疫及监控	2020年1月27日,韩国出现4名新冠肺炎确诊患者,进入"警戒"阶段。保健福利部成立中央事故处理本部,由保健福利部长官担任本部长。中央事故处理本部加强医疗机构应对能力,采取早发现早隔离措施
四级严重(红色)	危机类型:在社会传播或在全国蔓延 应对措施:总理主持政府扩大会议,动员政府力量 启动中央灾难安全对策本部	2020年2月23日,韩国新天地教会出现大规模集体感染事件,进入最高阶段"严重"。政府成立中央灾难安全对策本部,由总理担任本部长

资料来源:根据韩国疾病管理本部网站《传染病预警系统》(http://www.cdc.go.kr/
contents.es? mid = a20301020300)的内容整理。

3. 建立传染病危机分析评价体系,迅速判断危机程度

通过综合分析新型传染病的信息和动向,早期预测危机状况。通过建立危机分析评价体系,迅速判断危机程度,并采取有效措施。根据收集到的信息采取指标和事件两种监控方式,通过定量分析,对危机程度进行分析、解释及评价(见表2)。

表 2　韩国传染病危机分析评价体系

区分	指标监控	事件监控
信息收集	利用传染病监控体系收集信息： 1. 监控患者（保留标本）； 2. 监控病原体（呼吸道感染症状等）； 3. 监控传染病媒介（蝙蝠、骆驼等）	通过事件全过程，收集事件有关信息： 1. WHO 及各国公布的信息； 2. 国内外媒体发布的信息； 3. 传染病有关的新闻； 4. 通过呼叫中心及紧急状况室了解信息； 5. 通过国际会议及各种活动收集信息
分析	定量分析（统计分析、GIS 分析）	定量分析（掌握情况，对前因后果进行分析评价）
解释评价	对危机程度进行分析、解释及评价： 国内：根据定量要求判断是否采取应对措施； 国外：判断是否从国外流入，决定是否启动国内危机应对体系	

资料来源：《传染病危机分析评价体系》，韩国疾病管理本部网站，2020 年 4 月 15 日，http：//www. cdc. go. kr/contents. es？ mid ＝ a20301020500。

4. 制定传染病预防及管理相关对策，迅速应对疫情

传染病预防及管理相关对策包括完善传染病应对体系、建立健康合作体系、加强传染病预防管理措施、建立传染病技术创新平台、加强应对传染病的基础（见表 3）。主要通过早期发现传染病并迅速应对，加强相关组织机构及体系，从而保护国民健康和生命。建立应对传染病的技术创新平台，致力于早期探测、危险分析、迅速诊断、治疗药物及疫苗开发。

表 3　韩国传染病预防及管理相关对策

序号	相关体系	具体对策
1	完善传染病应对体系	加强应对传染病的能力；建立应对生物恐怖传染病的体系；建立应对新型传染病的体系；应对不明原因集体传染事件；防止突发感染事件及军队内传播传染病

序号	相关体系	具体对策
2	建立健康合作体系	探明输入型及食品媒介传染原因;防止呼吸性传染病在社区传播;加强抗生素耐药性管理及研究
3	加强传染病预防管理措施	医疗相关感染管理;预防病毒感染及转为慢性
4	建立传染病技术创新平台	建立迅速、准确的监督体系;加强新一代传染病信息系统;建立实验室诊断检测体系;做好传染病病原体安全管理;实现国家防疫体系和研发体系间的协同
5	加强应对传染病的基础	建立国家疫苗供给体系;加强公共疫苗研发基础;通过严格检疫杜绝国内流入;加强传染病危机沟通机制;加强国际合作,培养人才

资料来源:《2020 年度传染病管理事业指针》,韩国疾病管理本部网站,2020 年 4 月 15 日,http://www.cdc.go.kr/board.es?mid=a20507020000&bid=0019&act=view&list_no=365612。

5. 建立传染病防疫体系，应对新冠肺炎疫情

当国外出现新冠肺炎疫情时，韩国立即采取限制入境等措施切断流入。当韩国国内出现输入型疫情，立刻开展流行病学调查、追踪患者活动轨迹、采取隔离措施。疫情发生早期，扩大核酸检测范围，防止疫情扩散。根据新冠肺炎病情轻重，采取分级治疗模式。对于普通患者，开放国民安心医院；为支援国民生活，建立生活支援中心，支援防护用品（见表 4）。

表 4　韩国传染病防疫体系

1. 切断流入	2. 患者出现时应对措施	3. 早期发现患者
·限制入境 ·制定特别入境手续 ·减少旅行 ·向医疗机构提供旅行经历	·开展流行病学调查 ·公开患者活动轨迹 ·接触人员自我隔离 ·采取现场防疫措施	·扩大诊断范围 ·增加鉴别诊所数量 ·采取多种核酸检测方式 ·对新冠肺炎患者进行检查诊断

续表

4. 治疗新冠肺炎患者	5. 治疗普通患者	6. 确保资源及支援
·按病情轻重对患者进行分类并配置病床 ·经验性治疗药物的管理和供给 ·对治疗药物进行临床试验和研发	·开放国民安心医院 ·允许用电话开处方	·建立生活支援中心及确保病床 ·确保医疗人力 ·支援防护用品及装备

资料来源：《韩国应对新冠肺炎受到世界瞩目》，〔韩〕《世界日报》2020 年 5 月 7 日。

四　韩国公共卫生危机管理机制特点

1. 建立从中央到地方的应急管理指挥系统

韩国政府根据传染病预警系统的不同等级，采取不同的应对措施。在预警一级"关注"和二级"注意"阶段，由保健福利部所属疾病管理本部负责管理疫情。一旦疫情发生，疾病管理本部迅速成立中央防疫对策本部，启动 24 小时应急管理体系，统一监控患者、诊断检查疑似病例。地方自治体也启动防疫对策班子，加强对社区患者的监控及接触人员的管理。疫情升级到三级"警戒"阶段，由保健福利部直接管理疫情。保健福利部成立中央事故处理本部，由保健福利部长官担任本部长。保健福利部协同国防部、警察厅、地方政府共同抗疫。疫情升级到四级"严重"（最高级别）阶段，中央启动中央灾难安全对策本部，本部长由国务总理担任，举全国之力全力应对疫情。中央灾难安全对策本部成立两个本部，一个是中央事故处理本部，由保健福利部长官兼任，主要负责中央防疫对策事务；另一个是泛政府支援本部，由行政安全部长官兼任，负责协调中央与地方自治体间的关系。各地也纷纷设立灾难安全防疫对策本部，动员公共和民间医疗机构积极配合政府共同应对疫情。以首尔市铜雀区为例，由区长兼任本部长，召开紧急会议，积极应对新冠肺炎疫情。开设鉴别诊所，建立区域防疫体系。社区保健所和指定诊所收治新冠肺炎疑似患者。为了防止医院内发生交叉感染，保健所增加新冠肺炎诊疗业务，医护人员从 10 人增加到 17 人，分 3 组（总务组、防疫组、调查组）应对疫情。铜雀区政府同辖区内的 757 家诊所、医院和药店合作，要求有症状的患者不要直接前往医院，而是先到保健所进行咨询和诊疗。总务组主要负责应对传染及对外合作、防疫物品管理。防疫组主要负责对居住空间、公共设施、公交站、道路进行消毒。调查组主要负责保护居民，上门护士调查居民疫情状况、易感染人群管理、接受居民咨询。

2. 采取"早准备、多检测、重隔离"的防疫措施

2020 年 1 月中旬，中国政府发布病毒基因序列后韩国政府迅速批准研发检测系统。卫生部门、研发机构及制药公司形成合力生产出检测试剂和设备。经政府紧急批准后迅速投放市场，保证全部疑似患者尽快得到检测和及时治疗。为了尽早发现传染病患者，韩国政府指定鉴别诊所和专门检测机构进行检测和接受咨询。有相关症状的人首先要拨打 1339 或 120，或到离家近的鉴别诊所或辖区保健所进行咨询和检查。鉴别诊所主要针对有咳嗽、发热等传染病疑似症状的患者进行诊疗。截至 2020 年 3 月 16 日，全国共有 635 家保健所和医疗机构开设了鉴别诊所，其中 94.8%（约 602 家）可以直接进行检测。[1] 在韩国，能进行诊断检查的机构共有 118 家，其中公共机构 23 家、医疗机构 81 家、检查机构 14 家，诊断试剂厂家有 5 家。韩国采取应测尽测的防疫手段，只要怀疑自己被感染，不管有无症状，都可以接受免费检测。韩国采取世界上最先进的免下车检测、简易亭检测等多种检测方式，做到短时间内大量检测，从而避免医护人员及医院内部交叉感染。检测过程只需 10 分钟，检测后 48 小时内通过手机 APP 通知检测结果，准确率高达 98%。截至 2020 年 5 月 14 日，核酸检测量累计达到 71.1 万件，单日可检测近 2 万人。韩国根据症状轻重，采取分级治疗模式，轻症患者居家隔离，重症患者集中住院，从而防止医疗体系崩溃。国立中央医院专门收治新冠肺炎重症患者。利用公共培训大楼和大企业培训大楼收治轻症患者及疑似患者。

3. 充分利用高科技优势有效控制疫情

韩国作为 IT 强国，利用 IT 技术和大数据对新冠肺炎患者进行管理，

---

① 韩国中央灾难安全对策本部：《大韩民国防疫体系》，2020 年 4 月 1 日，http：//ncov.mohw.go.kr/。

开展流行病学调查。政府同信用卡公司合作，了解患者活动轨迹，并进行追踪，从而及时控制疫情扩散。主要通过查看确诊患者的信用卡使用情况、检查探头、定位手机位置等方式掌握确诊患者活动轨迹，并向社会公布，防止追加感染，确认接触情况。例如，首尔九老区某大厦发生集体感染事件后，政府利用手机信号对曾在大厦内停留过5分钟以上的人员进行查找，共找到16628人，并通过打电话、发短信等方式询问有无症状。

表5　韩国利用 IT 技术抗疫的案例

序号	案例	主要内容
1	自诊 APP（入境者管理）	要求入境人员在手机上安装自我诊断新冠肺炎症状的 APP，如果连续两天出现相关症状，就要求做病毒检测
2	自我隔离安全保护 APP	对于与确诊患者有过接触的疑似人员，要求自我隔离一段时间，并通过手机实时上传健康状况，接受有关部门监督
3	人工智能护理呼叫	韩国最大搜索引擎（NAVER）的人工智能（AI）系统自动连接监视器，并将监视画面上传给政府有关部门
4	口罩隔5日轮购制	为了向国民公平提供购买口罩的机会，采取轮购制，按照出生年度尾数购买口罩
5	口罩位置通报 APP	向国民实时通报口罩销售店铺位置、库存情况、入库时间等信息，方便购买
6	公开确诊者信息系统	用短信将疫情相关的预报、警报、通知及应急措施发送给国民
7	自我隔离制度	为了管理疑似患者等非住院患者居家隔离而采取的措施
8	鉴别诊所查询 APP	在医院外设立鉴别诊所，对疑似患者进行车内核酸检测
9	生活治疗中心	利用国家公共设施和大企业培训用建筑，收治轻症患者
10	国民安心医院	疫情期间其他疾病患者能够利用的医疗机构

资料来源：《韩国应对新冠肺炎受到世界瞩目》，〔韩〕《世界日报》2020 年 5 月 7 日。

4. 通过信息公开、透明，获得国民理解与支持

疫情发生后，政府第一时间提供准确、透明的信息。一开始就以完全透明的方式应对这场疫情，从而赢得了公众的信任和支持。在现代社会里只有国家才能最方便地获取和传达最全面的信息，国家对相关信息和事态的敏感度和对信息与事态的负责任的处理在应对传染病时，尤其是在初期的防扩散黄金时期至关重要。① 韩国在应对 2015 年中东呼吸综合征时迟迟不肯公开患者入住过的医院名单等信息，引起国民恐慌及愤怒，导致国民对政府失去信心和信任。面对新冠肺炎疫情，政府认识到只有信息披露和信息公开，使国民了解疫情全貌，客观判断疫情现状，国民才能配合政府应对疫情。政府充分尊重国民知情权，公开透明发布信息，让国民安心、放心。因此，政府并未因疫情出现而压制舆论和阻碍信息传播。韩国中央防疫对策本部每天 2 次通报（后改为 1 次）最新疫情动态，并开设新冠肺炎疫情专用网站，发布各种疫情统计信息、政策信息、注意事项。同时，韩国政府利用各种网站及媒体积极进行宣传，引导国民合作抗疫。这种做法赢得了国民的高度信任和支持，为提高国民意识和自发参与抗疫活动发挥了重要作用。疫情发生后，国民主动向政府提出很多建设性的解决方法，民间诊所和医院也积极协助政府做好防疫工作，并主动上报及收集流行病学调查所需信息。同时，居民防疫团和防疫协会积极协助地方政府做好传染病预防管理。

Study on the Crisis Management Mechanism of Public Health in ROK

Tian Xianglan

Abstract　Since the new COVID-19 epidemic spread in ROK, the government has promptly revised the law on infectious disease prevention and management, quarantine law and medical law, and established a legal system to deal with the sudden

---

① 葛小辉：《2015 年韩国 MERS 事件：分析与思考》，《韩国研究论丛》2015 年第 2 辑，总第 30 辑，社会科学文献出版社，2015，第 250 页。

common health crisis. According to the law, a common health crisis management mechanism was established, that is, a disease management department was set up, which was fully responsible for public health crisis management; Establish an early warning system of infectious diseases and take corresponding measures according to the level of early warning; Establish the analysis and evaluation system of infectious disease crisis to quickly judge the degree of crisis; To formulate relative countermeasures for the prevention and management of infectious diseases and quickly respond to the epidemic situation; The novel corona-virus pneumonia system should be formulated to deal with the new crown pneumonia epidemic. ROK's common health crisis management mechanism is characterized by the establishment of a central to local emergency management command system; The morning epidemic prevention measures of "early preparation, more detection and heavy isolation" were adopted; We made full use of the advantages of science and technology to effectively control the epidemic situation; Through open and transparent information, it has gained the understanding and support of the people.

Keywords　　ROK; The New COVID-19 Epidemic; The Crisis Management Mechanism of Public Health

韩国新村运动及其对我国实施乡村振兴战略的启示[*]

张　立　王　波

【内容提要】 始于 20 世纪 70 年代的韩国新村运动是发展中国家实现农村脱贫致富与现代化的成功典型。韩国新村运动在政府的扶持下，逐渐演变为全国性社会运动、民族振兴运动和今天的地球村新村运动。韩国新村运动动态、持续、健康的发展实践对发展中国家的乡村振兴具有重要的启示意义。本文通过总结与借鉴韩国新村运动的成功经验，探索我国乡村振兴在激发乡村内生发展动力、提升基层治理能力、完善社会保障体系、推动全社会共同参与等方面的路径与机制，以期助力我国乡村全面振兴目标早日实现。

【关键词】 韩国新村运动　农业问题　乡村振兴

【作者简介】 张立，博士，山东理工大学外国语学院副教授，主要从事韩国社会与文化研究；王波（通讯作者），博士，潍坊学院经济管理学院副教授，潍坊农业农村现代化研究院研究员，主要从事"三农"问题研究。

2020 年是全面建成小康社会和"十三五"规划收官之年，也是脱贫攻坚决战决胜之年。中央一号文件连续 17 次聚焦"三农"问题，旨在解决农村发展不平衡和不充分问题。当前我国在"三农"领域还存在诸多短板，

---

* 本文系山东省人文社科课题（项目编号：2021 - YYJJ - 22）的阶段性成果。

如何尽快补齐这些短板，对于乡村振兴阶段性目标的达成以及未来乡村全面振兴总目标的实现都至关重要。韩国依托20世纪70年代的新村运动，实现了农业的市场化、生态化发展，农民主体意识的觉醒、农村基层组织力量的强化，以及城乡融合发展，是农业农村现代化和乡村振兴的成功典型。长期以来，韩国新村运动的发展模式备受外界瞩目，尤其受到发展中国家的认可与推崇，被联合国亚太经济与社会委员会誉为"农村脱贫致富卓有成效的方法之一"。学习借鉴韩国新村运动的成功经验，补齐我国"三农"领域的现实短板，是全面推进乡村振兴战略顺利实施的题中应有之义。

一 韩国新村运动的背景与内涵

韩国新村运动的发起基于特定的经济、社会与政治背景，了解韩国新村运动的历史背景，有助于深刻理解新村运动在不同时期不同阶段的具体内涵。

（一）韩国新村运动的背景

20世纪初朝鲜半岛曾饱受侵略与苦难，二战结束后的韩国是一穷二白的典型农业国家，经济基础极其薄弱。加之在新村运动开始之前的20世纪60年代，美国取消了对韩国的无偿经济援助，面对复杂的国外时局，为了应对急剧恶化的国内经济状况，早日实现国家现代化，韩国从20世纪60年代开始了以出口为导向的国家大开发"经济发展五年计划"。一系列的经济开发计划使韩国在短时间内迈入工业化、产业化、城市化和现代化进程，创造了闻名世界的"汉江奇迹"，跻身"亚洲四小龙"之列，成为经济合作与发展组织（OECD）成员国之一。

但是，韩国经济的迅速发展也造成了城乡二元结构矛盾的深化，拉大了韩国城乡之间的发展差距，导致农村及农业人口比例不断下降，农村老龄化、空心化问题加剧，这使得本就贫困的农村生活每况愈下，给韩国经济的整体发展带来严重影响。为解决日益严重的城乡差距问题，20世纪70年代，朴正熙政府在韩国3.4万余个村庄开始实施以"勤勉、自助、协同"为口号，以脱贫致富与实现农村现代化为目标的"新村运动"。①

---

① 〔韩〕金鎭權，『새마을運動 評價와 推進戰略에 관한 研究』，檀國大學校碩士学位论文，1989，p.53。

（二）韩国新村运动的内涵

韩国新村运动的内涵有其独特的民族色彩与时代特征。新村运动的"新"意为革新，"村"是指某个空间的生活共同体，这里的空间范围从 20 世纪70 年代初韩国具有同质文化、亲近血缘的乡村，逐渐延伸到 70 年代中后期韩国的城区、社区、企业、学校，后来覆盖韩国全域，到今天，这个空间范围已经突破国界扩展至全球。"运动"是指通过勤劳的双手、共同的努力推动国家现代化，实现富裕美好的生活。

"新村"这个名称最早由朴正熙总统首次使用，它的历史渊源可以追溯到 1970 年 4 月 22 日，朴正熙总统在"抗旱对策——全国地方长官会议"上指出："发挥自助、自立精神，用我们勤劳的双手来建设乡村，只要我们不怕流汗、不怕辛苦，相信在不久的将来，韩国所有的乡村面貌都将焕然一新，呈现富裕美丽的画面……所以将这次运动称之为新村治理运动极好……"① 这便是新村运动中"新村"一词最早的官方出处。

韩国新村运动最初是以村庄为单位，依靠政府强有力的政策引导和大量的资金支持展开的自上而下的农村现代化运动，包括农村环境改善、农民增收、精神启蒙等内容。后来逐渐发展为 20 世纪八九十年代全国性的社会运动和民族振兴运动，2000 年前后发展为以绿色韩国、幸福韩国、智能韩国和全球化为目标的第二次新村运动，2010 年以后演变为以社会共同体、经济共同体、文化共同体、环境共同体为课题的新村运动全新价值海外推广与互建事业。

新村运动每个时期的主要内容和发展特征都各不相同，总结其发展历程及主要特征，可以发现它是一场以共同体意识为导向，通过丰富物质与精神生活来实现经济发展、社会和谐和国家富强的运动。同时，也可以将其定义为一场综合实践运动、地域间均衡发展运动、国民整体运动和新价值观形成运动。总之，新村运动的定义不是静态的、固定的，而是动态的、发展的。

---

① 韩国文教部编《新村运动》，1986。

二 韩国新村运动的发展历程

国内学界对 2010 年以后的韩国新村运动研究考察甚少。本文从 1970～2020 年，每十年为一个阶段，将韩国新村运动按其发展的时间轴和每个时代所呈现的理念特点划分为以下五个阶段。

（一）第一个十年（1970～1979 年）：脱贫致富运动

这一时期的新村运动以政府引导为主，将"脱贫致富"视为指导理念。主要内容包括农村环境改善、农民增收和精神启蒙三部分。农村环境改善主要包括改良屋顶、拓宽道路、建设桥梁等农村基础设施完善，以及设置公共洗衣池、安装自来水管道、建设公共浴池等生活设施改善。农民增收措施主要体现在改进农田设施、修筑堤坝和灌溉渠道等生产设施，以及推广农业科技，发展复合农业、特色农业、畜牧业等。精神启蒙主要体现在提倡勤俭节约、鼓励储蓄、培训新村领导人等。20 世纪 70 年代末，新村运动的理念开始延伸到城市，城乡联合、城乡一体化成为其主要表现。

（二）第二个十年（1980～1989 年）：全民自发运动

进入 20 世纪 80 年代，新村运动由国家主导转变为民间主导，主要由"新村运动中央本部"负责推进。这一时期环境改善工作主要包括国土公园化、城市街道环境整顿、奥运会新村运动等。农民增收措施主要包括农作物品种改良、商品流通结构改善等。国民意识方面主要包括提倡改善饮食、节约消费、改善街道秩序、收集可回收物品等。80 年代以后的新村运动从村级单位扩散到全国各地，表现为广域化、全国化特点，特别是在 1986 年亚运会和 1988 年汉城奥运会期间，工作重点放在推进城市与家庭新村运动，并且重视城乡间的均衡发展。

（三）第三个十年（1990～1999 年）：发展巩固运动

进入 20 世纪 90 年代，韩国政府中断了对新村运动的财政援助，新村运动组织财政经费紧缩。同时，随着韩国加入 WTO、韩国地方自治体制的出台、1997 年金融危机等国内外环境的变化，韩国新村运动面临巨大挑战。为了尽快适应国内外经济社会环境的复杂变化，韩国以"共同体建设"为目标重新调整了新村运动的发展方向，重点推进的事业主要包括治理乡村环境、继承和发展传统文化、杜绝奢侈享乐与超前消费、健康生活与道德恢复、减少食物垃圾、物品回收再利用、爱国捐金等。

（四）第四个十年（2000～2009 年）：第二次新村运动

2000 年后，随着"新村运动中央协议会"的改编，以"智能、绿色、幸福、全球化"为主题的第二次新村运动开始。这一时期的重点课题是以社会伦理道德运动、国民团结运动、救灾和服务活动、城乡结盟运动等为主要内容的全国性的新村运动，以及开展向发展中国家传授新村运动经验、建立支援示范新村、援助朝鲜等以全球化为考量的国际合作运动。这一时期新村运动中央会加入联合国非政府组织，并对柬埔寨、老挝、尼泊尔等发展中国家乡村建设提供全面扶持与帮助。[①] 包括时任联合国秘书长潘基文在内的一批知名人士开始在国际社会宣传推介韩国新村运动的成功模式，新村运动国际合作事业正式开启。

（五）第五个十年（2010～2020 年）：地球村新村运动

2010 年后，韩国新村运动的品牌和价值得到普遍认可。2013 年，联合国教科文组织（UNESCO）将 2 万余篇韩国新村运动档案列为"世界纪录文化遗产"。这一时期的重点课题主要包括：一是全面推进社会共同体运动、经济共同体运动、文化共同体运动、环境共同体运动、地球村共同体运动；二是积极推进国家社会公益活动，为新村运动的公共性、国家社会发展和人类共荣作出贡献。这一时期新村运动的特点主要体现在全方位推进新村运动的价值理念，为人类共同体建设事业贡献力量。特别是 2016 年新村运动全球联盟的成立，将新村运动的成功经验与发展中国家共享，为国际新村运动的开展和地球村的共同繁荣作出了积极贡献。

---

① 金俊、金度延、赵民：《1970～2000 年代韩国新村运动的内涵与运作方式变迁研究》，《国际城市规划》2016 年第 6 期，第 17 页。

三 韩国新村运动的主要内容

韩国在新村运动期间，不断致力于农村基础设施建设、农村产业结构调整、新村教育培训、基层治理体系构建等，使韩国农村的经济在短时间内实现了大的跨越式发展。

（一）基础设施与公共服务建设

首先，加快基础设施建设。新村运动初期，在政府主导下，韩国大搞基础设施建设，为村庄免费提供水泥、钢筋以及技术人员，鼓励支持村民利用农闲时间修缮改良住宅，拓宽修建道路，搭建桥梁等。同时，政府带领村民进行农村居住环境整治，例如政府根据各个村庄的地理位置、人口数量等具体情况帮助安装自来水管道，建设公共浴池、洗衣池、新村会馆等设施。值得注意的是，韩国政府在推进新村基础设施建设时期，实施了"优秀村庄优先支援"政策。此政策的具体操作是政府将全国 3.4 万余个村庄划分为基础村、自助村、自立村三种类型，采用善意竞争、激励模式，选择团结协作意识强、勤勉上进的优秀村庄进行优先支持，这样有选择性、阶段性的帮扶方式，不仅激发了村民投身村庄建设的积极性与主动性，而且加速了新村运动的发展。

其次，不断完善公共服务建设。政府加强在农村教育和医疗方面的投入。在农忙时期，政府在农村设幼儿临时托管所，并且针对农民对农业技术的需求，有针对性地实施农业技能培训。为了丰富农村文化生活，政府积极筹划兴建文化场所，实施村民新村教育。同时，政府注重完善乡村医疗养老保障体系。20 世纪 70 年代初期，政府在农村新设医疗诊所，为村民提供基本医疗服务，并为特困户提供免费医疗服务。80 年代初期，政府在农村推行医疗保险试点，80 年代后期，医疗保险基本覆盖全体农民。随着医疗保健事业的蓬勃发展，农村社会保障体系趋于完善。90 年代，涵盖养老、医疗、失业等方面的医疗保险、产业保险、公民年金和基本生活保障（雇佣保险）的韩国"四大保险"覆盖全体公民，韩国社会保障体系逐渐成熟。

（二）农村产业结构调整

韩国新村运动特别重视农村产业结构调整，政府根据各时期农业发展所处阶段，结合社会经济状况，致力于建立合理、平衡、发展的农村产业结构。

第一，新村运动初期，韩国政府在提高农业生产科技含量和优化农业生产技术方面下大力气，同时注重不断扩大农业合作，发展多种经营，推广农业科技。例如，韩国农水产部利用农闲时间，面向农民教授果树、蘑菇、芝麻、花生等经济作物的种植技术，以及协同作业、农土栽培等技能。其中，具有代表性的是推广"统一水稻"改良新品种，它的推广与普及使韩国的水稻产量大增。同时，在高校设立"新村研究所"以及其他农业科研机构，致力于新村事业的全方位研究。

第二，20世纪70年代中期，韩国政府开始号召并大力支持发展特色农业、农产品加工业和畜牧业。政府投入大量财政专项资金支援各乡村依据自身特点和市场需求，建立专门的特色农业和经济作物区，引领农民发展优势特色产业。例如，韩国农业振兴厅指导建立了154个新村增收示范区，农协提供了地区综合开发所需资金，支援物流基础设施建设及销售渠道拓展等，积极推动各种作物的生产合作等。①

第三，从20世纪70年代末80年代初开始，韩国注重利用农村周边的资源发展旅游业，鼓励非农产业和副业发展。之后推出"六次产业计划"方案，即推动农村第一、二、三产业融合发展，在重视种植业的基础上，鼓励农民从事农产品加工业、农业旅游业、服务业。例如韩国推行"农户副业企业"计划，鼓励农户从事传统手工、副业生产；再如推行"新村工厂"计划，在农村建设工厂。当时，韩国政府以"一村一厂"为目标，综合考虑地区条件、原料生产及产业效益，指定在经营、技术、销路等各方面具备优势的企业在农村设厂。并且，优先设立劳动密集型工厂，如纺织品工厂、食品工厂等；再设生产一条龙式工厂，如金属、机械、电子等工厂。

第四，20世纪90年代韩国政府推动"一村一社"项目，由一个株式会

---

① 王志章、陈亮、王静：《韩国乡村反贫困的实践及其启示研究》，《世界农业》2020年第1期，第45页。

社（企业）扶持一个村庄。例如韩国三星、现代、LG 等大型企业集团，利用雄厚的经济实力和成熟的经营模式，帮助乡村寻找发展出路，培育农业、农村、农民的新增长点，带动农村的全面发展。2000 年后，随着韩国信息技术的发展与互联网的全国普及，政府审时度势积极推行"信息化示范村"方案。依托信息化平台，开展农村电商、休闲农业与乡村旅游的网络宣传工作，促进了韩国乡村经济与社会的发展，也促进了居民观念的改变。① 同时，韩国在第二次新村运动期间更是以"绿色韩国、智能韩国"等为口号，在农村打造低碳绿色示范村，绿色示范村以村庄为中心，将"绿色生态"理念融入新村运动中，追求经济发展与生态环境保护的良性互动。

（三）新村教育培训

韩国新村运动既是一场脱贫致富运动，又是一场全民精神启蒙运动，新村教育培训在新村运动中发挥了重要作用。新村教育培训总体上分为新村领导人教育培训与农民教育培训两个方面。

首先，强化新村领导人教育培训。新村教育培训起源于 1972 年非正式方式的农家研修院，之后于 1973 年正式成立了新村领导人研修院。② 新村领导人教育培训最初是从全国各个郡选拔优秀的男性农民进行农业知识技能培训，从 1973 年 6 月开始，女性新村领导人也被纳入培训对象范围，后来逐渐扩大至企业、公务员、高校教师、宗教界人士、新闻界人士以及文艺界人士等。③ 随着培训对象范围的扩大，新村领导人的教育内容从农村基础设施建设技能教育、农村开发教育、农业技能教育、国家安全与经济发展问题，逐渐扩大到国民精神教育方面。通过学习培训，新村领导人既精通了农业技术，又在村庄规划、人事管理等综合能力方面得到了提升，他们将所学农业知识和技能传授给村民，并制订村庄发展计划、动员村民参与、调解村民矛盾，在提高村民生活水平和促进村庄自主全面发展方面发挥了重要作用。

---

① 冯献、李瑾：《信息化促进乡村振兴的国际经验与借鉴》，《科技管理研究》2020 年第 3 期，第 177 页。
② 李仁熙、张立：《韩国新村运动的成功要因及当下的新课题》，《国际城市规划》2016 年第 6 期，第 11 页。
③ 朴昌根：《韩国新村运动成功经验简析》，《韩国研究论丛》第 17 辑，世界知识出版社，2007，第 171 页。

其次，进行农民教育培训。一是体现在农民精神启蒙方面。韩国新村运动强调勤勉、自助、协同的新村精神，因此新村教育的首要目标是有效提高农民参与水平，推进新村事业发展，实现农村全面开发，并且通过新村教育使农民树立正确的价值观，形成合理、科学、实用的生活观。二是体现在利用农闲时间对农民进行农业技术培训。为了提高农民的农业技术水平，针对农民需求，韩国政府开设了具有针对性、多样性、长效性的农业教育培训内容。如以农村青壮年农民为主的 4H（Head、Heart、Hand、Health）教育培训，对专业农户、家庭农场、农民专业合作社的职业技术培训，以及针对以农村企业为代表的新型经营主体培训等。同时，韩国政府重视发挥宏观指导与支援作用，注重正规学校农业教育与民间组织农业教育培训的结合，构建起政府、学校和民间力量协同的多元化教育体系。此外，政府还通过公务员、大学教师、农业技术员包村包点等举措推广农业科技和文化知识。

（四）基层治理体系构建

韩国新村运动基层治理体系包括政府基层组织和非政府组织。政府基层组织包括以新村领导人为主的基层行政治理组织，非政府组织包括妇女协会、青年协会、农协、新村金库等各类民间组织。韩国新村运动基层治理体系的构建主要包括以下三个方面。

第一，保障基层组织的法律地位。1980 年 12 月 1 日，一般国民运动团体"新村运动中央本部"成立，韩国内务部设立的"新村运动中央协议会"被撤销，新村运动由政府主导转变为民间主导，由官方模式转变为半官方模式。1980 年 12 月 13 日，韩国法律第 3269 号公布施行《新村运动组织培育法》，政府从法律上承认国民自发组成的以推动和提高新村运动为目标的民间组织，赋予其合法地位。

第二，构建以新村领导人为核心的新型基层治理体系。村民在各自村落推选既懂农业知识又懂新村管理的一男一女两位新村领导人，新村领导人组建新村发展委员会并以此形成新型基层治理体系。新村领导人为政府与村民之间沟通搭建桥梁，主要负责落实上级政策、指导新村发展、动员村民参与等工作。值得注意的是，韩国特别重视对女性新村领导人的推选和其作用的发挥。新村领导机构还与其他新兴民间组织如妇女协会、青年协会、农协等共同构成新村运动的组织框架，相互之间密切配合，充分发挥各自作用。新村基层治理体系通过自下而上的方式联系政府，韩国政府则通过基层组织落实各项自上而下的任务，在两者的协同配合下，村民参与新村运动的自主性和积极性大幅提高。

第三，发展各类民间组织，提高乡村自治能力。首先，韩国政府把健全和完善全国性新村运动的非政府组织放在十分重要的位置，鼓励支持成立妇女协会、兴农会、青年协会、老年协会等自治组织。政府授权这些民间组织负责新村运动的培训与宣传工作，政府仅负责规划、协调和服务工作。其次，发展各类农业合作组织，包括农协、粮食增产委员会、新村金库等。韩国原本只有一个全国性的农协组织，附属于政府机构，功能很不全面。随着新村运动的推进，农民对农产品销售、生产资料供应、资金流动、社会融资等方面的服务需求大大增加，从而促进了各类农业合作组织的迅速发展。

四 韩国新村运动对我国实施乡村振兴战略的启示

韩国新村运动50年的发展历程向我们展现了农村发展是一个动态的、持续的过程。其自上而下与自下而上相结合的乡村规划与建设经验，以及及时调整发展目标与战略的一系列举措，对当前我国正在实施的乡村振兴战略有许多值得借鉴之处。

（一）注重激发乡村内生发展动力，发挥农民的主体作用

韩国新村运动强调村民的勤勉、自助、协同精神，通过开展新村教育培训，采用"授人以渔"的教育培训方式，既实现了农民的精神启蒙又提高了农民的农业技能水平。当前在中国部分农村，村民的"等靠要"现象依然存在，这在一定程度上阻碍了乡村振兴战略的正常推进。"三农"问题的关键在于农民，尤其在于农民意识的觉醒和素质的提高，在于农民的积极性和创造性能否被有效激发。2000年以来，中国政府每年向农村投入大量财政资金，用于改善农村水、电、路等基础设施，提高农村弱势群体的低保、困难救助等公共服务质量。但是，支农惠农政策的无限制投入也助长了部分农民的懒惰习惯和依赖思想。新时代推进乡村振兴战略，需要充分发挥农民的主体作用，转变农民的消极态度，鼓励农民积极参与乡村振兴实践。

（二）重视基层组织建设，提升基层治理能力

韩国在新村运动期间，积极发挥基层行政组织与各类民间组织的功能作用，在落实各项任务与要求时，让民间组织分担基层行政组织的任务与压力，提高基层公共服务和社会治理能力。当前，随着人们生活水平的快速提高，我国人民群众对良好公共服务与社会治理能力的要求也越来越高。政府出台了各种支农惠农政策，但在落地实施过程中却时常出现"最后一公里"打不通的问题。究其原因在于我国基层工作复杂、烦琐，但基层工作人员不足。基层工作人员除了要做好本职工作外，还要兼顾扶贫、维稳、联系群众等工作。尤其在村级层面，村干部人员配备少，负责工作多且年龄偏大，在工作执行与落实方面力不从心。借鉴韩国新村运动经验，在我国乡村振兴过程中，需要充分发挥各类民间组织的功能，充实基层办事力量。同时要实现各类民间组织按需设置，利用民间组织与村民间天然的密切联系，带领村民积极参与乡村治理。

（三）完善农村公共服务，强化社会保障体系建设

韩国在农村公共服务和社会保障体系建设方面，注重建立政府财政投入长效机制，采取先城市后农村、逐步推进的原则，解决了农村在医疗保险、产业保险、公民年金以及最低生活保障等方面的问题。近年来，我国在农村医疗、养老等社会保障方面取得巨大进展，尤其在贫困人口低保金、养老金、残疾人生活补贴等方面更是实施政府兜底原则。但是，我国医疗卫生设施分布不均，医疗保险额度十分有限，一旦出现重大疾病，农村贫困户很容易因病致贫、因病返贫，农民"看病难、看病贵"问题并没有得到彻底解决。借鉴韩国经验，我国需要进一步完善农村合作医疗制度和养老保险制度，健全农村社会保障体系，不断缩小城乡公共服务差距，逐步实现城乡公共服务均等化。

（四）跳出就"三农"论"三农"模式，推动全社会共同参与

韩国在新村运动推行的过程中，积极鼓励全社会共同参与。韩国新村建设的多方参与实现了农业由传统小农经济向大农业发展的成功转换，实现了

农业的市场化和现代化。但是，令人惋惜的是韩国新村运动没有改变农村人口大规模流向城市的现象。学习借鉴韩国的经验，我国应鼓励全社会共同参与，跳出就"三农"论"三农"的模式，通盘考虑统筹发展。第一，针对当前农村空巢化、老龄化现状，要为青壮年农民和各类人才返乡定居创业提供各种政策支持。第二，鼓励农民发展多种经营，延长产业链条，增加农业附加值，形成第一、二、三产业的有机融合。第三，建立"村企合作"，鼓励有能力、有条件的公司与村庄结成对口帮扶对象，帮助农村寻找出路，增加农民就业机会，助力农民持续增收。第四，开展"产学研合作"模式，鼓励地方院校积极投身乡村振兴一线，帮助农民解决当下农业生产的难题，提高农业生产力。同时，鼓励师生积极参与支农涉农实践，为乡村振兴培养一批懂农业、爱农村、亲农民的"三农"人才队伍。

ROK's New Village Movement and Its Enlightenment to our Country's Strategy of Rural Revitalization

Zhang Li, *Wang Bo*

Abstract   ROK's New Village Movement, which began in the 1970s, is a typical example of the success of developing countries in achieving rural poverty and prosperity and modernization. With the support of the government, the new village movement gradually evolved into a national social movement, national revitalization movement, and today's global village new village movement. The dynamic, sustainable, and healthy development practices of the ROK's New Village Movement has important implications for rural revitalization in developing countries. To scientifically summarize and learn from the successful experience of the ROK's New Village Movement, to explore the path and mechanism of China's rural revitalization in stimulating the endogenous development momentum of the village, enhancing the grassroots governance capacity, strengthening the social security system, improving rural public services, and promoting the participation of the whole society in order to complete the goal of building a well-off society in an all-round way and the goal of comprehensively revitalizing the village of "strengthening prosperity and beauty".

Keywords　ROK's New Village Movement; Agricultural Issues; Rural Revitalization

新冠肺炎疫情背景下的中韩人工智能合作*

【内容提要】 全球蔓延的新冠肺炎疫情加速了以人工智能为核心的数字经济的蓬勃发展，快速变化的世界经济格局和中韩两国的经济发展战略为双方在人工智能领域的合作创造了良好契机和条件。本文采用文献研究和逻辑演绎的方法探讨了新冠肺炎疫情背景下，中韩两国人工智能领域合作的基础和机遇，进而阐述了开展合作的重点细分领域，最后提出了促进合作的对策建议。中韩两国应基于双方良好的经贸往来和疫情影响下的经济走势，采取将中韩人工智能合作纳入中韩 FTA 框架、制定并实施扶持性产业政策和创设中韩人工智能合作开放型平台等举措，在智慧医疗、服务机器人、自动驾驶和智能家居等细分领域开展深入的人工智能合作。本文研究结果旨在促进中韩两国人工智能科研合作与创新，为双边与区域的智能经济协同发展提供参考。

【关键词】 新冠肺炎疫情　中韩合作　人工智能

【作者简介】 秦鹏飞，管理学博士，天津社会科学院产业发展研究所助理研究员，主要从事创业与创新管理、产业组织理论研究；李文家，天津外国语大学亚非语学院博士研究生，主要从事党和国家重要文献对韩翻译、东北亚经济与管理研究。

---

* 本文系天津社会科学院重点课题"人工智能发展与产业转型升级研究"（项目编号：20YZD - 05）与国家社科基金项目"人口老龄化影响产业结构的机制、效应与对策研究"（项目编号：20BRK026）的阶段性研究成果。

实体经济的数字化、网络化和智能化转型演进给人工智能带来了巨大的历史机遇，创造出一个极为广阔的发展空间。在新冠肺炎疫情的强烈冲击下，世界经济加快演变与重塑，进一步凸显了人工智能的经济意义和价值。中韩两国政府均将人工智能作为未来的战略主导，出台战略发展规划，从国家层面进行整体推进，迎接即将到来的人工智能社会。然而，面对群雄竞逐的人工智能国际市场，中韩两国应该紧扣世界经济脉搏，在人工智能领域开展深度合作，应对新冠肺炎疫情冲击下日益严峻的经济困局。

一 新冠肺炎疫情对中韩经济环境的影响

中韩两国的经济深度嵌入世界经济版图，而新冠肺炎疫情加快了世界经济格局的重塑，迫使中韩两国根据自身经济发展的实际需要，依据世界与地区经济形势的变化适时调整发展战略，选择特定的领域和行业有针对性地开展经贸合作，从而促进本国经济的恢复与增长。

（一）新冠肺炎疫情对世界经济格局的重塑

新冠肺炎疫情加速了欧美板块的衰退和东亚板块的崛起，世界经济分工区域化、本土化。中国银行风险总监刘坚东在 2020 年中国银行家论坛上指出，新冠肺炎疫情促使全球经济格局发生深刻变化，世界面临着经济衰退、产业链重塑和数字经济加速发展的格局。在新冠肺炎疫情的冲击下，预计 2020 年度全球经济衰退幅度将超过 5%，货物贸易规模将下降 13% ~ 32%；FDI 规模将缩小 40%，全球前 5000 家跨国企业盈利预期下调近 40%。民粹主义与贸易保护主义逐渐抬头并日益盛行，全球产业链和供应链运行不畅、诸多环节遭受阻挠，以美国为代表的西方发达国家努力推动本国企业向本土回流，使得逆全球化趋势加速形成。各国基于产业与经济安全方面的考虑，纷纷加快产业链垂直一体化进程，世界经济分工格局向区域化和本土化方向发展。① 在新冠肺炎疫情的影响下，科技发展加速引领新一代产业革命，以

---

① 王箫轲、朴东吉：《中美贸易摩擦对韩国的影响与韩国的应对——兼论中韩经济合作的趋势》，《当代韩国》2019 年第 4 期，第 3 页。

人工智能为核心的智能科技产业必将推动数字经济进一步成长为拉动全球经济增长的重要引擎，并从第三产业向第二、第一产业快速渗透。人工智能科技与产业发展将进一步深度融合，对现有经济模式带来颠覆性影响。

鉴于此，在全球经济面临衰退的背景下，任何经济体都难以独善其身，中韩两国通过产业经济合作的方式共同应对经济增长的巨大压力，具有战略性的现实意义，世界经济分工格局的区域化发展趋势和数字经济权重的增长给同为东北亚地区经济大国的中韩两国在人工智能领域开展深度合作指明了方向。

（二）新冠肺炎疫情催动产业链加速调整和人工智能强势崛起

1. 新冠肺炎疫情对中韩经济的负面影响加速了产业链的调整

蔓延全球的新冠肺炎疫情对中韩两国经济造成重创，各项经济运行指标大幅回落。韩国的旅游服务业、电子信息、汽车和石油化工等重要支柱产业的营业收入大幅下滑。中国经济的严峻形势达到了改革开放40多年来的极值，直到2020年第三季度，整体GDP增速才止负回正，达到0.7%，成为全球唯一一个保持经济正增长的国家。新冠肺炎疫情对餐饮、纺织等传统的劳动密集型产业造成了巨大冲击，很多传统产业被迫按下暂停键，迫使产业链与人工智能加速融合，向智能化、自动化和无人化加速调整和转型。同时，不断加深的逆全球化进程，使世界经济分工向区域化和本土化方向转变，寻找区域性合作伙伴是各国经济发展的必然之选。韩国国内市场规模相对较小，经济内循环动力先天不足，因而必须发展外向型经济。在新冠肺炎疫情的沉重打击下，韩国想要单凭一己之力恢复经济增长可谓困难重重，与近在咫尺且经济发展一枝独秀的中国结成区域性合作伙伴，共同发展并利用人工智能向传统产业赋能，从而加速产业转型与升级，是其突破经济困局的希望所在。疫情对传统经济业态的巨大冲击，以及数字经济在疫情下的逆势崛起，进一步强化了中国基于人工智能发展数字经济新业态的思想认识，人工智能将因此获得更大规模的资源投入、更加丰富的应用场景和更为广阔的发展空间。中韩两国在人工智能领域各具优势，发展人工智能又是两国的共同需求，两国在人工智能领域加强合作，无疑对区域经济一体化、经济发展数字化、产业运行智能化具有重要意义。

2. 产业链的加速调整催动人工智能的快速崛起与国际合作

新冠肺炎疫情促使产业链加速调整，主要表现在两个方面：第一，从国际视角看，世界经济分工的变化导致产业链逆全球化发展，向着区域化和本土化的方向转变；第二，从国内视角看，中韩两国的国内产业基于疫情防控的需要，被迫减少人工用量，产业运行趋向无人化、自动化和智能化。从以上两个方面来看，中韩两国在人工智能领域加强合作既符合当前产业区域化发展趋势，也符合两国产业经济发展的现实需要。产业链的加速调整与转型升级，必须通过人工智能的赋能与融合，因而产生了人工智能的大规模迫切需求，持续加大的各类资源投入促使人工智能的发展不断加速，国际合作的范围和深度不断加强。产业运行的少人化、无人化、自动化、智能化、网络化和数字化，需要人工智能领域的工业机器人作为关键生产要素，跨国和跨区域产业联动整合需要人工智能技术搭建底层基础架构，数字经济和智能科技产业等新型经济业态需要人工智能作为中枢性神经内核。上述需求驱动人工智能快速崛起。此外，新冠肺炎疫情持续蔓延，造成了中韩两国公共卫生与健康危机，需要人工智能在病毒基因测序、疫苗研发和流行病学调查等多个重要方面大幅提升效率；新冠肺炎疫情阻碍甚至阻断了中韩两国正常的经贸交流，从应对疫情和发展中韩经贸这个角度而言，中韩人工智能合作，是一举多得的双赢选择。

二　中韩人工智能合作的基础和战略机遇

中韩两国地理相邻、历史文化渊源深远、经济互补、人文相通，且两国均已将人工智能上升为国家战略，巨额的资源投入、有力的政策扶持、超大容量的市场规模以及国际合作创新的政策导向，为双方人工智能合作创造了良好基础。

（一）持续的大规模投入强化了人工智能合作的资源供给

中韩两国在人工智能领域持续加大资源投入，并注重通过国际合作提升本国人工智能的国际影响力。因此，中韩人工智能合作能够获得充裕的资金供给。《2020 中国新基建大数据分析报告》显示，2020 年 1～10 月，中国人工智能领域融资 381 起，融资总额超过 3000 亿元。2015 年至 2020 年10 月，中国人工智能领域累计融资 4462 起，融资金额共计 6968.96 亿元，单笔融资金额从最初的 0.36 亿元增长到 8.17 亿元。《中国互联网发展报告 2020》指出，在强大的资源支持下，中国人工智能专利申请数量首次超过美国，成为世界第一。韩国自 2016 年开始重视并加大人工智能领域的资源投入，韩国政府于 2019 年 12 月 17 日公布的《人工智能国家战略》显示，人工智能半导体技术研发将在未来 10 年获得 1 万亿韩元的投资，打造韩国光州市人工智能集群园区，设立 3000 亿韩元的人工智能专用基金，人工智能运算支持机构扩增至 800 家。中韩两国在人工智能领域的一系列政府投资，吸引并带动数倍甚至数十倍的民间资本进入人工智能领域，产生强大的杠杆效应，人工智能将因此获得巨额的资金支持。为了追求更快的技术研发速度，中韩跨国合作将成为一个具有吸引力的选择，中韩在人工智能领域的合作创新将因此获得丰富的资源保障。

（二）良好的双边经贸基础为人工智能合作提供先导条件

中韩双方具有良好的双边经贸基础，中韩两国相互投资快速增长，在传统汽车制造、电子信息和批发零售等行业领域拥有数量众多的投资项目，双方的各类经济组织在长期的投资合作过程中建立了相互信任和协作机制，对对方的行事风格和职业品格有深入而全面的了解，双方甚至建立了深厚的私人感情，具备在人工智能领域进一步深度合作的良好基础。来自中国的投资促进了韩国经济的恢复与增长，中国已经成为韩国商品的最大出口市场，韩国对中国市场的依存度进一步提高。① 在此情形下，中韩双方基于产业转型与升级的实际需要，将原有的合作范围从传统产业和行业延伸到人工智能领域，无疑具有高度的现实迫切性和操作可行性。在具备相互信任和协作协调机制的条件下，中韩双方人工智能合作过程可以免去大量交易对象甄别和信息筛拣等耗时费力的前期工作，节省大量交易成本，在项目进行过程中，可充分参考既有协调框架和沟通机制解决分歧与矛盾，更快、更好地协商一致，节约宝贵的时间成本。合作双方对彼此的产业状况较为了解，因而人工智能合作产生的创新成果更容易找到现实应用场景，更容易在产业实践中找到切入点和融合方式。

---

① 胡玥、王生：《中韩经贸合作面临的问题、趋势与对策》，《经济纵横》2019 年第 5 期，第 102 页。

（三） 战略规划与政策导向为人工智能合作提供保障

中韩两国高度重视人工智能，将人工智能视为推动国家经济发展的战略支撑点，各自出台了一系列战略规划和产业政策，将资金、人才等各类创新资源向人工智能领域倾斜，力求在国际竞争中夺取这一必争之地。中国政府出台了《新一代人工智能发展规划》《促进新一代人工智能产业发展三年行动计划（2018～2020年)》，明确提出了中国新一代人工智能发展的指导思想、战略目标、重点任务和保障措施。力争到2030年，人工智能理论、技术与应用总体达到世界领先水平，成为世界主要人工智能创新中心。《中共中央关于制定国民经济和社会发展第十四个五年规划和二〇三五年远景目标的建议》将人工智能列为国家战略科技研发的首要领域。韩国政府先后出台一系列政策规划促进人工智能的发展，如2016年12月发布的《为智能信息社会准备的中长期总体规划：管理第四次工业革命》、2018年5月发布的《面向I–Korea 4.0的人工智能研发战略》、2019年1月发布的《推动数据、人工智能、氢经济发展规划（2019～2023年)》、2019年12月发布的《人工智能国家战略》以及2020年10月发布的《人工智能半导体产业发展战略》。中韩两国通过产业政策与发展规划引导和扶持人工智能的发展，不但给予巨额的资金支持，而且在财政、税收、金融和人才等多个方面给予优惠政策，在强调提升本土创新能力的同时，注重人工智能领域的跨国合作，这对中韩人工智能合作而言，无疑是强有力的保障。

（四） 超大容量的蓝海市场为人工智能合作提供广阔空间

人工智能的全球市场容量巨大，是一个真正意义上的蓝海市场，任何一个国家的人工智能产业单凭一己之力都难以形成垄断和独占，而两个或多个国家相互合作，在一个或几个不同的细分领域形成较大的相对优势，从而共同获取和分享高额市场回报是具有现实意义的，这为中韩两国在人工智能领域开展广泛而深入的合作提供了广阔的发展空间。在世界各主要国家都在人工智能领域奋起发力的情况下，一个国家很难在所有的细分领域全部实现技术领先，两个或多个国家基于既往的合作基础选择一个或几个细分领域通力协作，更容易实现技术领先，从而抢占更大的市场份额，获得更多的经济利益。在当前欧美各国疲于应对新冠肺炎疫情的情况下，疫情防控较好的中韩两国加快人工智能合作，更容易抢占先机。因此，中韩两国应将合作领域从传统产业向前推进一步，延伸到人工智能领域，在开放式创新的视角下通过协同创新的方式提高本国人工智能产业的创新能力和创新绩效，从而实现价值共创，在人工智能国际市场上占据优势地位。通过技术研发、新产品研制和国际市场联合拓展，中韩两国人工智能产业的国际竞争力将得到明显提升，实现互惠双赢。

在新冠肺炎疫情催动的产业链加速调整的新形势下，人工智能基于国家战略导引、产业政策扶持以及资金等各类创新资源投入，在算力、算法、大数据和新型基础设施方面均取得了长足进步，为中韩人工智能领域的成功合作奠定了坚实基础。

（五）新冠肺炎疫情催生了中韩人工智能合作的战略机遇

在新冠肺炎疫情的冲击下，欧美经济复苏和增长的迹象远未可期。综观全球，在世界经济格局的主要板块中，只有位于东亚地区的中国、韩国和日本三国有效控制了新冠肺炎疫情，经济开始复苏和增长，中国的经济表现尤为突出，特别是以人工智能为核心要素的数字经济在疫情期间逆势上扬、表现抢眼。从客观上讲，新冠肺炎疫情在冲击和破坏传统产业旧经济业态的同时，促进了以人工智能为底层技术架构的新经济业态的大发展，为中韩人工智能合作创造了战略机遇期。

中国经济相较改革开放之初已发生翻天覆地的变化，迈入高质量发展新阶段，并将人工智能列为重点发展领域。与此同时，韩国也将人工智能上升为国家战略。中韩合作应该顺势超越以往利用中国廉价劳动力资源、发掘中国市场的较低层次，[①] 将合作重点转向人工智能科技领域，这既符合世界经济发展的潮流，也符合中韩两国经济的战略需要。新冠肺炎疫情背景下，中韩人工智能合作战略机遇的形成如图 1 所示。在多种因素的综合作用下，中韩两国选择特定领域加强合作无疑是务实的最优选项。[②]

---

① 李晶：《中韩电子产品贸易合作效应、障碍及对策分析》，《对外经贸实务》2019 年第 12 期，第 47 页。

② 张慧智：《中美竞争格局下的中韩、美韩关系走向与韩国的选择》，《东北亚论坛》2019 年第 2 期，第 21 页。

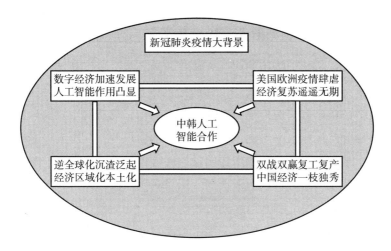

图 1 中韩人工智能合作战略机遇的形成

三 中韩人工智能合作的重点细分领域

新冠肺炎疫情凸显出传统产业转型升级的紧迫性和必要性，对医疗卫生产业提出了更高的要求，同时暴露出人口老龄化、医疗资源分配失衡和经济业态的数字化转型等重大问题，这些问题的解决需要开发服务机器人、建设智慧医疗系统和产业智能化转型等方法，而这些方法都需要以人工智能作为关键核心技术。中韩两国面临的问题具有相似性，人工智能合作的重点细分领域也是基于这些重大问题而形成的（见图 2）。

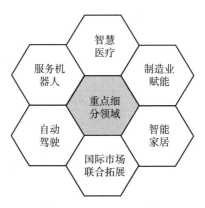

图 2 中韩人工智能合作的重点细分领域

（一）智慧医疗领域的人工智能合作

新冠肺炎疫情放大了中韩两国医疗行业的供需矛盾，建立智慧医疗系统将是解决这一矛盾的有效方式。中韩两国的医疗行业面临许多相似的问题，在医疗服务的供给侧，医疗资源紧张且分布失衡，优质医生短缺导致超负荷工作，基层医院医疗水平不高；在医疗服务的需求侧，随着人口老龄化程度日益加深，慢性疾病患者数量增势明显，医疗需求进一步加大。基于人工智能构建智慧医疗体系，可在病源追溯、影像识别、医药筛选和远程问诊等方面大幅提高诊疗效率。智慧医疗是对传统医疗行业的颠覆，能够大幅提升医疗系统的承载力，缓解医疗资源分配不均和智能化水平欠佳等问题。

中国传统医药在应对新冠肺炎疫情的过程中疗效显著，中韩两国的传统医药同根同源，各自发展至今仍有很多相通相似之处，在医药领域开展人工智能合作具有先天优势。医药研发的周期长、成本高、成功率低，借助人工智能完成大量的数据分析与筛选等工作，能够大幅缩短药物拣选时间并提升准确性。中韩两国在医疗卫生领域合作开发人工智能技术，在应对大规模突发性疫情和保护公民健康、卫生、安全等方面潜力巨大，不仅能够提升高质量医疗资源的可得性，而且能在一定程度上缓解医疗资源紧张和地域分布不均等问题。

（二）服务机器人领域的人工智能合作

新冠肺炎疫情期间，中日韩三国发生了独居老人在家中死亡多日而无人知晓的事例，人口老龄化问题再一次高亮度进入公众视野，解决该问题的一个有效途径是服务机器人。韩国统计厅发布的数据显示，2020 年韩国老龄人口（65 周岁及以上）占总人口的比重达 15.7%，共计 812.5 万人。预计这一比例将在 2025 年上升至 20.3%，韩国将迈入"超高龄社会"，及至 2060 年，这一比例将高达 43.6%。数据同时显示，2020 年老年抚养比为 21.7%，即每 100 名劳动年龄人口（15～64 周岁）需要负担 21.7 名老年人。受低生育率和高龄化影响，这一逐年上涨的比例将于 2060 年高达 91.4%。中国国家统计局公布的数据显示，截至 2019 年末，全国 60 周岁及以上人口为 25388 万人，占总人口的 18.1%。其中，65 周岁及以上人口 17603 万人，占总人口的 12.6%。轻度老龄化的中国社会，将于"十四五"

期间迈入中度老龄化社会，老年人口将超过 3 亿。老龄化程度日益加深的中韩两国，在服务机器人领域开展人工智能合作无疑具有广阔的发展空间。

从全球范围来看，在人口老龄化和简单劳动力不足等刚性驱动和科技创新持续进步的背景下，服务机器人的发展非常迅速，应用范围逐步扩大。个人或家用服务机器人主要包括护理陪伴机器人、残障辅助机器人、家务机器人和娱乐机器人等。中韩在服务机器人领域开展人工智能合作，不但能够解决本国的人口瓶颈问题，还能在世界服务机器人市场获取丰厚的经济利益。①

（三） 制造业赋能领域的人工智能合作

新冠肺炎疫情在密集人群中的传播速度极快，以制造业为代表的传统实体经济对人工的依赖度很高，受到的负面影响非常大。传统制造业借助人工智能技术实现转型升级的需求在新冠肺炎疫情背景下显得愈加紧迫和必要。中韩两国都是以制造业为重要支柱的实体经济，转型的范围和规模异常庞大，对人工智能的需求可想而知。随着工业 4.0 时代的到来，智能科技与互联网的发展使数字经济成为一种新的经济业态，以制造业为代表的实体经济必须在人工智能科技的加持下实现数字化、智能化和网络化转型，这是中韩两国面临的共性问题。中韩两国在传统制造业赋能领域开展人工智能合作，其战略意义和经济价值不言而喻。在传统产业的转型进程中，中韩两国应该在人工智能赋能传统产业方面加强科研合作，共同探寻人工智能与传统实体经济深度融合的可行模式与进阶路径，共同研究制订数字经济合作方案，创建创新合作载体，建立人工智能领域的战略联盟。

（四） 自动驾驶领域的人工智能合作

基于人工智能技术的自动驾驶是汽车产业发展的必然趋势，新冠肺炎疫情正在加速这一趋势。自动驾驶汽车作为智慧交通的重要构件，是提高城市交通资源效能、缓解城市交通拥堵的有效途径。自动驾驶汽车将传统汽车与人工智能、物联网、高性能计算等新一代信息技术深度融合，是当前全球交

---

① 殷勇：《中日韩——人工智能合作现状与优势分析》，《东北亚经济研究》2020 年第 4 期，第 89 页。

通运输领域智能化和网络化发展的主要方向，其中，人工智能是自动驾驶汽车系统的神经中枢。自动驾驶汽车是最具潜力的人工智能领域之一。2019 年举办的第七届中韩汽车产业发展研讨会上，韩国汽车产业协会的 Kim JunKi 预测，到 2030 年，汽车市场上电动和氢能汽车将占新车销量的 20%～30%；L3 级别以上的自动驾驶汽车将占新车销量的 50%；出行服务领域将实现每年 30% 的快速增长，2030 年将达到 1.5 万亿美元的规模。在自动驾驶汽车领域，韩国在产业布局与核心技术方面先行一步，处于第一梯队，中国则拥有最具潜力和最大规模的自动驾驶汽车市场，以及集中力量办大事的制度优势。中韩双方互学互鉴、加强合作，能够产生"1 + 1 > 2"的协同效应，不但能够有力推动各自自动驾驶汽车产业的智能化发展，而且能够进一步积聚技术优势，在国际汽车市场的新一轮竞争中抢占先机。

（五）智能家居领域的人工智能合作

新冠肺炎疫情导致消费者可支配收入降低，智能家居的市场需求低迷，但随着疫苗的投放，经济必然复苏，积聚已久的消费欲望必然带来智能家居市场的旺盛需求，中韩两国在智能家居领域提前布局，深入开展具有前瞻性的人工智能合作，大有可为。市场研究咨询公司 Markets and Markets 的报告显示，全球智能家居的市场规模将在 2022 年达到 1220 亿美元，2016～2022 年的年均增长率约为 14%。家居智能化的潮流不可逆转，智能家居行业的潜在市场规模巨大。韩国在智能家居领域起步较早，早在 10 余年前，三星就已经建成了智能家居展示场景，向公众提供沉浸式智能家居生活体验。经过多年的技术研发和储备，韩国在智能家居领域具有一定优势。中国在智能家居领域虽然起步很晚，但是追赶步伐很快，中韩之间的技术差距正在快速缩小。韩国应充分利用当下的有利时机，与中国在智能家居领域开展深度合作，从而在中国智能家居市场中占据先发优势，进而与中国一道，向世界市场进军。

（六）人工智能国际市场的联合拓展

人工智能是一个广阔的蓝海市场，巨大的市场空间足以容纳中韩两国的产业从业者，这为中韩两国联合拓展国际市场提供了有利契机。首先，中韩两国是近邻，中国的 5G 和新型基础设施建设速度位于世界前列，为人工智能的技术进步和市场应用提供了优质的环境基础，而且中国本身就是一个海量市场，中韩在人工智能领域开展深度合作，有利于韩国人工智能科技产品进入中国市场，获得丰厚收益。其次，中韩两国在人工智能领域各自占据优势，而且能够互补，两国联合开发国际市场，能够收到事半功倍的效果。此外，美国在高科技领域对中国实施封锁，中国人工智能产品在进入美国市场环节遭遇国别性歧视待遇，而韩国是美国的盟国，[①] 产品更容易进入美国市场，因此，在中韩两国合作开拓国际市场的情况下，中韩合作的人工智能产品能够规避美国政府设置的贸易壁垒、获得美国市场的入场券，从而进入美国主导的西方市场经济体系。

四　推动中韩人工智能合作的对策建议

（一）将人工智能合作纳入中韩 FTA 框架

中韩 FTA 是两国发展双边经济的重要制度安排，也是推动中日韩乃至东北亚区域经济一体化发展的重要抓手。将人工智能合作纳入中韩 FTA 框架，有利于切实推进深度合作，并借以推动《区域全面经济伙伴关系协定》（RCEP）的履行和中日韩自由贸易区的建立。从经济视角而言，中韩两国应当通过人工智能合作进一步巩固和发展两国经贸关系，推动区域经济合作。在中韩 FTA 框架下，将人工智能合作的创新成果匹配适宜的商业化应用场景，提高双方经贸往来的智能化和数字化水平，从而在实体经济实现数字化转型的基础上加强两国产业交流与合作。从社会视角而言，中韩人工智能合作有助于解决两国共同面对的人口结构、劳动力转换迭代和医疗资源分布失衡等重大紧迫问题。中日韩三国已经签署了应对第四次工业革命挑战的合作备忘录，中韩两国应在人工智能领域加强合作，并借以发掘超越地理界域的数字经济发展空间。

（二）制定并实施扶持性产业政策促进中韩人工智能合作

为了尽快发掘人工智能蕴含的巨大经济价值，中韩两国应颁布并实施扶

---

① 毕颖达：《朝鲜半岛新形势下深化中韩安全合作的思考》，《现代国际关系》2019 年第 10 期，第 35 页。

持性产业政策促进人工智能合作项目的落地实施。既可以通过政府直接投资、调配物资和强制性行政管制等手段对人工智能合作项目施加积极影响，也可以通过财政倾斜、税收优惠和金融支持等方式间接刺激人工智能合作项目的加速落实。与其他产业不同，人工智能创新成果的产业化和商业化需要借助多种类型的应用场景，因此，以政策法规的形式划定并提供特定应用场景是促进人工智能合作的必要举措。人工智能的发展离不开算法、算力和数据，与之对应的人才、硬件和大数据都是必不可少的资源要素，因此，为了促进人工智能合作，中韩两国应该研究制定常态化协调机制，加强人才的跨国交流与联合培养，加大芯片等硬件的合作研发投入，确立数据采集、清洗和去私密化等数据处理过程的标准。

（三）建立双边治理规则促进中韩人工智能合作

基于法律、伦理和行为规范等建立起来的双边治理规则，是中韩人工智能合作顺利进行的重要保障，只有在双边治理规则的框架下，具有不同人文背景、社会阶层和科研经历的两国人员才能有效消除意见分歧，避免宗教和信仰方面的冲突，从而顺畅地协同合作。人工智能的发展远未成熟，人工智能的应用对未来经济社会的影响具有较强的不可预见性，因此，有必要制定双边规制体系，对开发者、使用者和其他利益相关者实施必要而有效的监管，使其遵守法律、遵从伦理和行为规范。在激励人工智能研发工作的同时，建立并施行配套的问责机制，从而保证人工智能的发展始终有利于增进人类福祉而不是危害人类权益。

（四）创设中韩人工智能合作的开放创新平台

在万物互联的新时代，人工智能领域的科研创新常常是跨区域、跨国界完成的，具有鲜明的开放式创新特征，国际性和区域性合作非常重要。欧盟人工智能项目"AI FOR EU"已经正式启动，项目涵盖 21 个国家、72 家顶级研究机构和企业，将计算机和大数据等人工智能资源汇聚到一个平台之上。中韩两国尚未创建类似的合作平台，虽然两国都有各自的人工智能平台，但尚未实现有效的对接与合作。中国的百度公司拥有自动驾驶国家人工智能开放创新平台、阿里云公司拥有城市大脑国家人工智能开放创新平台等

4 家国家级平台，韩国拥有隶属于三星和现代等公司的研究机构型平台。如果创设中韩人工智能合作开放创新平台，则能实现算力、算法和大数据等多方面的融通与整合，有效促进中韩两国人工智能国际合作，进而在人工智能科技创新方面取得重大突破。

（五）建立人工智能高端人才的联合培养机制

中韩两国都面临着人工智能人才短缺的问题，韩国《中央日报》面向韩国三大流通企业集团——乐天集团、新世界集团和现代百货商店集团的163 家子公司的人工智能人才状况做过调查，调查结果表明，截至 2019 年12 月 30 日，韩国大型流通企业共拥有人工智能专业人才 210 名，平均每家拥有 1.29 名。2020 年 11 月 21 日，中国国家工业信息安全发展研究中心发布的《人工智能与制造业融合发展白皮书（2020）》显示，目前中国人工智能人才缺口达 30 万人。中韩两国人工智能领域的人才缺乏，尤其是高端跨国人才更为短缺。人工智能的发展离不开人才的培养，国际合作更离不开高端跨国人才的深度参与。人工智能具有跨学科、跨国界和跨领域的发展趋势，需要中韩两国构筑有效的跨国人才培育平台，相互取长补短，为人工智能的发展提供充足的人才供给和智力支持。

五　结语

新冠肺炎疫情深刻影响甚至重塑了世界经济格局，加速了以人工智能为核心要件的数字经济的蓬勃发展，推动了第四次工业革命的发展进程。人工智能是引发新一轮经济增长爆发的奇点，也是各主要国家赢得未来的战略支点和竞逐热点。中韩两国同处于以儒家思想为内核的东方文化圈，是一衣带水的友好邻邦，面临着许多相似的经济与社会问题，如实体经济转型升级、人口老龄化、人工智能人才缺乏和智慧城市建设等。在新冠肺炎疫情的冲击下，人工智能对经济社会的赋能作用加速凸显，全球经济生态的快速演化为中韩人工智能合作创造了条件并指明了方向，中韩两国应制定并实施扶持性产业政策、创设中韩人工智能合作开放创新平台和联合培养人工智能高端人才，推动两国人工智能领域的科技创新与产业成长。

International Cooperation on Artificial Intelligence between China and ROK under the Impact of COVID-19 Epidemic

Qin Pengfei, Li Wenjia

Abstract　COVID-19 epidemic that has been spreading globally accelerates the thriving process of digital economy with artificial intelligence as its core. The world economy situation that rapidly evolving and economic development strategy of China and ROK, create opportunities and conditions for artificial intelligence cooperation between these two countries. Literature research method and logical deduction are applied in this paper to discuss the foundation and opportunity of international cooperation in artificial intelligence under the impact of COVID-19 epidemic, then, to elaborate the key segmentations in which cooperation should be conduct firstly. And at last, policy advice to promote cooperation is offered in this paper. China and ROK should make full use of the existed economic and trade exchange, and deliberate the economic trend influenced by COVID-19 epidemic, to choose feasible approaches such as drawing China-ROK artificial intelligence international cooperation into China-ROK FTA framework, formulating and carrying out industrial support policy, and establishing China-ROK open platform for artificial intelligence cooperation, and make smart healthcare, service robot, autopilot vehicle, smart home and some other subdivided fields, as the key segmentation of deep artificial intelligence cooperation. Research findings and results of this paper are intended for promoting research cooperation and innovation of artificial intelligence between China and ROK, providing a reference for coordinated development of bilateral and regional intelligence economy.

Keywords　COVID-19 Epidemic; Cooperation between China and ROK; Artificial Intelligence

新冠肺炎疫情冲击下中朝韩贸易的困境与出路[*]

朱　芹

【内容提要】 2018 年，朝鲜半岛局势出现转圜，然中朝韩三国间贸易却在美朝新型关系建构停滞和新冠肺炎疫情冲击下再次遇冷。2020 年的中朝贸易甚至遭遇腰斩式下滑。中朝韩三国间贸易由于贸易结构的不平衡性和贸易基础的脆弱性，多受三国间政治安全事件、国际制裁以及国际或区域突发事件的冲击与左右。我们需要基于马克思主义经济基础决定上层建筑的理论，将朝核问题纳入发展范畴，通过"中朝韩经济走廊"和三边贸易体系的构建来强化三国间的经贸基础和实力，扭转三国间政治安全反作用力强于经济基础决定力的现状，从而带动半岛无核化、半岛和平机制与半岛平衡发展三轨并行。

【关键词】 国家间贸易　国际制裁　新冠肺炎疫情　"一带一路"倡议"中朝韩经济走廊"

【作者简介】 朱芹，外交学博士，复旦大学国际问题研究院助理研究员，主要从事中美与朝鲜半岛关系、朝鲜半岛独立运动史、中韩海洋问题研究。

自 2018 年朝鲜半岛局势出现转圜以来，中朝韩国家间贸易也随之好转。

* 本文系国家社会科学基金后期资助课题"海洋命运共同体视域下中韩海洋划界问题研究"（项目编号：20FGJB003）与复旦大学亚洲研究中心项目的阶段性成果。

然好景不长，2019年初美朝河内会晤的折羽以及年末新冠肺炎疫情"黑天鹅"的冲击，使中朝韩三国间双边贸易受到重挫。新冠肺炎疫情带给国际社会的反思是全方位的，且不说全球公共卫生领域应急公共产品亟须提供，全球防疫协调与互助机制有待建立，对于全球国际与区域贸易合作机制来说，也亟待变革与完善。本文将从中朝韩三国间的贸易切入，分析三国间的贸易特点、困境与影响因素，提出建构稳定的"中朝韩经济走廊"，以推动三国经贸关系的良性互动，从而规避国际或区域突发事件对三国间贸易的负面冲击。

一　中朝韩三国间双边贸易特点与困境

本文依据2000年以来的贸易数据，着重分析中朝韩三国间双边贸易波动的特点和困境，探索推动三国贸易良性发展的路径。

（一）中朝经贸特点与困境

中国是朝鲜最大的贸易伙伴，在中朝经贸关系中朝鲜多处于逆差地位。因受国际格局与朝核问题影响较大，中朝双边贸易关系呈现两大悖论。

第一，朝鲜对华贸易依存度呈上升态势，而中朝贸易增长率却趋于下降。

1992~2005年，朝鲜对华贸易额仅占其贸易总额的19.8%~38.9%。对于这一时期的朝鲜对外贸易，有分析称，对朝鲜最具经济影响力的，不是某一个国家，而是中韩联合体。[①] 然自2006年朝鲜首次核试验至2016年，由于国际制裁与朝鲜经济的脆弱性，朝鲜对华贸易依存度越来越高，呈逐年攀升态势，甚至达90%以上。[②] 与之相反的是，该时期的中韩贸易额与增长速度却基本上呈下降趋势。直至2018年，受联合国制裁与美日韩单边制裁的严重冲击，中朝双边投资、煤炭、钢铁、海产品、原油等贸易中断，朝鲜对华贸易依存度开始走低，降至62.95%。[③] 在中朝首次"习金会"与朝鲜

---

① 宋国友：《中国对朝鲜的经济影响力分析》，《韩国研究论丛》第17辑，世界知识出版社，2007，第87、97页。

② 任立冉：《朝鲜对外经济合作研究》，吉林大学博士学位论文，2018，第68页。

③ 「세계무역」，한국무역협회，http://stat.kita.net/stat/world/trade/CtrImpExpList.screen，访问时间：2019年5月20日。

七届三中全会确立集中全力发展经济的新战略之后，① 2019 年的中朝贸易额才有所回升，贸易增幅达 14.8%。② 然在新冠肺炎疫情的冲击下，2020 年中朝双边贸易额大幅下滑 80.7%，2021 年 1~5 月的贸易额降幅高达83.6%，③ 为历史最低。

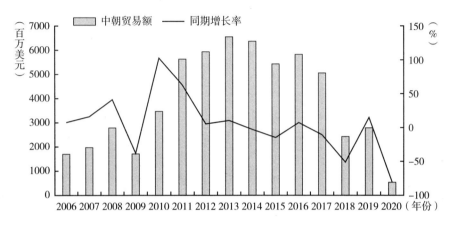

图 1　2006~2020 年中朝贸易额及增长率

资料来源：笔者根据韩国贸易协会和中国海关总署数据制作。

第二，朝鲜诉求贸易发展与贸易对象多元化，却愈加滞后与单一化。

朝鲜经济属于内向型经济。对外经贸主要集中在劳动密集型的采矿业、出口加工业和劳务输出业以及服务型的国际旅游业和会展经济等，进口重点集中于高技术、高附加值与战略性物资，如原油、精炼油、电器设备、锅炉机械类与汽车零部件等。对外经济合作呈现"浓重的计划经济性质""高度服从国家战略需求""长期受国际制裁影响"三大特征，④ 这使得朝鲜经济更加内卷化，贸易结构更加单一化，与国际金融体系、自由贸易体系的接轨

---

① 「김정은동지의 지도밑에 조선로동당중앙위원회 제7기제3차전원회의 진행」，조선중앙통신，2017 년 4 월 21 일，http://www.kcna.kp/kcna.user.article.retrieveNewsViewInfoList.kcmsf#this.

② 《2019 年 12 月进出口商品国别（地区）总值表（美元值）》，中国海关总署，2020 年 1 月23 日，http://www.customs.gov.cn/customs/302249/302274/302277/302276/2851396/index.html。

③ 《2021 年 5 月进出口商品国别（地区）总值表（美元值）》，中国海关总署，2021 年 6 月 18日，http://www.customs.gov.cn/customs/302249/zfxxgk/2799825/302274/302277/302276/3719629/index.html。

④ 任立冉：《朝鲜对外经济合作研究》，吉林大学博士学位论文，2018，摘要第 2 页。

更加错位。朝鲜已意识到对华经贸高度依赖的巨大风险，有意加速实施"进口替代"，调整与营造多元化的对外经济合作结构，[①] 以求国外资金在朝投资趋向平衡。俄、韩、日、美在朝的市场份额既有历史基础，也有现实需求。俄试图恢复苏联时期在朝的政治经济优势。韩国更是一直想借助南北和解的政治暖风进入朝鲜，在金刚山旅游区与开城工业园区试点性合作基础上，打通南北公路、铁路、网络、油气管道等连接工程，促使南北经贸畅通无阻，进而进军朝鲜各大开发区，促成南北经济一体化，为半岛统一构筑经济基础。然外国资金与投资都被联合国的制裁与美国的制裁封之门外。

（二）中韩经贸特点与前景

中韩自 1992 年建交以来，双边经贸往来获得突飞猛进的发展，各领域合作与交流甚为活跃。2003 年以来，中国一直稳居韩国第一大贸易国地位，[②] 双边贸易呈现两大特色。

第一，中韩经贸发展轨迹与美韩政治安全关系呈钟摆态势。

中韩经贸关系一直受到美韩、朝韩间政治安全关系的左右与影响，与美韩政治安全关系呈现负相关关系。这与韩国"政治安全靠美国，经济贸易靠中国"的策略有着直接关系。当美韩同盟加强与朝核危机激化时，韩国的政策摆向美国，中韩经贸关系走弱。反之，当美韩同盟淡化与朝核危机缓和时，韩国的政策摆向中国，中韩经贸关系趋向活跃。韩国试图以"安美经中"战略在中美之间寻求平衡，在双重依赖的基础上进行双向牵制，即经贸上依靠中国牵制美国，安全上依靠美国牵制中国，从而实现双向获利。[③] 这一特征自朴槿惠政府以来表现得尤为明显。然朝鲜第五次核试验彻底击穿了韩国的"安美经中"战略。"萨德入韩"对中国国家安全利益的损害，使已呈下降趋势的中韩贸易额更显疲软，韩国在安全上对美国的过度依

---

① 张慧智、金香丹：《新形势下中国与朝鲜半岛经济关系：现状与前景》，《东北亚学刊》2019 年第 1 期，第 17 页。

② 「한국의 10 대 무역국」, 한국무역협회, http://stat.kita.net/stat/world/major/KoreaStats06. screen.

③ Qin Zhu and Xiuyu Fang, "Building an 'Association of Trans-Korean Peninsula Nations' and China's Role toward the RPG Approach", *The Korean Journal of Defense Analysis*, Vol. 31, No. 1, March 2019, p. 63.

赖严重冲击了中韩经贸发展。2016 年，中韩贸易总额约 2524 亿美元，较 2015 年同期增幅为 – 8.5% ，中国对韩出口额约 935 亿美元，同期增幅为 – 7.7% ，进口额 1589 亿美元，同期增幅为 – 8.9% 。①

2017 年 5 月文在寅借"烛光革命"上台后，意图重回"安美经中"的双向受益和双向牵制轨道，对内拉动经济增长，对外确保美韩同盟，缓和南北关系与中韩关系。韩国一方面在政治安全上确保获得美国的支持。上台伊始文在寅即与特朗普通话，强调美韩同盟比任何时期都重要，是韩国外交安全政策的基础，不会改变部署"萨德"的决定，② 以"政治正确"稳固执政基础。另一方面寻求安抚与平息中国对"萨德"的抵制，修复中韩经贸关系。2017 年底，中韩商定通过两军渠道沟通与化解"萨德"问题，③ 韩国就"萨德"问题做出"三不"承诺，④ 双方就半岛和平稳定四项原则形成一定的共识。⑤ 中韩经贸逐渐走出"萨德"阴霾，诸多领域的交流与合作有回升迹象。然由于文在寅政府有意通过"新南方政策"降低对华贸易依存，特别是自 2018 年起中美贸易摩擦等因素的冲击，中韩经贸关系再度走低，2019 年贸易总额增幅为 –9.2% ，⑥ 直至 2020 年底，双边贸易才出现正增长（见图 2）。

---

① 《2016 年 12 月进出口商品主要国别（地区）总值表（美元值）》，中国海关总署，2017 年 1 月 13 日，http：//www.customs.gov.cn/customs/302249/302274/302275/630937/index.html。

② The White House of the U. S. , "Readout of President Donald J. Trump's Call with President Moon Jae-in of the Republic of Korea", May 10, 2017, https：//www.whitehouse.gov/briefings – statements/ readout – president – donald – j – trumps – call – president – moon – jae – republic – korea/.

③ 《中韩双方就中韩关系等进行沟通》，中国外交部网站，2017 年 10 月 31 日，http：// www.fmprc.gov.cn/web/wjbxw_ 673019/t1506044.shtml。

④ 韩国外交部长康京和于 2017 年 11 月表达了"三不"承诺，即不追加"萨德"部署，不加入美国的反导体系，不搞韩美日军事同盟。参见《社评："三不一限"，韩国现在就往回缩了？》，《环球时报》2017 年 11 月 29 日。

⑤ 在四项原则表述上，中方强调：必须坚持半岛无核化目标不动摇；绝不允许半岛生战生乱；半岛问题最终要通过对话协商解决；改善南北关系，推进和解合作，有助于半岛问题的和缓和解决。参见《2017 年 12 月 15 日外交部发言人陆慷主持例行记者会》，中国外交部网站，2017 年 12 月 15 日，https：//www.fmprc.gov.cn/ce/cegr/chn/ztlm/lxjzzdh/t1519842.htm。韩方强调：绝对不允许在韩半岛发生战争；坚定地坚持韩半岛无核化原则；包括无核化在内一切问题都以对话协商等和平方式解决；改善南北关系有助于解决韩半岛问题。参见《韩中峰会（北京）》，韩国统一部，2017 年 12 月 14 日，https：//www.unikorea.go.kr/cn_ unikorea/ information/relation/event/? boardId = bbs _ 0000000000000100&mode = view&cntId = 54245&category =&pageIdx =。

⑥ 《2019 年 12 月进出口商品国别（地区）总值表（美元值）》，中国海关总署，2020 年 1 月 23 日，http：//www.customs.gov.cn//customs/302249/302274/302277/302276/2851396/index.html。

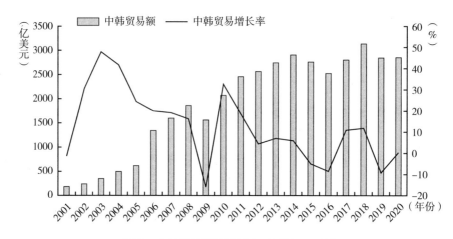

图 2　中韩贸易额及增长率（2001～2020）

资料来源：笔者根据韩国贸易协会与中国海关总署数据制作。

第二，中韩两国经贸结构不平衡，中国长期居于逆差地位。

由于中国产业资源禀赋价值低、贸易比较优势弱、韩国对华直接投资高等因素，中国在中韩双边贸易中长期处于逆差地位，有些年度，贸易逆差额甚至超出中国对韩出口贸易额。中国对韩贸易逆差额从 1992 年的 2.18 亿美元一度升至 2018 年的 959 亿美元。[①] 至 2019 年，中国对韩贸易逆差额方有所收缩，约为 625 亿美元。[②] 从两国产业分工来看，韩国在机械电子类等技术密集型行业占据优势，科技水平与资源禀赋所含有的价值差异使其产业竞争力明显强于中国。中国对韩出口产业主要集中在劳动密集型和科技含量不高的农矿类产品与轻纺工业品，多处于产业链的下游与低端区位。从两国贸易结构来看，中韩贸易高度集中在机电产品、精密仪器、化工产品等领域，是中韩贸易逆差的主要来源，而农产品、矿产品和纺织品对贸易逆差的影响日益减少，甚至微乎其微。[③]

① 《2018 年 12 月进出口商品国别（地区）总值表（美元值）》，中国海关总署，2019 年 1 月 23 日，http://www.customs.gov.cn/customs/302249/302274/302277/302276/2278978/index.html。

② 2019 年中国对韩出口额为 1110 亿美元，进口额为 1735.7 亿美元，参见《2019 年 12 月进出口商品国别（地区）总值表（美元值）》，中国海关总署，2020 年 1 月 23 日，http://www.customs.gov.cn//customs/302249/302274/302277/302276/2851396/index.html。

③ 李春晖：《中韩贸易逆差问题研究》，吉林大学硕士学位论文，2018，第 17～18、24～26 页。

从短期来看，政治安全事件可以冲击中韩双边贸易规模，但较难撼动两国间根本性的贸易结构和贸易分工。基于贸易在韩国经济中所占比重高达60%以上，及其对华贸易依存度约为20%的稳定态势，① 中韩需借力当下双边经济战略高度契合的利好态势，切实推进韩国"一体两翼"新经济战略构想与"一带一路"倡议的有效衔接，② 扩大经贸合作空间，提高中国产业竞争力，优化双边贸易结构，扭转政治安全事件特别是中美贸易摩擦对双边贸易的山体滑坡式冲击。

（三）朝韩经贸现状与展望

韩国是朝鲜第二大贸易伙伴与国际援助主要国家，然韩国保守党执政下的对朝政策与朝核问题常对两国贸易造成断崖式打击（见图3）。除了朝鲜核试验对双边贸易的影响外，2010年"天安舰事件"和"延坪岛炮击事件"发生后，韩国采取了"5·24措施"，禁止朝鲜船舶在韩国海域航行，中断南北交流，禁止韩国民众前往朝鲜，停止对朝鲜投资。③随着朝鲜核导试验的提速，2016年韩国政府不仅关闭与叫停了一切涉朝合作项目，包括开城工业园区与人道主义援助，而且中断了双边正常经贸往来。

文在寅政府执政后，朝韩关系虽然逐步走出核战争边缘状态，实现了史无前例的南北首脑"一年三会"，达成系列宣言，如《板门店宣言》（2018年4月27日）和《平壤共同宣言》（2018年9月19日），就朝鲜半岛无核化、朝鲜半岛和平机制、促进双边交流等事项达成共识，④ 而且在经贸合作上南

---

① 「한국의 무역의존도」，한국무역협회，https：//stat. kita. net/stat/world/major/KoreaStats02. screen.

② 笔者将"韩半岛新经济地图"界定为文在寅新经济战略的"一体"，将"新北方政策"与"新南方政策"界定为文在寅新经济战略的"两翼"，以展示文在寅新经济战略的核心框架与战略布局。

③ 〔朝〕金哲、金英俊等：《朝鲜学者再论朝鲜经济》，《东北亚论坛》2016年第1期，第41页。

④ The Ministry of Unification, ROK, "Panmunjeom Declaration for Peace, Prosperity and Unification of the Korean Peninsula", April 30, 2018, http：//www. unikorea. go. kr/eng_ unikorea/news/ news/? boardId = bbs_ 0000000000000033&mode = view&cntId = 54394&category = &pageIdx = ; The Ministry of Unification, ROK, "Pyeongyang Joint Declaration of September 2018", September 19, 2018, https：//www. unikorea. go. kr/eng _ unikorea/news/news/? boardId = bbs _ 0000000000000033&mode = view&cntId = 54467&category = &pageIdx = 1.

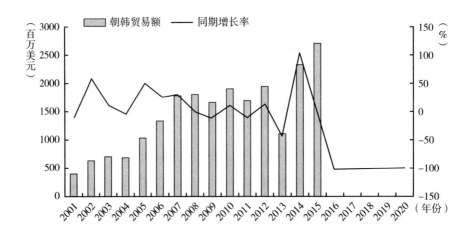

图 3　朝韩贸易额及增长率（2001～2020）

资料来源：笔者根据韩国贸易协会数据绘制。

北都有战略布局与对接意向，一旦双方实现设施联通、贸易畅通与资金融通等基础性的"小三通"，南北经济将进入经济发展的快车道。① 但与南北政治安全外交关系直接进入"火热夏天"相比，双边经贸关系依然"春寒料峭"。文在寅政府一直对美国制裁措施不敢越雷池半步，在制裁的"紧箍咒"下，南北双方的经贸关系依然寸步难行。

二　影响中朝韩双边贸易的多重因素

中朝韩三国间双边贸易很活跃也很脆弱。从三国双边贸易数据和变化曲线可以看出，中朝韩贸易易受到半岛南北及其与大国的政治安全关系、国际制裁、国际或区域突发事件等的影响。

（一）政治安全因素的天花板

中朝韩三国间的双边贸易关系受到政治安全关系的严重影响，包括三国之间的双边关系以及与美国的关系，其中最为重要的是美国因素。韩国作为

---

① 在2018年12月13日中韩和平学术会议上，李开盛、龚克瑜等学者提出"小三通"概念。

美国的盟国，无法突破"在同盟框架内协调半岛事务"的底线，^① 在对朝合作交流上，要么表现为进步派执政时期的有心无力，要么表现为保守派掌权时期的无心无力。即便在特朗普政府试图突破美朝关系现状的大局下，文在寅政府在对朝关系上也未能实现预期的突破，连南北铁路联通的设想和实施都一再受阻。特朗普政府又在经贸、环保、卫教文等领域推行单边主义和"退群"外交，更难构建新的包括朝韩在内的多边经贸体系。拜登政府虽有加入 CPTPP 的意向，但并不会乐意支持中日韩自贸协定的达成，且基于其对朝政策定位，可以预期的是，拜登政府也不愿看到朝韩双边贸易或中朝韩三边贸易体系的形成。从上文历年贸易曲线也可以看出，每逢重要的政治安全事件的突发节点，如核导试验、"天安舰事件"、"延坪岛事件"、"萨德"问题等，中朝韩三国间首当其冲的即是双边贸易。在三国间双边政治关系遇冷期间，双边贸易也难见起色。在朝鲜与中、美、韩、俄关系转圜的 2019 年，中朝贸易额方才止跌回升，出现缓慢爬坡，全年进出口同期增长率为 14.8%。^② 可见，政治安全关系是双边贸易关系的方向标和天花板。

（二）国际制裁的制度障碍

国际经济制裁一直被美国等国家视为解决朝核问题的有效措施，朝鲜由此一直承受着联合国实施的多边制裁和各个国家自行实施的单边制裁。然而，国际制裁不仅没有实现促朝弃核的目的，反而刺激了朝鲜加速推进核导计划的决心，^③ 而且从经贸层面严重阻碍着朝鲜的对外经贸发展以及东北亚区域经济一体化进程。假如将国际社会开始采取密集制裁措施前的 2015 年的中朝贸易额设为数值 1，根据历年同期增减率计算得出，在 2016 年两项制裁决议下，中朝贸易额降为 0.65。在 2017 年四项制裁协议

---

① The Whitehouse of US, "Joint Statement Between the United States and the Republic of Korea", June 30, 2017, https：//www. whitehouse. gov/briefings – statements/joint – statement – united – states – republic – korea/, 访问时间：2019 年 5 月 20 日。

② 《2019 年 12 月进出口商品国别（地区）总值表（美元值）》，中国海关总署，2020 年 1 月 23 日，http：//www. customs. gov. cn/customs/302249/302274/302277/302276/2851396/index. html。

③ Nikolay Marinov, "Do Economic Sanctions De-stabilize Country Leaders?", *American Journal of Political Science*, Vol. 49, No. 3, 2005, pp. 564 – 576；刘建伟：《国际制裁缘何难以奏效？——"非故意后果"的视角》，《世界经济与政治》2011 年第 10 期，第 114 页。

下，中朝贸易额为 0.92，较 2016 年反而有所回升。不过，2018 年降至
0.44，2019 年略微回升至 0.51。相比制裁，在新冠肺炎疫情冲击下，2020
年中朝贸易额急剧降至 0.098。① 因而可以推论，经济制裁并非解决朝核问
题的有力措施，疫情中尚能良好运转的朝鲜，在疫情防控常态化时期更不会
惧怕经济制裁。南北发展的不平衡反而加剧了两国的安全困境。

（三）新冠肺炎疫情等国际突发事件的冲击

在新冠肺炎疫情席卷全球的背景下，一些国家经济活动几近停摆，国际
贸易受到严重冲击，出现断崖式下跌。2020 年全年中朝贸易极度萎缩，甚
至遭遇腰斩式下滑，双边贸易额比 2019 年同期缩减高达 80.7%。② 其中，2
月份中国从朝鲜进口额最低，仅 36.6 万美元（参见图 4）。③

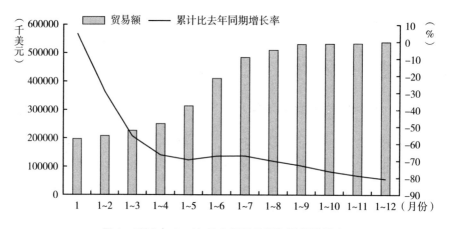

图 4 2020 年 1~12 月中朝贸易额与同期增长率

资料来源：笔者根据中国海关总署数据制作。

① 根据中国海关贸易数据估算。
② 《2020 年 12 月进出口商品国别（地区）总值表（美元值）》，中国海关总署，2021 年 1 月
18 日，http：//www.customs.gov.cn//customs/302249/zfxxgk/2799825/302274/302277/30227
6/3515719/index.html。
③ 《2020 年 2 月进出口商品国别（地区）总值表（美元值）》，中国海关总署，2021 年 1 月 19
日，http：//www.customs.gov.cn//customs/302249/zfxxgk/2799825/302274/302277/302276/
3517277/index.html。

而在相同疫情冲击下，2020 年 1～12 月中韩进出口贸易总额比 2019 年同期由下降扭转为增长，增幅为 0.3%。[①] 从 2020 年全年来看，1～2 月份中韩双边贸易受到的冲击最大，比 2019 年同期下降 12.2%，之后逐月呈现如图 5 所示的收窄与恢复趋势。1～11 月份双边贸易额仅同比下降 0.3%。[②]

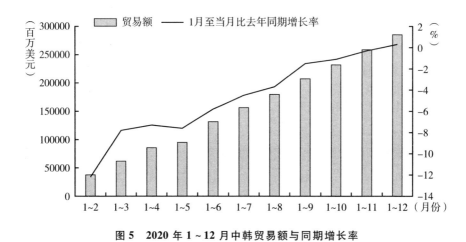

图 5　2020 年 1～12 月中韩贸易额与同期增长率

资料来源：笔者根据中国海关总署数据制作。

从近 20 年的中朝贸易数据来看，新冠肺炎疫情对中朝贸易的冲击远远大于国际经济制裁对两国贸易的打压。中朝贸易额受国际制裁冲击最为严重的两年为 2009 年和 2018 年，全年贸易额分别为 17.10 亿美元和 24.30 亿美元，同期分别下降 38.2% 和 51.2%。而在 2013 年，在因第三次核试验而面临联合国对朝第 2094 号制裁决议的情况下，中朝贸易额却实现了至今都未突破的峰值 65.45 亿美元。从中朝、中韩双边贸易对比来看，除去中韩双方国内疫情治理与控制方法得当等因素外，相对成熟的中韩贸易关系在应对新冠肺炎疫情等危机冲击时显得更加自如，而中朝双边贸易依然没有扭转持续走低的态势。

①　《2020 年 12 月进出口商品主要国别（地区）总值表（美元值）》，中国海关总署，2021 年 1 月 14 日，http://www.customs.gov.cn//customs/302249/zfxxgk/2799825/302274/302275/3511695/index.html。

②　《2020 年 11 月进出口商品主要国别（地区）总值表（美元值）》，中国海关总署，2020 年 12 月 7 日，http://www.customs.gov.cn//customs/302249/zfxxgk/2799825/302274/302275/3436916/index.html。

三 走出中朝韩三国间贸易困境的路径

基于上述分析，本文认为应从以下三个方面思考走出中朝韩三国间贸易困境的路径。

（一） 以经济基础决定上层建筑的理论及实践扭转政治安全关系对经贸关系的阻隔

依据马克思主义的经济基础决定上层建筑理论，[①] 中朝韩经贸关系应该决定着三国间的政治安全关系，而事实却出现了背离。这恰恰是因为中朝韩三国间薄弱的经济合作基础和经贸合作机制，三国间政治安全关系对经贸的反作用力更为凸显，甚至起到攸关作用。中朝韩三国间并未形成稳定的机制化的多边贸易体系，更没有建成三国间的自由贸易区，依然是传统的双边贸易，较易受到政治安全事件、公共卫生突发事件以及全球性经济危机的冲击。因而，既需要以马克思主义经济基础决定上层建筑的理论进行思考，强化中朝韩三国间经贸关系的意识与共识，同时需要将中朝韩之间的双边经贸关系推入多边贸易体系内，以成熟的、有约束力的多边贸易体系对冲政治安全关系的阻隔，以强大的三国经贸合作实力实现经济基础对政治安全的决定作用。

（二） 寻求以发展的思路而非国际制裁的方式解决朝核问题

国际制裁虽然意在解决朝核问题，但事实上成为封堵朝鲜对外开放的最为直接的外部因素。美日韩多将朝核问题塑造为国际威胁，[②] 而朝鲜追求核武器的最根本诉求是保障体制安全，对冲和威慑美国的敌对与打压。解决朝核问题的思路也应从安全与政治的角度采取增加朝鲜国家安全感和增强国际信任机制的措施，其中最为关键和有效的措施应是结束停战机制和构建朝鲜

---

① 《〈政治经济学批判〉序言》，《马克思恩格斯全集》（第 13 卷），人民出版社，2006，第 7~11 页。

② Sachio Nakato, "Security Cooperation Between Japan and South Korea on the North Korean Nuclear Threat: Strategic Priorities and Historical Issues", *Pacific Focus*, Vol. 35, Issue 2, 2020, pp. 307–333.

半岛和平机制。① 中国一再强调政治解决朝核问题，② 即有排除军事打击和一味地国际制裁之意。从另一方面来看，朝核问题不仅是安全问题，还是发展问题。对待发展问题更应采取疏导和融入的方式，而非围堵与排斥的方式，应以发展的视角将之纳入发展问题范畴内予以考量，在发展中解决朝核问题。当和平、发展、稳定和繁荣成为时代主题，生存权和发展权是首要的基本人权，③ 对于国际社会中的国家也是如此。美国对朝鲜的封堵甚至颠覆，这种以外部因素阻碍朝鲜生存与发展的行为，即是对国际人权的最大践踏。缓解对朝国际制裁，实现半岛平衡发展、半岛无核化与半岛和平机制三轨并行，形成三国乃至东北亚区域经贸关系的良性发展，从而带动朝核问题的正向解决，方为可取之道。

（三）寻求新冠肺炎疫情防控常态化下中朝韩三国间双边贸易关系恢复的渠道

从新冠肺炎病毒全球蔓延的情况来看，新冠肺炎疫情防控将会常态化，边防控边发展边交流应是国际贸易的常态。为了中朝韩三国间双边贸易的恢复和发展，首先应将中韩合作防控的经验与机制推广至三国。中韩在合作防控上已取得了先期成果，实现了人员交流、高层访问与贸易流通，两国贸易额逐步回升的态势也可以印证。继 2020 年 8 月中共中央政治局委员、中央外事工作委员会办公室主任杨洁篪访韩之后，④ 11 月中国国务委员兼外交部

---

① 有关朝核问题与半岛和平机制的研究成果颇丰。最新研究如，Lin Limin and Cheng Yake, "The Prospect of Korean Nuclear Issue: Several Focal Points", *Contemporary International Relations*, No. 3, 2020, pp. 37 – 55; Christopher Lawrenc, "Normalization by Other Means: Technological Infrastructure and Political Commitment in the North Korean Nuclear Crisis", *International Security*, Vol. 45, Issue 1, 2020, pp. 9 – 50; 张弛：《"四方会谈"与"六方会谈"互动下的双轨并进：朝鲜半岛和平机制的构建路径再探》，《世界经济与政治论坛》2019 年第 5 期；王俊生：《朝鲜半岛和平机制构建与中韩合作的意义》，《世界知识》2018 年第 19 期。
② 《持续推进半岛问题政治解决进程》，《新京报》2019 年 1 月 11 日。
③ 华春莹：《中国成功走出了一条符合中国国情的人权发展道路》，外交部发言人办公室，2020 年 12 月 10 日，https: //mp. weixin. qq. com/s/qlaLHx8AeW_Pu14xMiz – 9g，访问时间：2020 年 12 月 10 日。
④ 《外媒关注杨洁篪出访新韩：中国周边外交重启"线下"模式》，《参考消息》2020 年 8 月 23 日，http: //www. cankaoxiaoxi. com/china/20200823/2419011. shtml，访问时间：2020 年 12 月 1 日。

长王毅也访问了韩国，达成了中韩关系的十项共识。[①] 这即是两国联防联控合作防疫成果对政治外交领域的外溢效应，推动了两国关系的发展。因而，在公共卫生合作与防控方面，应积极推动构建中朝韩三国合作机制，为双边贸易恢复和发展创造良好的卫生安全环境。其次，要打造三边贸易体系。双边贸易关系易受两国政治安全关系的影响和左右，而三边贸易体系承受两国政治摩擦冲击的耐力相对较大。基于中国"一带一路"倡议中六大经济走廊及其合作机制，[②] 本文建议先以构建"中朝韩经济走廊"的方式推进三边贸易体系的形成。这与朝韩两国的经济发展战略有着较大的契合度。"一带一路"倡议的六大经济走廊和东北亚六国筹划的大图们江开发区，已为"中朝韩经济走廊"积累了先期经验。对于"中朝韩经济走廊"倡议的研究，学界已有先期成果，也形成了一定的意向基础。[③]

四　结论

"中朝韩经济走廊"倡议既有民意基础，也有先期经验可资借鉴，更有中朝韩三国间地缘优势和经贸关系支撑。构建"中朝韩经济走廊"，对接中俄蒙经济走廊，进而打造包括中、俄、蒙、日、韩、朝六国在内的东北亚经济走廊，既可以完善"一带一路"倡议，缝合中国周边合作圈的断

---

① 《王毅国务委员兼外长同韩国外长康京和会谈达成 10 项共识》，中国外交部网站，2020 年 11 月 26 日，https://www.fmprc.gov.cn/web/wjbzhd/t1835759.shtml。

② 2015 年 3 月 28 日，中国国家发展改革委、外交部、商务部联合发布的《推动共建丝绸之路经济带和 21 世纪海上丝绸之路的愿景与行动》布局了六大经济走廊，其中一些经济走廊已有相应的区域合作机制。北方有中俄蒙经济走廊与上海合作组织（SCO），西南方有中巴经济走廊，南方有孟中印缅经济走廊与中国—南亚区域合作联盟（SAARC），东南方有"海丝"与中国—东盟合作机制以及中国—东盟自贸区。

③ 2019 年，山东社会科学院朴文进主持的"朝鲜半岛经济发展新趋势与中朝韩经济走廊建设研究"（19BGJ053）获国家哲学社会科学基金立项，说明"中朝韩经济走廊"倡议得到了有关部门的重视。"中朝韩经济走廊"的概念早有学者提出并被持续关注。石源华教授曾撰文倡议建设"中朝韩经济走廊""中朝韩俄经济走廊""东北亚经济走廊"。参见石源华《倡议"中朝韩经济走廊"，实现周边合作全覆盖》，《世界知识》2015 年第 5 期，第 72 页；仇发华：《"中朝韩经济圈"建设初探——兼论"一带一路"在东北亚地区对接》，《韩国研究论丛》2017 年第 1 辑，总第 33 辑，第 98～109 页；石源华：《"中国周边学"发凡：一门交叉学科的诞生》，《国际观察》2020 年第 6 期，第 7、30 页；刘伟奇：《塑造以我国东北为枢纽的东北亚经济走廊新格局》，《中国东北振兴研究院简报》总第 96 期，2019。

裂带，还可以助力东北亚区域经济一体化进程，以及东北亚区域经济的崛起。从全球地缘经济格局来看，东北亚是新兴经济体的汇集地，是在新冠肺炎疫情冲击下唯一实现经济正增长的区域。①一旦"中朝韩经济走廊"建设得到三国官方的认可并予以推进，依据马克思主义的经济基础决定论范式，三国经贸关系的良性发展将带动朝鲜半岛和平机制的构筑与稳定运作，形成东北亚政治安全与经贸发展良性互动的动力线，进而进一步推动中朝韩经济命运共同体的形成，从而有力地实践人类命运共同体理念。

Dilemma and Outlet of the China and Inter-Korea's Trade Affected by the COVID − 19

Zhu Qin

Abstract In 2018, the situation on the Korean Peninsula turned round. However, the trades among China, the DPRK and the ROK suffer cold because of the stagnant construction of new relations between U. S.-DPRK and the affection of COVID − 19. The Sino-DPRK trade in 2020 was even cut half. Due to the imbalance of trade structure and the fragility of trade foundation, the trades among China, DPRK and ROK is mostly affected by political security incidents, international sanctions and international or regional emergencies. These three countries need to put the Korean nuclear issue into the development category based on the Marxism theory that the superstructure is determined by the economic basis. The construction of "China-DPRK-ROK economic corridor" and trilateral trade system will strengthen the economic and trade foundation among these three countries, reverse the situation that the reaction force of political security among these three countries is stronger than the decisive force of economic foundation, so

---

① "Real GDP Growth – MAP (2020)", International Monetary Fund, https://www. imf. org/external/datamapper/NGDP_ RPCH@WEO/OEMDC/ADVEC/WEOWORLD/ARM/CHN, 访问时间：2020 年 11 月 7 日。

as to promote the tri-track parallel of denuclearization of the peninsula, peace mechanism of the peninsula and balanced development of the peninsula.

Keywords Trade of Inter-countries; International Sanction; The COVID - 19; The Belt and Road Initiative; "China-DPRK-ROK Economic Corridor"

东亚区域合作视域下的互联互通研究[*]

〔韩〕金炫圭

【内容提要】 本文通过批评以欧洲一体化理论与霸权稳定理论为代表的传统区域合作理论，试图提出互联互通分析框架，从而对东亚区域合作提出更有效的解释。这一互联互通分析框架的核心内容是在共生世界观视角下，通过三个阶段的合作过程和"三轨战略"的合作机制，达成东亚区域合作。其中，共生世界观视角下的合作过程是由对接阶段、谈判阶段与协议阶段三部分组成的一个循环过程，在第三阶段会推动新的对接面，回归到第一阶段。合作机制也分为三大轨道，即政府间交流平台所代表的主要轨道和政企交流平台、民间交流平台两个次要轨道（起辅助作用）。在此基础上，基础设施、贸易、金融与人文交流等领域，便有可能达成东亚区域合作。

【关键词】 区域合作 互联互通 一体化理论 霸权稳定理论

【作者简介】 金炫圭，复旦大学国际关系与公共事务学院博士，韩国外国语大学全球政治研究所研究员，主要从事东亚区域合作、外交政策研究。

一 导论

（一）研究背景与研究目的

冷战后的科技发展使世界各国联系日益密切，不仅推动了现实主义和自

---

* 本文在写作过程中得到了复旦大学苏长和教授的启发和指导，特此致谢。文中错漏由笔者负责。

由主义内部的理论发展，也催生了各种新思想与新理论的涌现。特别是 21 世纪以来，随着中国等新兴经济体国家的实力日益增强，国际空间大格局从以美国为主的"单极格局"转变为"一超多强格局"，带动东亚地区格局发生变化。与此同时，国际思想格局亦随之发生变化：欧洲屡屡发生的恐怖主义行为使欧美国家提倡的自由民主主义价值观发生动摇，而"共生""中庸""道义"等中国传统价值理念与当代中国提倡的社会主义价值观则越来越引人注目。这不仅是因为中国综合国力的逐渐提升，更是因为中国对国际社会的影响力日趋扩大。总而言之，在激变时代，思想和理论上百花齐放，现象与理论相互交错。

众所周知，2013 年 9 月和 10 月，习近平主席在出访中亚和东南亚国家时，先后在哈萨克斯坦和印度尼西亚提出"丝绸之路经济带"与"21 世纪海上丝绸之路"倡议。此后，中国政府将"丝绸之路经济带"和"21 世纪海上丝绸之路"结合起来，提出了建立"一带一路"新区域合作模式。"一带一路"倡议自提出以来，吸引了许多国家的关注，受到了很多周边国家和沿线国家的欢迎。"一带一路"倡议也吸引众多学者从事相关研究，给国内外学术界带来了重大影响。但遗憾的是，一些学者习惯运用西方理论来探讨和分析"一带一路"，例如将"一带一路"视作"中国版的马歇尔计划"，这些基于西方理论的分析带有强烈的西方价值观色彩，容易造成对"一带一路"的误解。因此，为了适应新的时代需求和形式需求，我们需要相应的新思想和新理论；为了正确分析东亚合作，我们必须用适应区域状况和区域内主要价值观的理论来进行研究。基于上述想法，本文试图用互联互通视角来解释东亚区域合作。

（二）相关文献综述

在国际层面，"互联互通"这一概念最早出现于 2010 年的第 17 届东盟首脑会议。这次会议上，东盟成员国通过了《东盟互联互通总体规划》，阐述了互联互通的概念与基本内容，明确表示互联互通的三大支柱是基础设施互联互通、机制互联互通与民间互联互通。而在中国国内，"互联互通"一词最早出现于 2012 年的中国共产党第十八次全国代表大会。[①] 此后，在推

---

① 吴泽林：《亚洲区域合作的互联互通：一个初步的分析框架》，《世界经济与政治》2016 年第 6 期，第 76～77 页。

动"一带一路"建设的过程中，中国时常强调这一概念。本文将"互联互通"定义为：在国家或者城市之间打通人、财、物、智等各种要素，其分析框架主要解释如何贯通各种要素，如何促进各种因素的流动性与便利化。

在学术界，互联互通理论仍然处在理论化的过程中。近年来，苏长和的几篇文章强调需要具有中国特色的理论的观点，提出构建互联互通理论，并试图用这一理论来分析区域合作与区域治理。他认为，互联互通作为一种平等的关系网络，以"共"的价值为基础，加强交流沟通，实现合作共赢。互联互通的目的不是如欧洲一体化理论所展现的那样，各国把主权的一部分让渡给超国家机构，而是促进国家之间的流动性与便利化。[①] 但他所勾画的互联互通理论还处于雏形阶段，尚未发展为具体的理论分析框架。吴泽林认同苏长和的看法，试图建立一个互联互通理论的初步分析框架。他表示，在分析一体化理论和互联互通理论的区别之外，还应聚焦于互联互通理论的初步分析框架与核心内容。他认为互联互通理论重视"对接"，并提出了三重效应：拉动效应、外溢效应与创造效应。具体而言，拉动效应是指政府之间政策协调和沟通，外溢效应是指基础设施建设，创造效应是指人员互动。另外，他在互联互通的执行层面提出了两种路径：政府间机制（跨国行政合作）与大国的道义和责任（区域公共产品）。[②] 在此基础上，吴泽林提出"全球互联互通能力"，包括由规划对接能力、装备的国际化运用、资金支持能力与建立国际评价体系四方面构成的基本能力和由规划援助能力、标准的国际化运用、资金动员能力与国际化的评价体系核心能力四方面构成的核心能力。[③]

除上述两位学者的论述外，目前尚不存在其他对互联互通理论的阐述。由此可见，当前在国际关系理论体系中，互联互通理论尚不完善。

---

① 关于苏长和提出的互联互通理论，参见苏长和《互联互通：理解国际关系的新概念》，《中国社会科学报》2015年12月8日；苏长和：《从关系到共生——中国大国外交理论的文化和制度阐释》，《世界经济与政治》2016年第1期；苏长和：《关系理论的学术议程》，《世界经济与政治》2016年第10期；苏长和：《互联互通世界的治理和秩序》，《世界经济与政治》2017年第2期。

② 吴泽林：《亚洲区域合作的互联互通：一个初步的分析框架》，《世界经济与政治》2016年第6期，第79~90页。

③ 吴泽林：《解析中国的全球互联互通能力》，《世界经济与政治》2017年第11期，第52~63页。

二　区域合作的有关理论

在区域合作的有关理论方面，有两个代表性理论，即欧洲特色的一体化理论与美国特色的霸权稳定理论。

（一）欧洲一体化理论及其批判

欧洲一体化理论主要有三个学派，即联邦主义、功能主义与政府间主义。联邦主义理论首推伊曼努尔·康德（Immanuel Kant）的欧洲联邦学说。康德的《论持久和平：一个哲学家的方案》一文认为，为了实现持久和平，欧洲应该建立一个欧洲联邦。这深刻影响了后世的联邦主义思想，并使之在 20 世纪上半期成为欧洲一体化的中心理论，进而在第二次世界大战后受到西欧政治界和学术界的广泛推崇。此外，也有学者提出借鉴美国联邦制，构建"欧洲合众国"。尽管功能主义的兴起使联邦主义相对衰落，但是对于联邦主义的研究仍然在继续，如社会学派联邦主义理论、合作联邦主义理论等。①

从戴维·米特兰尼（David Mitrany）的功能主义发展起来的厄恩斯特·哈斯（Ernst Hass）的新功能主义类似于让·莫内（Jean Monnet）和罗伯特·舒曼（Robert Schuman）为了推动欧洲一体化而提出的一体化战略。新功能主义认为，一体化的动因来自政治精英，并且一体化的发展过程呈现外溢效应。具体来看一体化的过程，它起始于在某个领域率先实现功能性合作，进而引导其他方面的合作，最终从经济、社会、文化等低级政治扩展到政治、安全等高级政治。此外，新功能主义还注重超国家机构，即"趋同"。相反，与功能主义相对立的政府间主义则忽视外溢效应。政府间主义的主要人物斯坦利·霍夫曼（Stanley Hoffmann）认为，在低级政治领域的一体化过程与在高级政治领域的一体化过程完全不同，各国所希望的是在低级政治领域的功能性合作。② 受现实主义理论影响，他认为一些强国的本国

---

① 宋新宁：《欧洲一体化理论：在实践中丰富与发展》，《中国人民大学学报》2014 年第 6 期，第 2~4 页。

② Stanley Hoffmann, "Obstinate or Obsolete? The Fate of the Nation-State and the Case of Western Europe", *Daedalus*, Vol. 95, No. 3, 1966, p. 882.

利益将左右国家间合作的成效。20 世纪 90 年代末，在（新）功能主义和政府间主义的争论中，又出现了关于欧洲一体化的新理论，即安德鲁·莫拉维切克（Andrew Moravcsik）提出的自由政府间主义。他将国家间的谈判分为三个阶段：国家偏好的形成（自由主义）、国家间博弈（政府间主义）与制度选择（制度主义）。① 除了三个代表性学派以外，这一领域还出现了制度主义学派和建构主义学派。尽管对于欧洲一体化过程的解释，五个学派的看法有所不同，但是，随着欧洲一体化的进展，20 世纪 80 年代以后的一体化理论都强调超国家机构的重要性。

一言以蔽之，欧洲一体化理论的主要特征是功能性合作与全方位的趋同，其中，欧洲一体化的目标不仅是经济趋同、社会趋同与文化趋同，更是政治趋同。然而，欧洲一体化理论在适用于东亚区域合作时有两个缺点。其一，主权国家不愿意把自己的权力让渡给超国家机构，因此不能实现一种理想的政治趋同。中国、韩国和日本在历史、领土等方面仍然存在许多矛盾，东亚区域合作的趋同之路还很漫长。因此，合作的目标将不是趋同而应是共赢，在此基础上的东亚区域合作之前景将会较为光明。其二，欧洲一体化理论具有排他性。就欧洲一体化来看，要加入欧盟，就必须满足一定的标准（如只有欧洲国家才能加入、应该符合欧盟制定的经济标准等），但这一前提不适用于东亚。

（二）霸权稳定理论及其批判

霸权稳定理论是国际政治经济学的重要理论，也是美国外交的重要政策方向。霸权稳定理论经历了两个发展阶段：第一阶段从经济学者查尔斯·金德尔伯格（Charles Kindleberger）开始，经过政治经济学者斯蒂芬·克拉斯纳（Stephen Krasner）的努力，最终，政治经济学者罗伯特·吉尔平（Robert Gilpin）建立了霸权稳定理论；第二阶段则是罗伯特·基欧汉（Robert Keohane）批评与修正霸权稳定理论的建立。

霸权稳定理论起源于金德尔伯格对大萧条原因的解释。与当时主流的经济学者不同，他用政治学中的领导力概念和经济学中的公共产品理论来分析

---

① Andrew Moravcsik, *The Choice for Europe: Social Purpose and State Power from Messina to Maastricht*, Ithaca: Cornell University Press, 1998, pp. 18 – 85.

大萧条。他在《1929~1939 年世界经济萧条》一书中提到，之所以 1929 年大萧条涉及面如此之宽、程度如此之深、持续时间如此之长，既是由于英国缺乏能力，也是由于美国缺乏承担更多国际责任的意愿。因此，要实现世界经济的稳定，必须有且只有一个扮演"稳定者"角色的国家。① 此外，他还研究了国际经济领导力和公共产品的作用，由此他认为维持世界经济稳定所必需的稳定器可以成为一种公共产品，国际经济也必须要有这一公共产品。② 同时，他也对国际公共产品的特征作了进一步解释。③ 总而言之，他将国内公共产品理论推广到国际维度，并探讨了国际公共产品的特征。

影响金德尔伯格观点的两位学者克拉斯纳和吉尔平，则偏向于政治学的主张：金德尔伯格从公共产品的视角注重经济利益，而克拉斯纳和吉尔平则从国家权力的视角出发重视政治利益，就是说霸权国家提供国际公共产品的原因是本国的利益。克拉斯纳认为，世界上有三种类型的体系：由许多高度发达的小国组成的体系、由几个发展不平衡的大国组成的体系与霸权体系。其中，霸权体系是霸权国家的偏好开放结构。他分析认为，开放体系更容易在一个霸权国家处于优势地位期间产生，这样的国家有兴趣也有能力创立一个以低关税、不断上升的贸易比例和较少的地区主义为特征的经济结构。④

吉尔平则修正了克拉斯纳的看法，建立了自己的理论，他认为单单是霸权的存在还不足以确保国际自由经济的发展，霸权国家本身也必须遵守自由主义价值观念。因此，自由市场体系的出现和发展有三个前提：霸权、自由主义意识形态与共同利益。由此，霸权稳定理论强调提供三种公共产品，即自由开放贸易制度、稳定的国际货币与国际安全。⑤ 此外，吉尔平还论证了霸权体系因"搭便车"现象而实际呈现循环状态，经过"扩张""体系平

---

① Charles Kindleberger, *The World in Depression: 1929 - 1939*, Berkeley: University of California Press, 1973.

② Charles Kindleberger, "Dominance and Leadership in the International Economy: Exploitation, Public Goods and Free Rides", *International Studies Quarterly*, Vol. 25, No. 2, June 1981, p. 247.

③ Charles Kindleberger, "International Public Goods without International Government", *The American Economic Review*, Vol. 76, No. 1, March 1986, pp. 7 - 8.

④ Stephen Krasner, "State Power and the Structure of International Trade", *World Politics*, Vol. 28, No. 3, April 1976, pp. 321 - 323.

⑤ Robert Gilpin, *The Political Economy of International Relations*, Princeton: Princeton University Press, 1987, pp. 72 - 74.

衡""体系失衡",最终形成新的霸权国家。①

用霸权稳定理论来分析东亚区域合作有两个缺点。一是区域合作中霸权国家的必要性值得商榷。霸权稳定理论希望构建等级性秩序,以不平等的关系网络达成合作。那么,无论少数强国还是大多数弱小国家,都将感受到自身在合作过程中蒙受损失。因此,区域合作需要的不是霸权国家,而是主导国家,通过国家间对接,构建一个任何国家都能畅所欲言并直言不讳地抒发己见、贯彻本国利益的交流平台。在东南亚区域合作中,东盟的各项交流平台均印证了上述观点。二是提供公共产品的局限性。霸权稳定理论认为只有提供公共产品才能稳定国际体系,这一理论基础是单极格局。但实际上,当前一超多强的体系使得霸权国家因缺乏足够的能力而不能完全提供稳定的国际货币与国际安全。因此,霸权稳定理论并不完全适用。

三 互联互通分析框架的初步研究

(一) 互联互通分析框架的思想来源:共生世界观

社会理论是在特定文化和价值观的基础上产生的,② 互联互通分析框架便是建立在共生价值观的基础上。"共生"概念来源于 19 世纪生物学领域。20 世纪 80 年代以来,共生理论渗透到经济学、哲学、社会学、国际关系学等人文社科领域,实现了理论的飞跃发展。在国际关系学方面,上海学派奠定了共生理论的基础,并使之取得了长足进展。有一些学者致力于解释共生本身,一方面从古代中国哲学思想中提炼出共生及其逻辑,另一方面将其与西方哲学思想比较,指出共生的优点。尽管共生来源于西方生物学,但是在孔子、老子等中国先贤的话语中也能够找到类似的概念及逻辑,即"同义异名"。由此观之,可以将共生定义为"不同事物在共存中相生相成、共同

---

① 三位学者分析的问题领域并不相同。金德尔伯格对国际金融货币领域进行研究,克拉斯纳对国际贸易领域进行研究,吉尔平对国际直接投资领域进行研究。参见钟飞腾《霸权稳定论与国际政治经济学研究》,《世界经济与政治》2010 年第 4 期,第 114~115 页。

② 秦亚青:《关系与过程:中国国际关系理论的文化建构》,上海人民出版社,2012,第 1 页。

生长的良性状态"以及"事物发展的生机和动力"。[1] 共生包含着共同生存和共同生长两个层面，因此是与"共存"不同的概念，是比"共存"内涵更高的层次。[2] 值得注意的是，共生也承认矛盾和斗争的世界。[3] 共生的特点就是人跟人之间存在和谐，也存在矛盾，这同样适用于国与国之间的关系，即国与国之间，和谐与矛盾并存。另一些学者致力于从共生视角来分析目前发生的各种现象，特别是在互联互通新时代的背景下应用共生视角解读新型大国关系、"一带一路"与东盟关系。

有人认为，共生概念及其逻辑过于理想化。然而，共生并不是追求乌托邦，而是正确认识现实。如果从常见的相互依存论和功能主义的角度来研究东北亚地区，一定程度上的合作是可能的，但因为相互依存论和功能主义都是基于个人利益而阐发的理论，在这样的理论背景下，安全领域的合作仍将面临诸多困境。共生不仅是为了自身的利益，也是为了兼顾对方的利益关切乃至全世界的共同利益。因此，如果以共生世界观来看待各种难题，将更有可能找出解决方案。

（二）共生世界观视角下的合作过程

合作过程有三个阶段。对接阶段是国家之间的对接。任何国家都有本国的国家发展核心战略，追求国家富裕。因此，为了追求本国利益和寻找新的增长动力，国家之间有可能形成利益契合点。对接阶段主要考虑的因素有二：主导国家的必要性和非排他性。首先，区域合作需要主导国家而非霸权国通过国家间对接构建交流平台以便于各国各抒己见，贯彻本国的利益。其次，国家间达成利益契合的主要考虑因素应是彼此共同利益而非对方国家的位置、实力和国内外状况等。因此，它与欧洲一体化不同，即加入交流平台并不依赖于特定标准。

对接阶段之后是谈判阶段，即通过政府之间的交流平台来进行沟通和协商，政企交流平台与民间交流平台从旁配合。政府间组织、非政府组织和跨

---

① 任晓：《以共生思考世界秩序》，《国际关系研究》2015 年第 1 期，第 21 页。

② 任晓：《共生体系的存在和持久性——对熊李力、陈雪飞先生的回应》，《探索与争鸣》2014 年第 11 期，第 34~35 页。

③ 苏长和：《从关系到共生——中国大国外交理论的文化和制度阐释》，《世界经济与政治》2016 年第 1 期，第 11~12 页。

国公司等非国家行为体主要起辅助的作用。谈判阶段主要考虑的因素有二。第一，不追求全方位的趋同而追求互利共赢。即使欧洲国家实现了货币一体化和市场一体化，欧洲也并未实现完全趋同。互联互通、构建交流平台并非追求让渡主权形成趋同，而是希望相互合作共赢。第二，国家身份。在交流平台上，参与国家可以根据自身不同利益分为四种不同的身份类型：领导国、支持国、搭便车国与竞争国。据此，在主导国家构建交流平台之后，参与国家将基于自身的利益确定角色。

最后阶段是协议阶段。与谈判阶段相似，协议阶段通过三种合作机制进行合作。但各个主体之间相互讨论的内容领域更广、过程更复杂。该阶段的特点有三个方面。其一，合作领域的扩展性。在协议阶段的过程中，可以扩大到其他领域，譬如，国家之间在达成基础设施合作时，还应根据基础设施建设的资本与科技需求考虑金融合作和科技合作。其二，合作主体的扩展性。首先进行国家之间的沟通和协商，构建政府间交流平台，然后，构建政企交流平台和民间交流平台。通过三个平台相互交叉、补充逐渐深化合作。其三，合作过程的灵活性。在深化过程中可能发生一系列矛盾，甚至造成合作中断。但这一现象只是暂时性的，可以通过不间断的多方面合作深化国家间的友谊加以克服，这一过程中，即使产生分歧，也可以通过充分的讨论和沟通，重新走上正轨。

合作过程是一个循环的过程，在第三阶段会推动形成新的利益契合点，从而回归第一阶段。另外，国家内政可能发生变化，如议会内执政党和在野党的议席数变化、国家领导人更替等，有可能促使国家调整政策，由此重新开始新的利益契合过程。因此，合作过程是一个良性循环，在合作中进行反馈，以反馈推动合作。

（三）合作机制：“三轨战略”

合作机制也分为三大轨道。主要轨道是政府间交流平台。国家是区域合作的主要行为体，因此政府间交流平台是区域合作的主要轨道。在东亚地区，区域合作的进程始于1997年亚洲金融危机后东盟与中日韩三国“10＋3”机制的确立。此后，“10＋3”又发展为中日韩三国各自与东盟形成的“10＋1”机制（目前两类机制并存），东亚峰会与其外长会、中日韩峰会等很多政府间交流平台相继出现。近年来，中国以“一带一路"倡议为主要政策路径，更多地参与了区域合作与区域治理，在此过程中，中国倡议建立了政府间交流平台。如 2017 年 5 月，"一带一路"国际合作高峰论坛在北京举行，来自 130 多个国家的 1500 多名代表共同探讨了"五通"——政策沟通、设施联通、贸易畅通、资金融通、民心相通以及智库交流六大主题，与会者互相交换了意见，求同存异，增加了共识。

次要轨道主要有政企交流平台与民间交流平台，对合作机制起到辅助的作用。政企交流平台的代表性案例是政府和社会资本合作（PPP）与合作产业园区。由于基础设施建设需要巨额资金，一国的资金乃至和国家间合作形成的国际金融机构的资金都不能满足其需求。PPP 作为政府部门与私人部门之间的合作模式，通过参加合作项目的政府部门和私人部门共同分担责任以募集资金，满足基建需要。① 中国政府一方面自 2013 年以来陆续出台了有关政府和社会资本合作的政策，另一方面又在财政部之下设立了 PPP 研究中心。双管齐下，不仅推动了国内的政府和社会资本合作，还实现了对于政府和社会资本合作的双边合作与多边合作。合作产业园区是为促进国家间互联互通而建立的产业园区，包含多种形态：一种由中央政府通过国家间条约批准设立，并邀请企业参与其中；一种由地方政府制定吸引投资的法律和制度从而招揽企业；还有一种是企业为进军相关国家的市场，向中央政府或地方政府申请建设的产业园区。

与上述两个交流平台不同，民间交流平台具有互补性质。虽然民间交流平台在进行合作的过程中不能发挥实质性作用，但频繁的民间交流可以增进彼此的理解，从而发生问题时有可能避免问题恶化。其代表性案例来源于大学之间的青年交流平台、学者交流平台等。从 2005 年开始，由复旦大学和韩国高等教育财团主办的"上海论坛"每年 5 月份举行，在政治、经济、社会、文化等各个领域展开对话交流。与之类似的还有上海同济大学和釜山东西大学联合主办的"上海—釜山合作论坛"。

（四）代表性合作领域

东亚互联互通主要有四大合作领域：基础设施、金融、贸易与人文交

---

① 黄河：《公共产品视角下的"一带一路"》，《世界经济与政治》2015 年第 6 期，第 153 页。

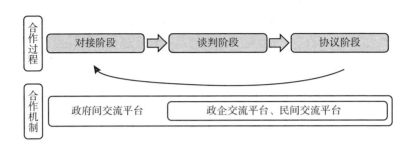

图 1　合作过程与合作机制

流，这些领域均有可能达成东亚区域合作。实现互联互通首先需要加强基础设施建设，在此基础上才能实现物资与人员的自由流动。目前，在东亚区域最活跃的合作领域便是基础设施建设领域。依托"一带一路"，中国主导构建了各类交流平台，众多平台参与国十分关注作为国家发展前提的基础设施建设，并期待它带来国际层面合作。根据世界经济论坛发布的《2017～2018 年度全球竞争力报告》，15 个东亚国家/地区中，近半国家/地区的基础设施水平有待提高。特别是泰国、印度尼西亚、越南和菲律宾等国，虽然拥有较强的全球竞争力，但基础设施水平依旧偏低。① 由此可见，东亚地区还需要进一步推动基础设施建设，促进国家间合作。

在建设与升级公路、铁路、港口、机场、发电站等设施和设备的过程中，比发展中大国和发达国家的技术与经验更为重要的是资金，因此基础设施合作很容易延伸发展出金融合作。例如，2015 年 12 月，亚投行（AIIB）作为在金融合作方面的政府间交流平台正式成立。2016 年 6 月，亚投行首次批准了 4 个项目，其中 3 个项目是与世界银行和亚洲开发银行（ADB）联合进行的融资项目。2017 年 7 月，国际信用评级机构穆迪和惠誉都给予亚投行最高信用评级。2017 年 12 月，亚投行宣布成员增至 84 个，也批准了首个对华项目，该项目将有可能助力"北京蓝"。②

根据古典经济学者大卫·李嘉图（David Ricardo）的比较优势理论，建

---

① World Economic Forum, *Global Competitiveness Report 2017 - 2018*, September 2017, http://www. weforum. org/reports/the - global - competitiveness - report - 2017 - 2018，访问时间：2018年 6 月 5 日。

② 《四海皆友，共襄盛举！回顾亚投行发展历程中的重要瞬间》，新华网，2017 年 12 月 30日，http://www. xinhuanet. com/world/2017 - 12/22/c_ 129772189. htm。

设与升级基础设施以后，城市间、国家间贸易将更有可能展开。各个城市或者国家倾向于将自身优点专业化，产出商品与外界进行贸易。在国家之间相互贸易之中非常重要的关税问题内涵复杂，国家间会通过沟通协商来解决贸易、关税问题。例如中国已经与韩国、新加坡、东盟等 24 个国家/地区签订了自由贸易协定（FTA），中日韩自贸区也正在谈判之中。2018 年 5 月，中日韩领导人在东京就《区域全面经济伙伴关系协定》（RCEP）和《中日韩自由贸易协定》等进行了讨论。从而，基础设施合作自然而然地扩展为贸易合作。

人文交流是相互理解的必要因素。人文交流就是人与人、心与心、文化与文化的交流，这是介绍各自的文化和传统并相互理解的过程。青年交流是人文交流的一大重点，国家往往会启动奖学金项目促进人文交流。例如，通过中央政府与地方政府的奖学金项目，中国青年赴海外留学，外国学生来华留学，中国从中央到地方都在为外国在华留学生提供国家级、省市级奖学金和孔子学院奖学金。其他国家也是如此。通过政府间对青年交流的大力支持，东亚国家的年轻人相互交流，进而相互了解，并在了解的基础上促进合作。

四 结语

互联互通已经成为新时代国家合作的代表模式。通过建设与升级公路、铁路、港口、机场等基础设施，各个国家、各个城市紧密相连。但在利益契合产生成功合作的同时，也存在因利益对接而引发的矛盾。为了解决某些问题，国家间试图通过构建交流平台相互沟通和协商。在这样的背景下，本文试图提出互联互通分析框架，从而对东亚区域合作进行更有效的解释。该分析框架的核心内容是在共生世界观视角下，通过三个阶段的合作过程和"三轨战略"的合作机制，达成区域合作。

基于上述内容，我们可以发现，系统研究区域合作中的互联互通分析框架具有现实意义，具有紧迫性与必要性。"一带一路"建设就是互联互通理论的最佳实践。

本文的研究也存在不足之处与改进空间。第一，本文需要进一步解释合作过程。作为初步研究，本文只提出了三个阶段的主要考虑因素和特征，并未详细阐述具体内容，在以后的研究中，还需要把各个阶段的内容具体化。例如，在对接阶段，各个国家之间的对接动因是什么；在谈判阶段，国家主要考虑因素是什么；国家之间达成协议后，如何发展和深化合作机制等。第二，本文需要进一步深化研究。目前，不同领域、不同国家之间合作水平不尽相同，因此仍有深化研究的必要性。在众多合作领域中，本文聚焦经济相关领域进行分析，但许多内容仍然需要后续的研究和阐释。第三，本文还需要将理论投射于现有的东亚区域合作模式。在之后的研究中，还应该以互联互通分析框架来研究东亚地区出现的区域合作模式，如东盟＋合作模式、中日韩合作模式等，从而验证其适用性并提高其说服力。

Research on Connectivity from the Perspective of Regional Cooperation in East Asia

Kim Hyun-kyu

Abstract　In order to more effectively explain regional cooperation in east Asia, this paper criticizes theories representative of the traditional regional cooperation theory such as European integration theory and hegemonic stability theory, and also attempts to put forward the analysis framework of connectivity. The core of this analysis framework is to achieve regional cooperation in east Asia from the perspective of a symbiotic worldview through a three-stage cooperation process and through the cooperation mechanism of the "three-track strategy". More specifically, the cooperation process is divided into three stages, namely "docking stage", "negotiation stage" and "agreement stage". These three stages are cyclic, meaning that the third stage leads back to the first stage. The cooperation mechanism is also divided into three tracks. The main track is the intergovernmental communication platform. There are two secondary tracks, namely the communication platform between the government and enterprises and the non-governmental communication platform. These two secondary communication platforms act as an auxiliary. On this basis, it is possible to achieve regional cooperation in various areas, such as infrastructure, trade, finance and people-to-people communications.

Keywords　Regional Cooperation; Connectivity; Integration Theory; Hegemonic Stability Theory

中韩两国国家发展战略对接的前景与挑战

—— 关于中国"一带一路"与韩国"新南方政策"
对接可行性的综合分析

〔韩〕金东灿

【内容提要】 从当前形势来看，中韩两国政府皆需发展双边关系。文在寅政府提出的"新北方政策"因受美朝核谈判陷入僵局的影响而无法推进。因此，中国"一带一路"与韩国"新南方政策"的对接是最可行的合作层面之一。然而，两国国家发展战略的对接存在两个层面的障碍因素，一是战略层面的外部因素，二是中韩双边关系层面尚未解决的问题。其中后者是两国可以积极解决的。本文认为，未来半年是中韩两国推进双边关系稳定发展的战略机遇期。

【关键词】 "一带一路"　韩国"新南方政策"　对接国家发展战略　障碍因素

【作者简介】 金东灿，复旦大学国际关系与公共事务学院博士研究生，主要从事中韩关系、中美关系与东北亚安全问题研究。

一　中国"一带一路"和韩国"新南方政策"对接可行性的原因

"萨德"部署问题使得中韩两国关系经历了一次考验。然而，在两国政府的共同努力下，从 2017 年末开始，两国关系逐步恢复。如今中韩两国政府都愿意进一步发展双边关系。不过，为了推动中韩关系的实质性改善并愈合"萨德"问题留下的"疤痕"，两国需要积极推动实际合作。

在此背景下，中韩两国把共同开拓第三国市场、向东盟诸国进行投资等合作方案列为双方合作的重点之一。中国驻韩国大使邢海明总结 2020 年 11 月底中国外交部长王毅访韩的成果称，"双方围绕推进中韩关系发展、深化地区合作等达成十点共识，包括：强化抗疫合作、构建双边关系规划平台、密切外交对话沟通、筹备中韩文化交流年、对接国家发展战略、深化经贸务实合作、支持对方奥运赛事、密切半岛事务合作、推进中韩日合作、开展地区全球合作"。① 其中的"对接国家发展战略"指的就是中国"一带一路"与韩国"新北方·新南方政策"对接。

自文在寅政府正式提出"新北方·新南方政策"以来，中韩两国政府、学界和商界都很快意识到中国"一带一路"与韩国"新北方·新南方政策"的对接可能性。例如，2018 年 4 月时任北方经济合作委员会委员长宋永吉访华时表示，韩国"新北方政策"欲通过与中国"一带一路"和俄罗斯"新东方政策"对接来建立合作关系，并形成"东北亚经济共同体"，以此为改善南北关系及实现半岛和平稳定作出贡献。② 此外，他在访华的 3 天前公布了《韩国"新北方政策""新南方政策"与中国"一带一路"的战略对接探析》政策文件。很显然，他的访华目的是营造中国支持文在寅政府推进"新北方政策"的环境。③

宋永吉委员长访华之后，中国学界纷纷出现了分析韩国"新北方·新南方政策"的研究成果。④ 一些韩国学者和专家也相应地对中国"一带一

① 《邢海明大使接受韩国 KBS 电视台直播访谈》，中国驻韩国大使馆微信公众号，2020 年 12 月 5 日，https：//mp.weixin.qq.com/s/CI - Nndt9E6GCJ7U94sC9tg。
② 《专访：经济合作助力半岛和平进程——访韩国北方经济合作委员会委员长宋永吉》，新华社，2018 年 4 月 17 日，https：//baijiahao.baidu.com/s? id =1597981582620945282&wfr =spider&for =pc。
③ 宋永吉委员长 2018 年 4 月访华的主要日程安排、对"新北方政策"的解释、中韩之间讨论内容等，参见薛力《韩国"新北方政策""新南方政策"与"一带一路"对接分析》，《东北亚论坛》2018 年第 5 期，第 60 ~ 69、127 页。
④ 中国学者探讨韩国"新北方政策"和"新南方政策"的研究成果，除了上述薛力的文章之外，还有詹德斌《韩国外交新布局中的"新南方政策"评析》，《东北亚论坛》2018 年第 3 期，第 59 ~73、128 页；董向荣：《韩国文在寅政府对外经济合作政策及其前景》，《当代世界》2018 年第 7 期，第 67 ~70 页；胡玥、王生：《中韩经贸合作面临的问题、趋势与对策》，《经济纵横》2019 年第 5 期，第 102 ~108 页；庞加欣、王灵桂：《韩国"新北方政策"对接"一带一路"倡议：机遇与挑战》，《热带地理》第 39 卷第 6 期，2019，第 911 ~918 页；吴崇伯、丁梦：《中韩第三方市场合作：进展、阻力与对策》，《东北亚论坛》2020 年第 3 期，第 75 ~89 页；刘英：《中韩加强高质量共建"一带一路"探析》，《当代韩国》2020 年第 2 期，第 58 ~69 页；张东明、赵少阳、张东哲：《韩国文在寅政府"新北方政策"评析》，《辽宁大学学报》（哲学社会科学版）2020 年第 4 期，第 144 ~152 页；金健人：《韩国"新南方政策"与"一带一路"东盟合作》，《韩中人文学研究》第 68 辑，2020，第 421 ~439 页。

路"与韩国的"新北方·新南方政策"对接问题进行了研究。① 总体来看，中韩学界都相对侧重于"一带一路"与"新北方政策"的对接问题。笔者认为，这很可能与当初文在寅政府将政策侧重点放在"新北方政策"上有密切关系。然而，2019年2月底美朝河内谈判无果而终，之后，美朝核谈判陷入僵局。这也直接削弱了韩国推动"新北方政策"的动力。而且，国内外专家普遍预测，美国拜登政府的对朝政策取向很可能回到奥巴马政府时期的自下而上的谈判方式。② 此外，拜登上台之后需要大概半年的时间对特朗普时期的对外政策进行重新评估并安排主要职位。因此，近期内美朝谈判不会有突破性进展，联合国对朝鲜的制裁也不会大幅撤销。这意味着韩国无法有效推进"新北方政策"。

考虑到这些外部局势的阻力，本文认为，文在寅政府在剩余的1年执政期间只能着力推进"新南方政策"。因而，本文以中国"一带一路"与韩国"新南方政策"的对接为研究对象，重点探讨迄今为止相关合作项目还没有取得实质性进展的原因。为此，本文的第二部分将首先说明文在寅政府出台"新南方政策"的背景。第三部分将分析"新南方政策"执行力度的演变过程及其原因。接着第四部分将探讨在战略层面上制约中韩国家发展战略对接的外部因素。作为结论，本文还会论及中韩双边关系层面存在的未解事宜。

二 韩国文在寅政府出台"新南方政策"的背景

本文认为，文在寅上台之后立即提出"新南方政策"的背景因素有如

---

① 2018年8月底，原大韩民国驻西安总领事李康国出版了专著，이강국，『일대일로와 신북방 신남방 정책』，서울：Bookstar，2018。韩国学者的相关论文还有：김준영，이현태，「일대일로 구상에서의 중국 동북 - 한국의 협력 평가와 시사점」，『현대중국연구』19（3），2017，pp. 523 - 558；오대원，「일대일로정책과 신북방정책의도시간 경제협력가능성분석」，『비교경제연구』25（2），2018，pp. 79 - 107；원동욱，「일대일로와 신북방정책의 연계협력 방안」，『성균차이나브리프』6（1），2018，pp. 110 - 121；〔韩〕李昌株《"韩半岛新经济地图""新北方政策"与"一带一路"对接方案研究》，《东北亚经济研究》2018年第4期（总第8期），第70~77页；송민근，「한국 신북방정책과 유라시아 주요 국가와의 협력방안 모색 - 중국, 몽골, 러시아를 중심으로」，『디지털융복합연구』17（7），2019，pp. 1 - 13；김준영，「중국 - 미얀마 경제회랑 추진 동향과 한국의 신남방정책에 주는 시사점」，『동서대학 중국연구센터 Brief』2020년 2월 16일。

② Kim So-hyun, "Blinken Likely to Pursue Multilateral, Step - by - step Approach on NK", *The Korean Herald*, November 24, 2020, http：//www. koreaherald. com/view. php? ud =20201124000858.

下三点。

第一，东盟与印度对韩国的经济重要性显著提高。图 1 显示，近年来韩国与东盟国家和印度的贸易额在韩国贸易总额中的比重大幅增加。具体来说，以文在寅总统就任的 2017 年为基准，韩国与中国的贸易额为 2340 亿美元（22.8%），中国仍然是韩国最大的贸易伙伴。不过，同年韩国与新南方地区（指的是东盟国家和印度）贸易额为 1690 亿美元（16.1%）。这意味着，东盟国家和印度已经成为韩国的第二大贸易伙伴，尤其是韩国和越南的贸易带动了这一趋势。

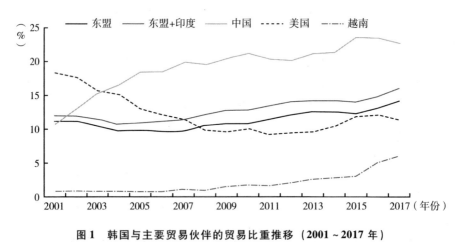

图 1　韩国与主要贸易伙伴的贸易比重推移（2001～2017 年）

注：笔者使用韩国贸易协会（KITA）网站的统计数据制作本图，https://www.kita.net/；笔者为了更加突出文在寅总统上台时的基本情况，使用了截至 2017 年的数据。

东盟国家共拥有 6.4 亿人口，整个东盟国家的 GDP 总和为 2.8 万亿美元。这就意味着，东盟已经是亚洲第三大经济体、全球第七大经济体，未来经济发展潜力很大。另外，印度拥有 13 亿人口，印度的 GDP 为 2.6 万亿美元，2017 年印度的 GDP 增长率为 6.62%。在莫迪政府强力推行"新东方政策"（Act East Policy）的背景下，印度成为世界经济发展的另一个引擎。不过，对韩国来说更加重要的是，正如图 2 所示，2006 年以后东盟已经成为韩国最大的贸易顺差伙伴，而且其顺差额也逐年大幅增加。

具体来说，2017 年韩国对新南方地区的贸易顺差额为 515 亿美元，其中韩国对越南的贸易顺差额最多。与此相比，2017 年韩国对中国的贸易顺

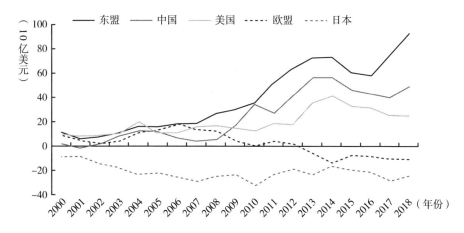

图 2　韩国对各主要经济体的贸易顺差规模（2000 ~ 2018 年）[①]

差额为 442 亿美元。换句话说，在韩国贸易顺差总额中新南方地区所占的比重已经超过了中国所占的比重。

　　第二，"萨德"纠纷使得韩国意识到贸易多边化的迫切性。萨德纠纷导致中韩关系急剧冷却，从而使韩国意识到韩国经济对华依存度过高的问题。金峻亨教授在 2017 年 9 月韩国国立外交院主办的研讨会上称，"韩国需要贸易多边化，这是文在寅总统候选人顾问团专家的共识"。[②] 而且，当时绝大多数韩国媒体，不管是进步派媒体，还是保守派媒体，都一致认为"韩国的对华经济依存度太高，需要减少对中国的经济依赖程度"。[③] 面对韩国社

---

①　윤종인，「인도 - 태평양전략，일대일로 그리고 신남방정책」，『Economy 21』，2020년 1월 20일，http：//www. economy21. co. kr/news/articleView. html? idxno = 1007286。该文写作时 2020 年的统计数据尚未公布，作者使用了 2000 ~ 2018 年的进出口资料。

②　김준형，「문재인 정부의 지역 다자외교 추진방향」，한국 국립외교원 토론회，2017년 9월。此时金峻亨已经是文在寅政府外交政策顾问团的核心成员，应该深入了解文在寅政府制定对外政策基本大纲的背景和过程。2019 年 8 月至今他担任韩国国立外交院院长，此职相当于中国外交学院院长。

③　정주호，「중국뿐인가？사드갈등속 ⅓ 육박 對中의존도 낮출 해법은？」，연합뉴스 YTN，2017년 3월 28일，https：//www. yna. co. kr/view/AKR20170327143400089；박용하，김보미，「무역・내수 중국 의존도 높은 탓…충격 가시화 땐 경제전반『타격』」，경향신문，2017년 3월 5일，http：//news. khan. co. kr/kh _ news/khan _ art _ view. html? art _ id = 201703051728001；「『사설』중국 의존도 못 줄이면 한국 얕보는 횡포 계속된다」，조선일보，2017년 3월 3일，https：//www. chosun. com/site/data/html _ dir/2017/03/02/2017030203556. html。

会的舆论，文在寅总统就任之后不得不提出韩国贸易多边化政策。

第三，韩国外交多边化的必要性。除了上述因素之外，韩国与东盟国家的经济交流和人员往来都在大幅上升。韩国企业对东盟国家的投资额已经超过了对中国的投资额。2016年有639.7万名韩国人访问东盟国家，也有217.4万名东盟国家的人员来韩国旅游、留学或做生意。因此，韩国也需要加强与东盟国家的关系，更加重视韩国与东盟国家之间的外交。

表1 韩国与主要伙伴的关系概况（2016年）

单位：百万美元，千名

与韩国的贸易额		韩国的投资额		访问韩国的人数		韩国人的访问人数		在韩国常住人数	
国家	贸易额	国家	投资额	国家	人数	国家	人数	国家	人数
中国	211413	美国	12905	中国	8067	东盟	6397	中国	2542
东盟	118839	东盟	5136	日本	2297	日本	5090	美国	2492
美国	109678	中国	3301	东盟	2174	中国	4762	日本	818
日本	71821	日本	274	美国	866	美国	1973	东盟	316
俄罗斯	13409	俄罗斯	110	俄罗斯	233	俄罗斯	161	俄罗斯	169

总而言之，这三个因素是文在寅政府提出"新南方政策"的主要原因。

三 文在寅政府"新南方政策"执行力度的演变及其原因

文在寅上台之后，立即提出了对外战略基本方针，即"韩半岛新经济地图"、"新北方政策"和"新南方政策"（见图3）。不过根据笔者的分析，文在寅政府对这三个政策的关注程度差异相当明显。文在寅政府初期的政策重点应该是如何改善韩朝关系，通过改善韩朝关系推进基于和平的繁荣政策，即实现"韩半岛新经济地图"。因此，文在寅政府将大部分的外交资源都投入改善韩朝关系及与之密切相关的"新北方政策"上。与此相比，其对"新南方政策"的重视程度和推进力度都远远不如"新北方政策"。

2017年5月10日文在寅正式就任韩国总统。6月26日，文在寅政府就成立了总统直属的"北方经济合作委员会"。8月28日，文在寅总统任命宋永吉为副总理级的北方经济合作委员会委员长。该委员会的委员还包括财政部长、外交部长、统一部长、产业通商资源部长和总统经济秘书等部长级高

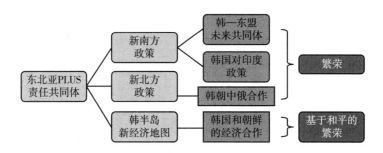

图 3　文在寅政府的对外战略结构

官。北方经济合作委员会委员长可直接向总统报告相关事宜，也可以主持召开韩国政府主要部门的部长级会议。北方经济合作委员会较早确定了以俄罗斯为主要合作对象的《九桥战略规划》。正如上文所述，2018 年 4 月 13 日宋永吉委员长访华时访问了亚投行、中国社科院和察哈尔学会，并探讨了"新北方政策"与"一带一路"的对接方案。此时韩国对"新北方政策"的推进力度很大，但受"萨德"纠纷的严重影响，当时北方经济合作委员会的活动侧重于韩国和俄罗斯的经济合作。

与此形成鲜明对比的是，文在寅政府初期对"新南方政策"的推进力度并不太大。尽管 2017 年 11 月文在寅总统访问印度尼西亚时强调称，"韩国与东盟的关系将提升到韩国与周边四大国（中美日俄）关系的水平，并且会推进'新南方政策'，以大力发展韩国与东盟的合作关系"。[①] 但是，2018 年 8 月 28 日才成立了总统直属的"新南方政策特别委员会"。该委员会成立时间比北方经济合作委员会晚 1 年多。而且，该委员会的首任委员长由时任总统经济首席秘书的金铉哲兼任。该委员会主要由财政部副部长、外交部副部长、行政安全部副部长、产业通商资源部副部长、青瓦台通商秘书、国家安保室外交政策秘书等副部级官员组成。[②] 文在寅政府初期对"新北方政策"和"新南方政策"的重视程度由此可见一斑。

雪上加霜的是，2019 年 1 月 29 日，兼任该委员会委员长的总统经济首席秘

① 김보협，「문 대통령 "한국과 아세안 관계，미·중·일·러 수준 격상"」，한겨레，2017년 11월 9일，http://www.hani.co.kr/arti/politics/bluehouse/818393.html.

② 청와대 대통령 비서실，「신남방정책특별위원회가 광화문에 문을 열었습니다」，청와대 공식 홈페이지，2018년 8월 28일，https：//www1.president.go.kr/articles/4091.

书因个人问题突然辞职，这也影响了新南方政策特别委员会的正常运行。根据韩国媒体报道，2019年3月文在寅总统任命了新的总统经济首席秘书，新的委员长直至2020年4月9日才首次主持新南方政策特别委员会全体会议。①

然而，2019年2月底美朝首脑河内谈判失败导致美朝核谈判陷入僵局。这也意味着文在寅政府一直大力推进的"韩半岛新经济地图"和"新北方政策"在短期内都无法推进下去。遭遇外部的制约因素，文在寅政府开始将关注点转移到"新南方政策"。例如，2019年3月29日，博鳌论坛召开了中韩企业家座谈会，与会的两国企业家纷纷表示了合作开发东南亚市场的意愿，并且一致认为，"如两国要在未来扮演世界经济的领导角色，必须推进中国的'一带一路'国际合作与韩国的'新南方政策'之间的有机合作"。②

2019年底，中韩之间举办了一系列与国家发展战略对接相关的对话或研讨会。诸如，2019年12月5日，大韩商工会议所和中国国际经济交流中心（CCIEE）共同主办了"第二届韩中企业家及原政府高级官员对话"。时任中国驻韩国大使邱国洪出席该会议，他强调称"中国愿与韩国合作开拓第三国市场，中国政府也会积极帮助企业"。③2019年12月10日，韩国驻广州总领事馆也主办了"韩国'新南方政策'与中国'一带一路'战略合作方案探索论坛"。类似活动的频繁举办可以说明中韩两国对此问题的重视程度明显提高。

2020年，探讨两国国家发展战略对接问题的研讨会继续召开。2020年11月19日，山东大学东北亚学院与韩国产业研究院共同举办了"'一带一路'倡议与'新南方政策'背景下：第三方市场合作"研讨会。④11月20日，广东国际战略研究院和韩国东西大学联合主办了"第二届中韩21世

---

① 김봉철，「신남방특위，코로나19 변수 맞춰 목표 재설정…보건·의료 협력 확대키로」，아주경제，2020년4월9일，https://www.ajunews.com/view/20200409164530007.

② 유주연，「韓신남방정책，中일대일로 만나면 기업에 큰 기회」，매일경제，2019년3월29일，https://mk.co.kr/news/economy/view/2019/03/192472/.

③ 이범종，「신남방·일대일로 힘 합쳐 제3국 개척하자」，아주경제，2019년12월5일，https://www.ajunews.com/view/20191205115241622.

④《山东大学东北亚学院与韩国产业研究院共同举办"'一带一路'倡议与'新南方政策'背景下：第三方市场合作"研讨会》，山东大学东北亚学院网站学院要闻栏目，2020年11月19日，https://snea.wh.sdu.edu.cn/info/1064/5349.htm.

纪海上丝绸之路—新南方政策合作论坛"。①

各种交流活动的举办，尤其是韩国驻华总领馆以及韩国的国家智库资助举办这些活动间接反映了文在寅政府对"新南方政策"的重新认识，可以预测，在剩下的 1 年任期里文在寅政府将比过去任何时候都更加重视"新南方政策"。不过，韩国对"新南方政策"更加重视并不一定能够直接推动中韩对第三国市场的开拓或投资等合作项目。本文接下来将继续探讨在战略层面上中韩两国国家发展战略对接合作的制约因素。

四　战略层面存在的问题与外部环境的影响

目前中韩两国政府都有继续发展双边关系的意愿。不过，中国的"一带一路"与韩国的"新南方政策"对接看似容易，但实际上在战略层面已经形成了制约两国合作的一些因素。其中最重要的制约因素应该是中美之间的战略竞争格局已经形成。②

尽管拜登政府的政策关注点与特朗普时期有所不同，但在战略层面制约中韩国家发展战略对接的因素仍然存在。而且，国内外学界都普遍预测拜登时期美国外交的特点，即加强同盟关系、重建美国在多边外交平台和国际机构的领导地位、强调意识形态和价值观以及人权等，这些都会成为中美之间的对立因素。尤其是拜登政府会加强亚太地区的同盟关系，这很可能给中韩关系带来很大的考验。③

除了中美战略竞争导致的制约因素，中国的"一带一路"与韩国"新南方政策"之间的战略和政策目标也存在性质上的差异。"一带一路"是中

---

① 《中韩 21 世纪海上丝绸之路—新南方政策合作论坛在线举办》，广东国际战略研究院官方网站，2020 年 11 月 23 日，https：//www.gdufs.edu.cn/info/1106/55691.htm。

② 尽管有些西方学者纷纷表示"中美关系已经进入新冷战局面"，但著名冷战史专家文安立（Odd Arne Westad）则认为，现在的中美竞争格局与冷战初期乔治·凯南（George Kennan）所目睹的美苏关系不同，中美之间进行的战略竞争是另一种全新的博弈。因此，他主张美国不能用冷战时期应对苏联的方式应对现在的中国。笔者也同意文安立的观点，中美战略竞争关系尚未进入以全方位对抗和全面脱钩为特征的新冷战局面。参见 Odd Arne Westad，"The Sources of Chinese Conduct：Are Washington and Beijing Fighting at New Cold War？"，*Foreign Affairs*，Vol. 98，No. 5，September/October 2019，pp. 86－95。

③ Robert A. Manning，"A Biden Presidency's Impact on the Asia Pacific"，*East Asia Forum*，November 8，2020，https：//www.eastasiaforum.org/2020/11/08/a－biden－presidencys－impact－on－the－asia－pacific/。

国长期发展战略，而"新南方政策"是文在寅政府推行的国家发展战略，不一定能成为韩国长远发展战略。正如薛力所指出的，"一带一路"倡议在中国外交中处于顶层设计的地位，也就是说，"一带一路"在中国外交中要"管总的"，中国外交要服务于"一带一路"建设。相比之下，"韩半岛新经济地图"是文在寅政府的重心与主要目标，"新南方政策"与"新北方政策"服务于这一目标。①

五 为中韩双边关系的稳定发展寻找突破口

从以上分析来看，中韩两国目前无法解决上述战略层面外部制约因素。不过，双边关系层面的问题是可以通过两国的合作和努力而得以改善的。因此笔者的建议是，先做双方力所能及的事，然后再去应对外部的挑战。

第一，密切的经贸关系仍然是中韩关系稳定发展的基础。自 2020 年初以来，全球受到新冠肺炎疫情的严重影响，这直接导致了全球经济萧条，阻碍了正常的国际贸易。然而，中国 2020 年率先克服了新冠肺炎疫情的负面影响，成为全球唯一实现经济正增长的主要经济体。不仅如此，中国的国内生产总值首次突破了百万亿元，GDP 也达到了美国 GDP 的 70%。②

在中国经济稳定成长的基础上，2020 年中韩双边贸易额同比增长 0.3%，达到 2852.6 亿美元。值得注意的是，2020 年中国企业对韩国的直接投资额也同比增长了 75.1%，达到 3.6 亿美元。③ 这些数据可以说明，国际局势的变化和疫情的负面影响都无法阻碍中韩两国之间的经贸关系稳定发展。文在寅政府也强调中韩之间经贸关系的重要性。例如，2021 年 5 月 25 日韩国产业通商资源部部长文胜煜表示，"中国是重要经济合作伙伴，我们会继续扩大发展经济合作关系。中国是韩国的第一大出口市场，韩国企业

---

① 薛力：《韩国"新北方政策""新南方政策"与"一带一路"对接分析》，《东北亚论坛》2018 年第 5 期，第 61 页。

② 《2020 年中国 GDP 首超 100 万亿元》，中国日报网，2021 年 1 月 18 日，https：//baijiahao. baidu. com/s? id = 1689193869504712668&wfr = spider&for = pc。

③ 《2020 年 1 ~ 12 月中国—韩国经贸合作简况》，中华人民共和国商务部，2021 年 3 月 3 日，http：//www. mofcom. gov. cn/article/tongjiziliao/sjtj/yzzggb/202103/20210303042237. shtml。

也会继续向中国投资"。① 对此，中国外交部发言人赵立坚也回应称，"中韩互为近邻和重要合作伙伴。在全球化时代，两国产业链、供应链、价值链深度融合。双方按照市场经济规律和自由贸易规则开展投资和经贸合作符合两国共同利益。中方欢迎韩国企业继续为加强中韩经贸合作、推动双边关系发展发挥重要作用"。②

第二，中韩两国政府都秉持进一步发展两国关系的意愿。2021 年 1 月 18 日文在寅总统在青瓦台召开记者招待会时表示，"韩中关系很重要。中国是韩国的最大贸易对象国，也是为推进半岛和平而需要合作的伙伴。最近韩中之间在环境领域的合作也越来越重要了。我会为韩中关系的发展而继续努力。去年由于受疫情的影响，习近平主席的访韩计划无法实现，如果疫情平息，我就会努力推进习近平主席的早日访韩"。③

中国政府也对中韩关系的持续发展持肯定态度。2021 年 6 月 9 日，中国外长王毅同韩国外长郑义溶通电话时表示，"在两国元首共识引领下，中韩关系总体发展顺利。近来国际和地区形势变化很快，中韩作为战略合作伙伴有必要及时加强沟通。明年是中韩建交 30 周年，双方要共同珍惜来之不易的合作成果，为两国关系继续稳定发展营造良好氛围，创造必要条件"。④

总之，中韩之间密切的经贸关系和两国政府继续发展双边关系的主观愿望是两国关系稳定发展的两大推动力。在此两大因素背景下，尽管国际局势严峻，但"一带一路"与韩国"新南方政策"的对接仍然是推进两国合作和关系稳定发展的最好切入点。未来半年很可能是中韩两国推进双边关系稳定发展的战略机遇期。

---

① 윤보람，「산업장관『한미회담，특정국 배제 아냐…中도 중요 파트너』」，연합뉴스，2021 년 5 월 25 일．https：//www. yna. co. kr/view/AKR20210525089400003？input = 1195m.

② 《2021 年 5 月 25 日外交部发言人赵立坚主持例行记者会》，中华人民共和国外交部，2021 年 5 月25 日，https：//www. fmprc. gov. cn/web/wjdt_ 674879/fyrbt_ 674889/t1878422. shtml。

③ 양범수，「[전문] 文대통령 신년 기자회견『국민들，정부 믿고 함께 힘 모아달라』」，조선일보，2021 년 1 월 18 일，https：//biz. chosun. com/site/data/html _ dir/2021/01/18/2021011801488. html？utm_ source = naver&utm_ medium = original&utm_ campaign = biz.

④ 《王毅同韩国外长郑义溶通电话》，中华人民共和国外交部，2021 年 6 月 9 日，https：//www. fmprc. gov. cn/web/wjdt_ 674879/wjbxw_ 674885/t1882635. shtml。

Prospect and Challenges of Cooperation for National Development Strategy between China and ROK

— *Comprehensive Analysis on Cooperation between the Belt and Road Initiative and ROK's* " *New Southern Policy*"

Kim Dongchan

Abstract   Considering the current situation, both the Chinese government and the ROK's government want to enhance bilateral relations. The Moon Jae − in government's "New Northern Policy" has not been promoted due to the stalled U. S. − DPRK nuclear talks. Therefore, Cooperation between China's Belt and Road Initiative and ROK's "New Southern Policy" is one of the most feasible cooperation plans. However, cooperation for national development strategy of two countries has two dimensions of obstacles. One is an external factor at the strategic level, and the other is some problems that have not yet been solved between the two countries. And the latter can be resolved through the efforts of both countries. This paper argues that the next half a year would be a period of strategic opportunity to promote the stable development of relations between China and ROK.

Keywords   the Belt and Road Initiative; ROK's "New Southern Policy"; Cooperation for National Development Strategy; Obstacle Factors

"新南方政策"视域下中韩在东盟的经贸合作

——以越南为例

陈妙玲

【内容提要】2017年，文在寅政府意图通过"新北方政策"和"新南方政策"与周边国家建立更为紧密的伙伴关系、拓展广阔的海外市场，加强韩国在亚太区域的经济地位，重构韩国经济的世界版图。其中，"新南方政策"将东盟和印度作为布局的核心，使之与韩国的传统四大外交伙伴（美国、中国、日本和俄罗斯）的战略地位看齐。越南作为韩国"新南方政策"在东盟国家中的首要合作伙伴，同时也是中国推进"一带一路"建设尤其是"海上丝绸之路"的重要节点，中韩两国的东盟外交政策在此实现交汇。本文通过回顾韩国的东盟外交发展历程，以越南为案例，分析"新南方政策"推动下中韩经贸合作情况，进一步拓展两国在东盟市场的合作潜能。

【关键词】新南方政策 "一带一路" 越南 第三方市场

【作者简介】陈妙玲，复旦大学国际关系与公共事务学院博士研究生，主要从事周边外交问题研究。

随着文在寅政府"新南方政策"的提出，韩国将这一政策的布局重点投射在东盟和印度，旨在超越东北亚地区，在更大范围开展多元外交。在"新南方政策"推动下，韩国通过加强与东盟国家的合作，提升自身在亚洲的影响力。与此同时，中国推进"一带一路"建设的重点亦涵盖东盟国家，和韩国"新南方政策"存在地缘交集，中韩双方在东盟市场进行互动。本文在回顾韩国的东盟外交政策基础上，以越南为案例，研究韩国与中国的经贸合作情况，探讨如何将韩国"新南方政策"和"一带一路"在东盟地区实现有效对接，挖掘两国在东盟市场合作的潜能。

一 文在寅政府的东盟外交

2017 年 7 月，文在寅政府公布"国政运营五年规划 100 项实施课题"，提及通过推进"新南方政策"促进"东北亚 + 责任共同体"建设。同年 11 月，文在寅总统对印尼、越南和菲律宾这三个东盟核心国家进行访问，在韩国—印尼工商论坛、东盟企业投资峰会和多个首脑会谈上发表了提升与东盟关系的目标，提出建立"韩国—东盟未来共同体"的设想，并首次对外阐述"新南方政策"（New Southern Policy）。

（一）"新南方政策"的主要内容

面对一个不确定性显著增加的外交环境，作为文在寅政府对外经济合作的组成部分，"新南方政策"将加强与东盟、印度的合作作为核心内容，以更加多元化的外交措施发展同东盟、印度等亚洲国家的关系，并提升到韩国与周边四强国家合作的相同水平。韩国"新南方政策"对外经济合作建设构想以人民（people）、繁荣（prosperity）与和平（peace）构成的"3P"为指导。[①]"人民"被置于"新南方政策"的核心特征首位，是文在寅 2012 年参加总统竞选时主张的"以人为本"（People First）口号的延续。通过扩大韩国与东盟国家的双向文化交流增进相互了解，支援发展中国家人力资源能力建设，提高公共管理能力，改善人民生活质量。这种对普通民众的关切、对社会福利和经济繁荣的强调，容易与同样主张"以人为本"原则的东南亚国家产生共鸣。"繁荣"和"和平"承袭了韩国的外交传统。"繁荣"意味着一个以经济合作为基础、互利互惠且面向未来的共同体建设，

---

① 詹德斌：《韩国外交新布局中的"新南方政策"评析》，《东北亚论坛》2018 年第 3 期，第 59～73 页。

而不是单一考虑韩国经济利益最大化。① 韩国与东盟国家分享发展经验，通过信息产业和智能合作提高发展中国家创新增长能力，充分利用基础设施建设、能力建设等途径为发展中国家的长期发展奠定基础。文在寅政府强调"和平"，意味着韩国和东盟之间的战略合作重点在地区和平建设，共同应对恐怖主义、网络和海上安全问题，妥善解决地区冲突。②

2018 年 3 月文在寅访问越南期间，对"新南方政策"的内容做了补充和完善："一是确立同时追求多边外交和扩张经贸领域为目标的政策导向；二是确立多极化新体系'新国际通商战略'；三是培育区域性人才和扩大基础性建设投资等；四是人员技术转移的可行性，尤其鼓励将本国退休技术员工派驻东盟国家，扶持当地中小企业发展；五是挖掘机会，通过并购（M&A）等方式扶持企业扩大投资；六是通过官方发展援助（ODA）方式给予资金支持等。"③ "新南方政策"的补充内容仍然是围绕"3P"核心特征展开，进一步强调人才交流与合作的重要性，通过安全合作来保障亚洲和平稳定，以及建立互利互惠为基础的经济合作来提升区域繁荣。

（二）"新南方政策"的东盟外交突破

韩国对东南亚地区的兴趣由来已久。回溯韩国与东盟关系的发展历史，自 1989 年 11 月韩国与东盟首次建立部门对话关系以来，韩国政府对东盟政策历经频繁的起伏。双边的实质性合作始于 20 世纪 90 年代。在亚洲金融危机的背景下，金大中通过区域多边合作框架密切与东盟国家的联系，旨在摆脱经济危机的负面影响。继金大中之后，在卢武铉、李明博和朴槿惠三位总统的领导下，韩国与东盟国家的务实合作不断发展。2004 年 11 月，韩国和东盟《全面合作伙伴关系共同宣言》的签署标志着双方关系迈入新阶段，韩国对东盟的外交政策从经济外交转向全面伙伴关系，政治、安全等高敏感领域合作得到深化。2009 年 6 月，韩国与东盟签署《自由贸易协定》，同时，东盟—韩国中心落成。李明博政府时期提出的"新亚洲构想"倡议重

---

① "Presidential Committee on New Southern Policy", http://www.nsp.go.kr/eng/main.do, 访问时间：2020 年 10 月 20 日。

② Lee Jae-hyon, "Korea's New Southern Policy: Motivations of 'Peace Cooperation' and Implications for the Korean Peninsula", The Asan Institute for Policy Studies, July 2019, p. 4.

③ 金旭、董向荣：《推进中韩第三方市场合作》，《世界知识》2018 年第 15 期，第 35 页。

新定位韩国的东盟战略，呼吁增加官方发展援助，扩大贸易网络，以及在气候变化和灾害管理等全球问题上开展多边合作。①

朴槿惠的"回归东北亚"把目光重新收回东北亚地区，但在 2015 年 10＋3 会议上仍强调"要把东亚区域合作提升到新的水平，巩固 10＋3 国家之间的合作"，通过谋求东北亚和东南亚地区合作推进解决朝鲜半岛问题。②

虽然韩国与东盟关系在往届政府的推动下不断提升，但金大中之后的三届政府对东盟缺乏明确的政治意愿和系统的政策执行力，使得韩国的东盟外交多被作为半岛政策的附庸，最终导致韩国在东南亚地区的政治影响力呈现下降趋势。为改变这种被动局面，文在寅政府不再将全部注意力放在如何维持朝鲜半岛和平与安全问题上，试图改变既往外交政策对于东北亚和美国的过度依赖，发展一个更为灵活全面的外交布局。③"新南方政策"的提出重新强化了韩国的东盟外交的地位，将东盟定位为韩国的核心合作伙伴。有别于既往将东盟关系视为事务性关系，"新南方政策"是一项全面而广泛的外交议程，而不是只关注少数国家的地缘政治举措。④"新南方政策"不再简单地将东盟国家视为振兴韩国经济的市场，而是注重分析各国家价值链所在，依据不同政府需求制定具体政策计划。为避免历届政府在东盟政策上出现后期式微的状况，文在寅政府试图通过机制化建设稳定韩国对东盟的外交政策，从机构设置、资金投入、加强合作等多方面推进"新南方政策"。2018 年 8 月，隶属总统直属政策企划委员会的新南方政策特别委员会成立，配套设立的机构还包括"新南方政策推进团"，旨在协调各部门的措施，制定具体政策并拓展合作渠道。2019 年 9 月，文在寅完成对东盟 10 个成员国的访问，这是韩国总统首次在任内完成这一外交活动，凸显了文在寅政府高度重视与新南方地区的合作。同年 11 月，韩国—东盟峰会发表《韩国—东盟和平繁荣与伙伴关系联合愿景声明》以及《特别峰会联合主席声明》，双

---

① 张明亮：《韩国的东盟战略——以其"新亚洲构想"为视角》，《东北亚论坛》2010 年第 2 期，第 90 页。

② 林凤玲：《韩国文在寅政府对东盟的政策调整》，https：//mp. weixin. qq. com/s/_B6kUcEADzzPKAQ7C22Tiw，访问时间：2020 年 10 月 27 日。

③ Lee Jae-hyon, "Korea's New Southern Policy：Motivations of 'Peace Cooperation' and Implications for the Korean Peninsula", The Asan Institute for Policy Studis, July 2019, p. 3.

④ Kim Young-sun, "30 Years of ASEAN-Korea Relations：What are the Future Directions of the New Southern Policy?", http：//diverseasia. snu. ac. kr/? p = 2675，访问时间：2020 年 11 月 15 日。

方表示要加强贸易与投资,反对任何形式的保护主义,以期促进地区发展与繁荣,同时继续通过合作缩小地区内部发展差距。① 文在寅在会议上重申加强与东盟贸易和投资的意愿,活跃货物和服务交流。在"新南方政策"的带动下,韩国加快对东盟国家贸易投资的步伐,合作范围涵盖能源、交通、信息技术和基础设施建设等领域。② 受新冠肺炎疫情影响,原计划2020年落实的"新南方政策"2.0版本延期至2021年执行。在"新南方政策"的第二阶段,韩国将与东盟建立更广泛的联系,涵盖一揽子医疗合作、教育及人力资源开发、促成互惠的贸易投资环境等七项新内容。韩国与东盟国家的合作以经济为抓手,逐步向政治和安全领域拓展,双边关系逐步上升至实质性的战略合作层面。③

二 韩国与中国在东盟的经贸政策对接

虽然"新南方政策"主张通过经济合作、社会交流及安全共同体建设三方联动推进韩国与东盟关系,但夯实双方经济关系被置于首要地位。文在寅政府希望通过推进"新南方政策"将经济贸易对象重点投射到东盟新兴经济体,拓展韩国在新兴市场的份额,达到振兴韩国经济的目的。"新南方政策"提出与东盟国家建立互利互惠、面向未来的经济合作,繁荣双边经贸关系,具体包括五项措施:"①为促进贸易和投资,加强体制框架建设;②积极参与基础设施建设,加强互联互通;③拓展中小企业合作,改善市场准入;④通过新兴产业和智能合作提高创新增长能力;⑤设计适合每个国家的合作模式。"④ 新南方政策特别委员会协调政策的执行,同时,韩国还通过增加资金和投资来支持这项政策在东盟国家落实,从2019年起韩国—东盟合作基金将增至每年1400万美元。2019年,韩国与东盟贸易额达到约1530亿美元,占韩国对外贸易总额的15.6%。2020年,受新冠肺炎疫情对

---

① 《韩国力推"新南方政策"提升与东盟合作水平》,新华网,https://baijiahao.baidu.com/s?id=1651351328184908832&wfr=spider&for=pc,访问时间:2020年10月1日。

② 《越媒:韩国将东盟视为"新南方政策"的核心》,http://mini.eastday.com/a/181129115238078.html,访问时间:2020年11月13日。

③ Lee Jae-hyon, "New Emphasis Needed: South Korea's New Southern Policy and ASEAN", *Yusof Ishak Institute Perspective*, No. 110, 2020, p. 2.

④ "Presidential Committee on New Southern Policy", http://nsp.go.kr/eng/policy/policy02Page.do.

全球供应链的冲击的影响，韩国与东盟贸易额回落至 1430 亿美元（见图 1），但双方已经构建了多层次的经贸关系，涵盖基础设施建设、信息通信技术、电子产业等多个方面。

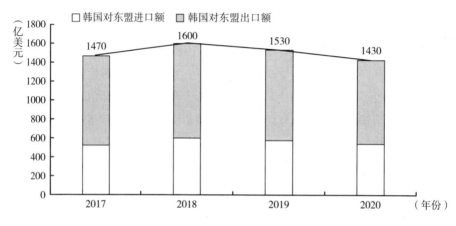

图 1　韩国与东盟贸易额（2017～2020 年）

资料来源：作者根据东盟—韩国中心数据制作。

不仅韩国将东盟定位为重要的贸易伙伴，中国也同样重视与东盟国家的经贸合作，通过多项政策促进双边合作。2010 年中国—东盟自由贸易区的建立，使得中国和东盟国家在服务贸易、直接投资和商品贸易等领域实现良好合作。"一带一路"提出后，中国与东盟之间的贸易和投资关系又有了质的飞跃。随着中国产业结构优化升级加快，具有多重生产成本要素优势和人口红利的东盟成为承接中国产业转移的重要市场。[1] 作为东盟最大贸易伙伴，中国与东盟之间的合作领域也在不断扩展，大量基础设施建设、跨境高铁网络和石油、天然气管道等项目的逐步落成展示了中国企业的投资雄心。[2] 中国—东盟合作态势良好，双方建立起了全方位、多层次、宽领域的合作机制框架，包括中国与东盟合作、东盟地区论坛、澜沧江合作等机制，形成以双边合作为基础、多边机制协调、高峰论坛引导的"三位一体"

---

[1]　Jean-Marc F. Blanchard, "China's Maritime Silk Road Initiative (MSRI) and Southeast Asia: A Chinese 'Pond' not 'Lake' in the Works", *Journal of Contemporary China*, Vol. 27, No. 111, 2018, p. 333；徐步、张博：《中国—东盟贸易关系现状、问题和前景展望》，《亚太安全与海洋研究》2017 年第 5 期，第 19 页。

[2]　魏景赋、郭健全、王疆：《中日在东盟的经贸关系研究》，文汇出版社，2019，第 4 页。

合作框架。目前，中国与东盟正致力于推动"一带一路"与《东盟互联互通总体规划2025》对接，东盟已成为中国推动共建"一带一路"成果最显著的地区。

随着中韩生产要素成本的大幅度上升以及产业转型升级，越南、印尼、菲律宾等东盟国家积极吸引"效率导向型"外资，参与全球价值链的程度明显提高。① 东盟国家作为全球生产基地和消费及投资市场的战略价值进一步凸显。作为全球第四轮产业转移的海外主要承接地，东盟是韩国和中国企业对外投资与发展的重点布局区域。面对东盟市场，中韩两国在政策、理念、目标等方面存在相通之处，并表现出开展合作的意愿。2015年10月，中韩峰会洽谈签署《关于第三方市场合作的谅解备忘录》，双方商定在基础设施、城市建设、能源、IT、通信、环境等领域互相结合比较优势共同开发第三方市场，并为此探索利用亚投行等多边开发金融机构的资金支援方案，加强联合调研、共享合作经验与信息等。该《备忘录》的签署为两国经贸合作提供了一个新形式，这个形式更契合市场经济和全球贸易的内在特征和需求。政府不再包揽、确定相关的合作，而将更多的主动权交给企业，政府则主要在提供资金和政策服务方面做工作。该《备忘录》的签署为两国企业积极开展第三方合作提供了指导，也为促进中韩在东盟市场开展合作奠定了制度基础。"新南方政策"提出后，中韩双方都希望通过政策磋商对接，互惠合作实现共赢。2018年4月，韩国北方经济合作委员会发布的《韩国"新北方政策""新南方政策"与中国"一带一路"的战略对接探析》表示，"新北方政策""新南方政策"可以尝试与中国"一带一路"倡议进行对接，并就对接的具体领域、项目提出建议。在第十六次中韩经济部长会议上，双方表示将积极推进共建"一带一路"倡议与"新南方政策"对接，克服共同开发第三方市场的制约因素，着力培育双方合作新增长点，使中韩合作成为地区和世界经济发展的推动力量。与此同时，《区域全面经济伙伴关系协定》（RCEP）的签署，为中韩在东盟国家的合作增加了新动能。② 在RCEP的框架下，成员国之间的关税水平进一步降低，货物贸易与服务贸易

---

① 王昌林主编《新一轮科技革命和产业变革发展趋势与对策——2017年中韩经济合作研讨会文集》，中国计划出版社，2018，第61页。

② 沈铭辉、李天国：《区域全面经济伙伴关系：进展、影响及展望》，《东北亚论坛》2020年第3期，第108页。

规模得以扩大，这将极大地鼓舞中韩两国继续深耕东盟市场，通过加强双方经贸合作来共同做大、做好这一市场。

三 中韩在东盟的经贸合作——以越南为例

自 2015 年以来，越南 GDP 增长率保持在 6% ~ 7%，其作为制造业投资枢纽的吸引力不断增强。尽管不能幸免于新冠肺炎疫情的影响，越南已采取积极措施有效遏制疫情蔓延，2020 年上半年其 GDP 依然保持 2% 左右的增长，是全球少数几个预计不会出现经济衰退的国家之一。[①] 越南经济发展前景被包括中国和韩国在内的海外投资国普遍看好。

一方面，越南被韩国视为"新南方政策"的示范核心，韩国希望通过加强双边合作，充分发挥越南在推进"新南方政策"、加强韩国—湄公河合作和提升韩国—东盟关系中的示范效应，辐射其他东盟国家。2018 年 3 月，韩越两国领导人签署《联合声明》，重申"战略合作伙伴关系"地位，确保韩越在贸易、运输和建设方面进一步合作，韩国还将协助越南中南部地区的基础设施建设。2020 年，韩国与越南双边贸易额达到 660 亿美元，占韩国—东盟贸易额的 46%，越南是韩国仅次于中美日的第四大贸易伙伴。[②]

另一方面，越南也是中国推进"一带一路"倡议尤其是"海上丝绸之路"的重要节点，中国期望充分发挥与越南陆海相连的地缘政治优势，互联互通实现共同繁荣。2015 年 5 月 7 日，习近平与阮富仲举行会谈，就合作实现中国主导的"海上丝绸之路"经济圈构想达成共识，并决定成立由两国专家组成的"基础设施合作工作组"和"金融合作工作组"。双方确认将以亚投行为基轴，推动港口设施、干线公路等基础设施建设和互联互通。[③] 在双边合作推动下，中越贸易结构不断优化升级，越南扩大对中国出口，而中国也积极在越南投资基础设施建设、交通网络、电子产业、汽车组

---

① World Bank，https：//www. worldbank. org/en/country/vietnam/overview，访问时间：2020 年 10 月 15 日。

② ASEAN-Korea Center，https：//www. aseankorea. org/eng/Resources/figures. asp，访问时间：2021 年 7 月 16 日。

③ 于立新、王寿群、陶永欣主编《国家战略："一带一路"政策与投资——沿线若干国家案例分析》，浙江大学出版社，2016，第 114 页。

装等领域。自 2018 年以来，超过 20 家中国上市公司把生产基地移往国外，或扩大海外生产据点，而越南成为其中最主要的落脚点。在越南北部工业区，卧龙电驱、华懋科技等中国龙头企业早已落地。"新南方政策"与"一带一路"在越南实现交汇。

中韩两国与越南经贸关系飞速发展使越南市场成为中韩贸易与投资的重要舞台。尽管中韩两国在越南的经贸竞争有所显现，但两国的经贸竞争并非完全此消彼长的关系。整体而言，中韩与越南各自的双边贸易和投资关系各具特色，在部分产业存在着互补合作空间。目前，中韩双方已经在越南开展广泛的合作，涵盖基础设施建设、金融体系构建、贸易合作等多个方面。在基础设施合作项目上，形成中韩合资投标、中方监理或设计、韩方施工等多样化合作模式。自"新南方政策"提出后，韩国在越南投资以大企业主导的效率投资型为主，旨在通过优化产业链布局服务全球消费市场。因此，韩国在越南投资与三星集团的布局密切相关。作为越南最大的外资企业，三星系在越南已投资近 200 亿美元，为越南提供超 10 万个就业岗位。[①] 目前，越南山阳港项目是中韩企业合作的务实性成果之一，它是由中国企业与韩国三星物产（Samsung C&T）共同建设，并逐步发展成国际中转深水港和世界大型船舶的目的地。其中，中交第三航务工程勘察设计院有限公司负责山阳港的规划、施工图设计、EPC 总承包，工程范围包括港务区、港勤区以及码头区，而三星物产是山阳港防波堤坝项目混凝土浇筑工程承包商。2019年，中国十九冶加入，承建山阳港南三码头输送机设备安装 EPC 工程，并于 2020 年竣工。[②] 山阳港实现了中国的工程建设与韩国的技术、装备配套在越南市场叠加，充分发挥了两国企业的比较优势、优化资源分配，有效满足了越南的基础设施建设需求，实现了"1 + 1 + 1 > 3"的多边共赢成果。中韩在越南的合作不仅有港口工程等基础设施建设，还包括以中日韩—东盟银行联合体为代表的区域型金融合作组织建立。中日韩—东盟银行联合体致力于建立长期、稳定、可持续、风险可控的金融合作平台与机制，为区域内重大重点项目、中日韩在第三方市场合作等提供融资支持。在越南市场，该

---

① 《三星迁厂投资越南，为其提供 10 万就业岗位》，http：//www. sohu. com/a/345763632_679709，访问时间：2020 年 11 月 30 日。

② 《中国十九冶承建的台塑山阳港南三码头输送机设备安装工程竣工》，http：//www. csteelnews. com/xwzx/yjgg/202007/t20200703_ 34650. html，访问时间：2020 年 11 月 28 日。

区域型金融合作组织为中韩企业提供联合融资、贷款担保等多元化金融服务，进一步加强了中国和韩国在金融领域的相互协作。[①]

四　推进中韩在东盟的经贸合作建议

"新南方政策"将东盟国家作为一个重要着力点，与中国"一带一路"的布局存在地缘重叠。基于越南的案例分析，两者不仅在空间范围重叠，在宗旨倡议、建设方向等方面亦存在共通性，具备战略对接与合作的区域基础。中韩在越南的合作经验，如果能够在其他东盟国家推广，汇聚成强大的发展新动能，将有利于推动中—韩—东盟三方的发展。因此，中韩两国可以从完善顶层设计、深化差异合作、落实具体项目三个方面尝试探索两个政策在东盟市场的有效对接，推进第三方市场合作的增长点。

（一）完善顶层设计

在全球市场波动、国际贸易不确定性增加的形势下，中韩在东盟市场的经贸合作受到日益增加的贸易保护主义的压力。不仅如此，韩国作为美国盟友使两国合作还受到美国因素的牵制。对韩国而言，"新南方政策"的提出有助于韩国外交的多元化，扩大韩国在大国竞争中的自主空间，增强战略影响力。随着中国的崛起，中美之间的竞争加剧，韩国面临的结构性压力日益增大。如何回应美国的"印太战略"和中国的"一带一路"建设，是"新南方政策"推进过程中需要解决的重要问题。出于平衡中美关系和国家利益等因素的综合考量，韩国政府对于"一带一路"的态度一再反复，也为两国在东盟市场开展合作增添了变数。

针对"新南方政策"与"一带一路"对接存在的障碍，中国与韩国有必要从全局的高度制定对接合作的顶层设计。第一，作为贸易自由化和经济全球化的受益者，中韩应通力合作维护世界自由贸易秩序和经济开放环境，积极推动贸易投资自由化、便利化，加深产业链、供应链合作。面对新一轮

---

① 吴崇伯、丁梦：《中日在越南的第三方市场合作》，《现代日本经济》2020 年第 5 期，第 17 页。

科技革命和产业变革,未来中韩在东盟国家的合作应改变既有路径,向促进东盟国家产业升级与兼顾三方利益的方向发展。第二,中韩应深层分析"新南方政策"和"一带一路"的政策方向,继续深入推动两者对接合作。双方应加大政策支持力度,为中韩在东盟市场合作提供良好的政策保障。通过创新政策引导中韩双方在东盟市场采取渐进方式,由易到难,发展不同形式的合作关系。第三,双方通过对话持续开展交流,加强相互理解,提升政治互信。当前,中韩已经建立战略合作伙伴关系,正致力于实现共同发展、振兴亚洲经济。两国要从战略高度和长远角度处理在经贸合作过程中产生的竞争与冲突,谋求互利双赢、共同发展。

(二)深化差异合作

近年来,韩中产业与贸易结构正从产业之间分工逐渐转向产业内部垂直分工、个别产品内部差别化战略等模式,中韩各自都在加强经济结构调整,形成了经济的差异化,这种差异化为中韩在东盟合作提供了充足的空间,这无疑会更多地惠及除新加坡以外大多数处于全球产业链低端的东盟国家。中韩在东盟国家的合作形式以项目合作为主,从点到线到片到面,渐进式发展,有别于三方合作。这种合作模式不仅需要充分利用中韩两国的比较优势,同时还强调合作项目要符合东盟这个第三方市场的实际需求,充分调动东盟国家的自主性和参与度,实现"三方共赢"。虽然中国与韩国在泰国"东部经济走廊"(ECC)高铁项目、中缅天然气管道项目等已经有合作的先例,但是两国在东盟国家的经贸合作涉及主体众多。东盟不同国家在资源禀赋、市场容量、劳动力成本方面存在巨大差异。作为新兴市场的东盟,受新冠肺炎疫情影响,经济增速趋缓,不确定、不稳定因素增多。当前,韩国企业在东盟国家投资多采用本国标准,中国的投资项目也倾向于选择对自身有利的标准。中韩双方需要根据不同国家的特点寻求不同领域的合作,对不同东盟国家的政策和市场准入需要进行仔细研判,充分协调不同规则和制度是两个政策有效对接的基础。

从"新南方政策"和"一带一路"叠加区域来看,越南、印尼等国家是中韩需要携手积极开拓第三方市场的重点区域。相较于其他东盟国家,"新南方政策"在越南的快速推进凸显了韩国把越南作为核心支点的战略意图。大部分资金、政策支持向越南倾斜,这导致韩国对东盟战略出现不平衡的趋势。无论是后续资源分配，还是克服各领域执行不平衡的困难，都是"新南方政策"与"一带一路"开展对接合作所面临的挑战。今后，中韩在东盟市场的经贸合作需要超越越南，调动更广泛的东盟国家的经济参与。

（三）推进具体项目落实

东盟国家对于"新南方政策"和"一带一路"表示欢迎，但它们更希望这两个政策能够提出具体的实施路线和核心项目。无论是"新南方政策"还是"一带一路"倡议都存在具体政策不够明晰的问题，两者更多的是宏观框架下的原则指导。"新南方政策"的"南方"地区划分不明晰，致使其战略重点集中施加在东盟国家，通过差异化的投资模式，与中国的"一带一路"倡议在东盟市场形成竞争态势，这种竞争局面短时间内无法避免。当前，在港口、能源、铁路等基础设施建设方面，韩国企业与中国企业形成强有力的竞争局面。韩国企业大规模走向海外比中国早，韩国的技术与发展经验结合东盟国家的资源、市场和劳动力优势，在东盟市场有大量成果产出并且树立了较好的形象与信誉。而中国的海外投资起步相对较晚，树立良好的形象与信誉需要时间，但中国企业具有丰富的工程建设经验、雄厚的资金支持以及政策帮扶，这使其在东盟国家的经贸活动中发挥着举足轻重的作用。中企与韩企在东南亚投资各具优势，相互合作充分发挥比较优势，才能为全球产业链的发展带来集聚效应，这样可使各类创新迅速、低成本地实现产业化，达到资源最优配置的目的。

目前，韩国和中国已经在基础设施建设、能源化工、工业园区建设等方面在第三方市场开展具体项目务实合作，在这些领域中韩两国可以做到优势互补、利益共享。随着第四次产业革命的推进，人工智能（AI）、智能信息等技术将改变现有制造业和服务业的作用、结构和范围。中韩可结合两国产业发展方向，从传统领域拓展至新兴领域合作，推动人工智能、大数据、氢能源、生物科技等战略新兴产业合作。韩国已经深度嵌入全球制造业体系，其半导体、汽车制造业处于行业发展前沿，三星、现代等竞争优势明显。随着 5G、云计算、物联网、人工智能等新一代信息技术在中国的广泛应用，以腾讯、商汤科技为代表的高新技术企业在大数据领域和人工智能方面也已形成自身优势。中韩利用各自优势强强联合，在东盟国家开展工业化与信息化之间的深层次合作，有望孕育出亚洲经济增长的新亮点。东盟国家投资需求巨大，但目前无论"新南方政策"还是"一带一路"的融资机制都不够完善，中韩双方应打造多层次金融平台，积极引导亚洲开发银行、亚洲基础设施投资银行等金融机构参与项目合作，解决投融资问题，盘活市场资本流通。

五　结语

在"新南方政策"的引导下，韩国密切与东盟的经济贸易关系，意图重塑韩国的世界经济布局。东盟作为韩国"新南方政策"的着力点，同时也是"一带一路"的重要地区，中韩高度重视开拓东盟市场。作为东盟国家重要的经贸伙伴，中韩两国虽然与东盟国家的经贸合作存在不同的特征和重要差异，可谓共存共荣，但双方并非完全的"此消彼长"的竞争关系。虽然中韩在东盟的经贸关系中出现竞合现象，但合作仍然是两者关系的主流。在新冠肺炎疫情防控常态化形势下，作为地区和世界重要经济体的中韩两国可以通过挖掘在东盟市场合作的潜力，共同抵御新冠肺炎疫情对世界经济的冲击，实现互利共赢。

Economic and Trade Cooperation between China and ROK in ASEAN from the Perspective of New Southern Policy
—*Taking Vietnam as an Example*

Chen Miaoling

Abstract　In 2017, Moon Jae-in Government is aimed to strengthen the relationship of ROK with neighboring countries and reconstruct its global economic map through New Northern Policy and New Southern Policy. Thereinto, ASEAN and India are taken as the core of layout in New Southern Policy. It is aimed to weaken the emphasis and dependence of ROK on the strategic roles of four traditional diplomatic partners (USA, China, Japan and Russia) . According to New Southern Policy, Vietnam is taken as the first partner of ROK in ASEAN countries. For China, it is also an important node to promote the progress of The Belt and Road Initiative, especially the 21st Century Maritime Silk Road. The convergence and resonance between the diplomatic policies of China and ROK in Southeast Asia are achieved here. Reviewing the diplomatic development history of ROK in ASEAN, this article takes Vietnam as a case to analyze the economic and trade cooperation between China and ROK with the promotion of the "New Southern Policy", and further expands the cooperation potential of the two countries in the ASEAN market.

Keywords New Southern Policy; The Belt and Road Initiative; Vietnam; Third-party Market

政权更迭对韩国现代题材电影的影响[*]

——以 1998～2017 年上映的三类现代题材电影为例

何鸿飞　詹德斌

【内容提要】1997 年以来，韩国政权在进步阵营和保守阵营之间每10年发生一次更迭。随着政权的更迭，韩国上映的朝鲜战争、威权政府/民主化运动和南北关系三类现代题材电影也呈现不同的特点，表现在电影数量、叙事内容和社会反响三个方面。这些差异产生的根源在于进步政权和保守政权对民主化历史的态度与对朝政策截然不同。两种政权通过调整对韩国电影振兴委员会的资助，利用行政权力向个人施压以及发挥执政阵营的推动作用，从而对韩国现代题材电影施加影响，以反映各自的意识形态主张。

【关键词】韩国　政权　现代题材电影　进步　保守

【作者简介】何鸿飞，同济大学人文学院硕士研究生，主要从事艺术与文化产业研究；詹德斌，上海对外经贸大学国际关系学系教授、朝鲜半岛研究中心主任，主要从事朝鲜半岛问题、中国外交研究。

一　引言

法国理论家福柯认为，"重要的是讲述神话的年代，而不是神话所讲述

---

* 本文系教育部人文社会科学规划基金项目"韩国中小学教科书中的当代中国形象研究"（项目编号：19YJAGW008）的阶段性成果。

的年代"。① 电影是上述"神话"中的一种，其创作、发行和放映必然受到所处时代环境的影响。1996 年 10 月 4 日，韩国宪法法院对于电影《啊！梦之国》的宪法诉讼请求作出裁决，宣布电影作为思想和观点的表现手段，受到宪法的保障，"公演伦理委员会"属于宪法禁止的审查机构。② 此后，韩国废除了长期存在的电影审查制度，开始实行按照年龄划分的电影等级制度。这为电影艺术的表达自由提供了保障。韩国电影创作者能够在故事内容上突破创新，使得表现朝鲜战争、威权政府/民主化运动、南北关系的现代题材电影③不断涌现。截至 2019 年底，韩国共有 19 部本土电影达到千万以上的观影人次，其中有 5 部电影属于上述题材，分别是《国际市场》（2014）、《出租车司机》（2017）、《太极旗飘扬》（2004）、《辩护人》（2013）和《实尾岛》（2003）。④

1997 年 12 月，金大中赢得韩国第 15 届总统大选，标志着韩国首次实现朝野政权交替，长期在野的进步阵营获得执政机会。"两大阵营对立、两大党轮替掌权"成为此后韩国政治生态的主要特征。⑤ 韩国先后经历五届政府，进步政权和保守政权发生了两轮更迭：首先是金大中政府和卢武铉政府代表的进步政权（1998～2008 年），然后是李明博政府和朴槿惠政府代表的保守政权（2008～2017 年），目前是文在寅政府代表的进步政权（2017 年至今）。对比进步政权时期和保守政权时期韩国上映的现代题材电影，我们会发现很多鲜明的特点。例如，进步政权时期表现威权政府和民主化运动的电影比保守政权时期多，保守政权时期以朝鲜战争和南北特工谍战为题材的电影比进步政权时期多。

"政治与艺术虽然是相互影响的关系，但它们又不是一种平行的关系，它们在上层建筑中所处的地位是不一样的，艺术必然要受到政治的

---

① 戴锦华：《电影批评》（第二版），北京大学出版社，2015，第 177 页。
② 韩国电影振兴委员会编著《韩国电影史：从开化期到开花期》，周健蔚、徐鸢译，上海译文出版社，2010，第 357 页。
③ 本文所指韩国现代题材电影中的"现代"是以 1945 年 8 月 15 日朝鲜半岛光复为分界线。
④ 根据韩国电影振兴委员会电影票综合电算网（http://www.kobis.or.kr/kobis/business/stat/offc/findFormerBoxOfficeList.do）统计数据整理所得。
⑤ 张英姣、杨鲁慧：《韩国民主转型以来政党政治发展的轨迹、特征及成因》，《江西社会科学》2014 年第 5 期，第 212～218 页。

强大影响，它不可能完全脱离政治。"① 因此，韩国政权更迭势必会对韩国现代题材电影产生影响。遗憾的是，从笔者在"中国知网"检索的结果来看，现有文献并没有对上述推论展开深入的讨论。本文拟以 1998 ~ 2017 年上映的朝鲜战争、威权政府/民主化运动、南北关系三类现代题材电影为分析对象，深入探讨韩国政权更迭影响韩国电影的表现、根源和方式。

二　韩国现代题材电影在两种政权时期的特点

本文统计了 1998 年 2 月 25 日至 2017 年 3 月 10 日②上映的韩国本土电影，以每年观影人次居前 50 位的电影作为样本，③ 将这些电影按照题材分类，筛选出进步政权时期和保守政权时期以朝鲜战争、威权政府/民主化运动和南北关系为题材的电影（见表 1、表 2）。需要解释的是，本文将威权政府与民主化运动两类题材电影归为一类进行讨论，原因在于它们所讲述的历史背景集中于同一时间段，威权政府的独裁统治催生出民主化运动，二者交织在一些电影中。同一题材电影在两种政权时期的特点主要表现在以下三个方面。

表 1　进步政权时期上映的韩国现代题材电影（1998 年 2 月 25 日至 2008 年 2 月 25 日）

电影题材	上映时间	电影名称	观影人次
朝鲜战争	1998 年 11 月 21 日	《美丽的时节》	—
	2004 年 2 月 5 日	《太极旗飘扬》	11746135
	2005 年 8 月 4 日	《欢迎来到东莫村》	8008622

①　王宏建主编《艺术概论》，文化艺术出版社，2010，第 25 页。

②　1998 年 2 月 25 日，金大中正式就职，开始其任期。2017 年 3 月 10 日，韩国宪法法院通过对朴槿惠的弹劾案，朴槿惠被免去总统职务，结束其任期。

③　由于韩国电影振兴委员会电影票综合电算网仅统计 2003 年以来上映电影的观影人次等数据，本文对 1998 年上映的 40 部电影、1999 年上映的 46 部电影、2000 年上映的 61 部电影、2001 年上映的 63 部电影，以及 2002 年上映的 102 部电影进行了全部筛选。

续表

电影题材	上映时间	电影名称	观影人次
威权政府/民主化运动	2000年1月1日	《薄荷糖》	—
	2002年5月2日	《绑架金大中》	—
	2003年4月30日	《蝴蝶情人》	612558
	2003年12月24日	《实尾岛》	11081000
	2004年5月5日	《孝子洞理发师》	1972377
	2005年2月3日	《那时候那些人》	1083962
	2007年7月25日	《华丽的假期》	7307993
南北关系	1999年2月13日	《生死谍变》	5800000 *
	1999年5月15日	《间谍李哲镇》	—
	2000年9月8日	《共同警备区JSA》	约6000000 *
	2002年2月1日	《2009迷失的记忆》	—
	2002年6月13日	《昨天》	—
	2003年1月24日	《双重间谍》	1025928
	2003年8月29日	《南男北女》	223503
	2003年12月31日	《朝鲜男人在韩国》	764567
	2005年7月15日	《天军》	1232992
	2005年12月14日	《台风》	4094395
	2006年7月13日	《韩半岛》	3880308

注：其中带 * 的数据整理自〔韩〕金钟元、郑重宪所著《韩国电影100年》，〔韩〕田英淑译，中国电影出版社，2013。

资料来源：本表整理自韩国电影振兴委员会电影票综合电算网（http：//www.kobis.or.kr/kobis/business/stat/offc/findYearlyBoxOfficeList.do），截至2020年6月30日。

表2 保守政权时期上映的韩国现代题材电影（2008年2月25日至2017年3月10日）

电影题材	上映时间	电影名称	观影人次
朝鲜战争	2010年6月16日	《向着炮火》	3385706
	2011年4月27日	《与敌同寝》	243094
	2011年7月20日	《高地战》	2945137
	2015年9月24日	《西部战线》	609063
	2016年1月21日	《想念哥哥》	1069436
	2016年7月27日	《仁川登陆作战》	7049643
威权政府/民主化运动	2012年11月22日	《南营洞1985》	332619
	2012年11月29日	《26年》	2963449
	2013年12月18日	《辩护人》	11374610
	2014年12月17日	《国际市场》	14257115

电影题材	上映时间	电影名称	观影人次
南北关系	2008 年 6 月 26 日	《北逃》	907255
	2010 年 2 月 4 日	《义兄弟》	5507106
	2010 年 9 月 16 日	《无籍者》	1571432
	2011 年 6 月 23 日	《丰山犬》	714102
	2012 年 5 月 3 日	《韩朝梦之队》	1872681
	2012 年 8 月 15 日	《R2B：回到基地》	1201944
	2012 年 9 月 20 日	《间谍》	1310895
	2013 年 1 月 30 日	《柏林》	7166199
	2013 年 6 月 5 日	《隐秘而伟大》	6959083
	2013 年 11 月 6 日	《同窗生》	1048280
	2013 年 12 月 24 日	《嫌疑者》	4131248
	2015 年 6 月 24 日	《延坪海战》	6043784
	2017 年 1 月 18 日	《共助》	7817446

资料来源：本表整理自韩国电影振兴委员会电影票综合电算网（http：//www. kobis. or. kr/ kobis/business/stat/offc/findYearlyBoxOfficeList. do），截至 2020 年 6 月 30 日。

（一）电影数量差异

1. 朝鲜战争题材电影和威权政府/民主化运动题材电影：数量变化突出

威权政府/民主化运动题材电影大多反映追求平等、反抗秩序的价值观念，朝鲜战争题材电影多数突出家庭价值、爱国主义、反朝亲美，前者可以视作进步主义电影，后者可以视作保守主义电影。威权政府/民主化运动题材电影从进步政权时期的 7 部下降到保守政权时期的 4 部，朝鲜战争题材电影从进步政权时期的 3 部上升到保守政权时期的 6 部（见图 1），变化显著。这表明，以威权政府/民主化运动题材电影为代表的进步主义电影在进步政权时期创作相对旺盛，以朝鲜战争题材电影为代表的保守主义电影在保守政权时期创作相对旺盛。

2. 南北关系题材电影：主题分化明显

南北关系题材电影尽管在两种政权时期的数量变化不大，但是按照南北对抗主题和南北合作主题进行划分，会发现该类电影在两种政权时期表现出

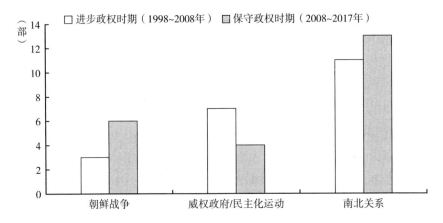

图1　进步政权和保守政权时期韩国现代题材电影的数量

明显的主题分化（见表3）。南北对抗主题电影反映南北之间的敌对关系，包括四类：一是南北特工谍战，二是南北军事冲突，三是与脱北者相关，四是与南北普通民众相关。南北合作主题电影反映南北之间的和平关系，主要讲述韩朝政府或韩朝民众之间的合作。具体来看，南北对抗主题电影和南北合作主题电影在进步政权时期分别有7部和4部，在保守政权时期分别有11部和2部。这说明，进步政权过渡为保守政权之后，南北关系题材电影对朝鲜的消极态度增加，积极态度下降。

表3　南北关系题材电影的主题分类

电影主题	进步政权时期(1998～2008 年)	保守政权时期(2008～2017 年)
南北对抗主题		《义兄弟》
		《间谍》
	《生死谍变》	《柏林》
	《间谍李哲镇》	《隐秘而伟大》
	《双重间谍》	《同窗生》
	《共同警备区 JSA》	《R2B:回到基地》
	《台风》	《延坪海战》
	《南男北女》	《北逃》
	《朝鲜男人在韩国》	《无籍者》
		《嫌疑者》
		《丰山犬》

续表

电影主题	进步政权时期（1998~2008 年）	保守政权时期（2008~2017 年）
南北合作 主题	《2009 迷失的记忆》	
	《昨天》	《韩朝梦之队》
	《天军》	《共助》
	《韩半岛》	

资料来源：本表由笔者整理。

（二）叙事内容差异

1. 威权政府/民主化运动题材电影：从反思到美化

进步政权时期，威权政府/民主化运动题材电影在叙事内容上构成了威权政府——从李承晚政府到全斗焕政府的完整谱系，向观众再现了 1987 年民主转型之前的历史以及重要的政治事件。回顾这一时期的 7 部相关题材电影，《孝子洞理发师》的叙事时间跨度最长，主人公经历了李承晚政府末期发生的"3·15 选举"和"4·19 革命"，再到朴正熙发动政变夺权后当政的近 20 年，直至朴正熙遇刺身亡后全斗焕上台；《实尾岛》取材自 1972 年朴正熙政府时期真实发生的"实尾岛事件"；《绑架金大中》依据 1973 年 8 月金大中在日本东京被朴正熙政府特工绑架的事件所改编；《那时候那些人》讲述了中央情报部部长秘密暗杀总统的故事，指向朴正熙于 1979 年遇刺身亡；《华丽的假期》改编自 1980 年发生的"光州事件"；《薄荷糖》以倒叙的方式回顾了主人公经历的 20 世纪 70 年代以来的民主化历程；《蝴蝶情人》通过虚构的故事描绘了普通恋人在威权政府统治下的悲惨命运。总之，这 7 部电影围绕同一个主题——批判威权政府的专制统治、弘扬民主力量的抗争精神，都是对韩国建国以来民主伤痕的不断反思。

保守政权时期，《南营洞1985》《26 年》《辩护人》均改编自民主化运动事件，延续着反思民主伤痕的主题。2014 年上映的《国际市场》在叙事内容上出现改变，与以往的威权政府/民主化运动题材电影差别很大。这部电影讲述了主人公及其家人在朝鲜战争爆发后的生活经历，涉及许多社会历史事件，例如 20 世纪 60 年代韩国派遣劳工赴德，70 年代韩国参加越南战争，80 年代南北离散家属寻亲等。这部电影虽然将叙事时间集中在威权政府时期，但是在叙事内容上避开了当时的民主化运动以及威权政府的专制统治，转而侧重表现这一时期的经济发展，突出个人的勤劳勇敢和爱国精神。因此，《国际市场》实质上消解了观众对于民主伤痕的记忆，美化了威权政府和美国的历史形象。

2. 南北关系题材电影：从亲朝到反朝

首先是南北合作主题的电影，进步政权时期上映的《2009 迷失的记忆》和《韩半岛》可以视作对朝鲜半岛和平统一的"想象"，① 保守政权时期没有这类电影。其次是南北对抗主题中的特工谍战电影。保守政权时期上映的该类电影着重刻画朝鲜政府的负面形象。2013 年上映的《柏林》《隐秘而伟大》《同窗生》与往常的叙事模式不同，三部电影讲述了"朝鲜间谍由于内部原因互相争斗，而韩国政府小心观望、积极拯救的故事"，如《柏林》和《同窗生》的故事背景设定在朝鲜政权内部的权力斗争。② 最后是南北对抗主题中的军事冲突电影。进步政权时期上映的《共同警备区 JSA》展现出南北士兵的个人情谊超越意识形态。保守政权时期上映的《R2B：回到基地》和《延坪海战》叙述了战争打破普通民众正常生活的故事。上述三个方面的变化共同反映出，南北关系题材电影在进步政权时期展现的朝鲜形象更加正面，南北关系相对缓和，在保守政权时期展现的朝鲜形象更加负面，南北关系愈发对立。

（三）社会反响差异

观影人次代表一部电影在观众中的受欢迎程度和认可程度，是衡量社会反响的重要指标。同一题材电影在不同政权时期上映所引发的社会反响也存在差异。第一，在朝鲜战争题材电影中，《欢迎来到东莫村》和《与敌同寝》最为典型，二者都以朝鲜战争期间南北民众化敌为友为故事情节，批判了朝鲜战争中南北同室操戈，前者的观影人次突破 800 万人，居韩国 2005 年全部电影观影人次的首位，后者观影人次不足 25 万人。第二，在威

---

① 《2009 迷失的记忆》讲述了主人公所处的现代朝鲜仍是日本的殖民地，他在工作中发现朝鲜仍被日本统治的原因，之后穿越到日据时代的朝鲜，重新把历史的车轮引入"正轨"，这个"正轨"包括既定的事实——韩朝统一。《韩半岛》讲述了韩朝政府准备共同修建一条穿越"三八线"的铁路，这项工程遭到日本政府的阻拦。电影围绕韩国政府证明日本当局所提供的证据是伪证而展开，这项标志性工程的主权最终被证明属于南北分裂前的大韩帝国，暗示朝鲜半岛即将迎来统一。

② 王伟珍：《新世纪韩国南北题材电影文化反思研究》，西北大学硕士学位论文，2015，第 26～27 页。

权政府/民主化运动题材电影中，同样是以民主化运动事件为改编对象，进步政权时期上映的《华丽的假期》的观影人次超过730万人，而保守政权时期上映的《南营洞1985》和《26年》的观影人次总和不足330万人，不及其一半。如上文所分析的，2014年上映的《国际市场》属于威权政府/民主化运动题材电影中的"个例"，带有明显的保守主义色彩，其观影人次达到1400万人以上，居韩国历来电影观影人次第四位。第三，在南北关系题材电影中，保守政权时期上映的《义兄弟》《柏林》《隐秘而伟大》《延坪海战》4部南北对抗主题电影的平均观影人次接近650万人，超过进步政权时期的同类电影。由此可见，进步主义电影在保守政权时期的社会反响呈下降趋势，保守主义电影则呈上升趋势。

三 政权更迭对韩国现代题材电影的影响根源

（一）进步与保守的形成背景

不同于美国两党轮流执政的模式，韩国政权在进步阵营和保守阵营之间更迭。进步阵营与保守阵营的形成源自民主化运动时期的民主力量和保守势力。1948年建国以来，韩国经历了李承晚政府、朴正熙政府和全斗焕政府的长期威权主义统治，他们打压排挤民主力量，属于典型的保守势力。从李承晚政府末期发生的"4·19革命"开始，威权政府执政期间出现了一系列民主化运动，以金泳三、金大中为代表的民主力量不断冲击当时的政治体制，终于在1987年迎来民主转型。民主力量和保守势力延续至今，演变成为进步阵营和保守阵营。

尽管进步阵营和保守阵营达成共识认为韩国应当实现民主，但是进步阵营更加重视在社会政治领域宣扬民主，促进民主政治发展。除此之外，进步阵营和保守阵营还存在许多理念分歧，前者倾向"进步"，后者倾向"保守"。在经济领域，进步阵营主张社会公平优先于经济发展，重视分配和福利问题，保守阵营则主张经济发展优先于社会公平，重视增长和效率问题；在南北关系领域，进步阵营力求改善南北关系，以对话、合作的方式处理分歧，保守阵营则对南北对话持谨慎态度，诉诸军事、制裁等手段进行施压；在外交领域，进步阵营在韩美关系、韩日关系中表现得更加独立自主，重视与中国等大国的均衡关系，保守阵营则对美国保持依赖与服从，认为韩美关系、韩日关系优先于韩中关系。

（二）对民主化历史态度的进步与保守

1. 进步政权：强调民主化运动的历史贡献，推动民主政治改革

"5·18 光州民主化运动"在 1997 年被韩国政府确立为政府纪念日，是政府层面对于民主化运动的重要纪念。进步政权的三位领导人都积极参加该纪念活动，金大中是首位任内出席该活动的总统，卢武铉在任期内每年都出席该活动，文在寅在 2017 年和 2019 年先后两次出席该活动。① 卢武铉认为，"5·18 虽然是一个历史悲剧，但是它谱写了世界进步历史的一页"。② 文在寅指出，"5·18 虽然践踏了国民的生命和人权，是现代史上的悲剧，但奋起抗争的民众树立了民主里程碑"。③ 由此可见，进步政权对于民主化运动持有高度的评价，强调民主化运动对韩国的历史贡献。同时，进步政权认为自身依然承担着实现民主这一历史任务，需要继续推动民主政治改革。金大中将任内政府命名为"国民政府"，意指政府回归国民，一如其就职演说中提出将政治改革放在国政首位，"一定要形成'国民的政治''国民成为主人的政治'"。④ 卢武铉称，"掀起光州民主化运动的民主势力虽然获得了伟大成就，但仍然任重道远"，⑤ 他将任内政府命名为"参与政府"，鼓励全民参与国家政治。文在寅表示，"在韩国的社会中仍存在歪曲和贬低 5·18 民主化运动的现象，这是决不能容忍的。新一届政府与光州民运一脉相承，将继承光州民运和烛光革命的精神，在这片土地上重新修复民主"。⑥

---

① 《文在寅强调 5·18 民运精神凸显政权过渡至进步阵营》，韩联社，2017 年 5 月 18 日，https://cn.yna.co.kr/view/ACK20170518003100881；《文在寅出席五一八民运纪念仪式》，韩联社，2019 年 5 月 19 日，https://cn.yna.co.kr/view/PYH20190519018400881。

② 《韩国举行 5·18 民主化运动 26 周年纪念仪式》，韩国广播公司，2006 年 5 月 18 日，http://world.kbs.co.kr/service/news_view.htm?lang=c&Seq_Code=14299。

③ 《文在寅出席 5·18 民主化运动纪念仪式》，韩联社，2017 年 5 月 18 日，https://cn.yna.co.kr/view/ACK20170518002700881。

④ 《金大中总统就职演说》，《当代韩国》1998 年第 1 期，第 3 ~ 5 页。

⑤ 《卢武铉总统对 5·18 光州民主化运动发表演说》，韩国广播公司，2007 年 5 月 18 日，http://world.kbs.co.kr/service/news_view.htm?lang=c&Seq_Code=18065。

⑥ 《文在寅出席 5·18 民主化运动纪念仪式》，韩联社，2017 年 5 月 18 日，https://cn.yna.co.kr/view/ACK20170518002700881。

2. 保守政权：削弱民主化运动的现实意义，突出威权政府的经济贡献

与进步政权重视"5·18 光州民主化运动"纪念活动相反，李明博和朴槿惠仅在上任的第 1 年参加过该活动。① 2011 年，李明博政府将众人齐唱纪念活动主题曲改为演唱团合唱，该做法引发了光州民主化运动牺牲者遗属与政府之间的矛盾。② 这反映出保守政权对于该纪念活动的冷落和不满，试图削弱民主化运动在当下韩国的现实意义。为了重塑威权政府和保守阵营在民主化历史中的正面形象，保守政权重点突出威权政府执政期间的经济贡献。修改历史教科书是最好的例证之一。李明博政府在 2008 年上台之后，要求对中学近现代史课本进行修改，修改后的教科书认为李承晚政府奠定了自由民主主义和市场经济的框架基础，军人精英为韩国经济腾飞作出了巨大贡献，光州民主抗争带有地方主义色彩。③ 2015 年 10 月 12 日，朴槿惠政府决定韩国初中、高中从 2017 年起使用国家统一编订的韩国史教科书，该教科书灌输官方史观，例如美化朴正熙独裁统治等。④ 此外，保守政权通过延续威权政府执政时期的经济口号，从而宣传威权政府的经济贡献，引发民众对于威权政府的好感。在第 18 届总统大选期间，朴槿惠沿袭了朴正熙时期打出的"让我们过得好"的口号，向民众做出保证，要引领韩国经济再次实现快速增长。⑤ 李明博和朴槿惠在执政期间多次表示政府将再次创造"汉江奇迹"。⑥

3. 对威权政府/民主化运动题材电影的影响

第一，两种政权对民主化历史对立的态度会影响威权政府/民主化运动题材电影的创作立场。进步政权时期上映的威权政府/民主化运动题材电影

① 《文在寅强调 5·18 民运精神凸显政权过渡至进步阵营》，韩联社，2017 年 5 月 18 日，https：//cn. yna. co. kr/view/ACK20170518003100881。

② 李梅、张静：《文在寅高唱"禁歌"纪念光州事件 被视为将告别保守时代》，环球网，2017 年 5 月 19 日，https：//world. huanqiu. com/article/9CaKrnK2SgN。

③ 牛林杰、刘宝全主编《2008~2009 年韩国发展报告》，社会科学文献出版社，2009，第147页。

④ 《韩国政府决定改用国定韩国史教科书》，韩联社，2015 年 10 月 12 日，https：//cn. yna. co. kr/view/ACK20151012002100881；《详讯：文在寅指示废弃国定历史教科书》，韩联社，2017 年 5 月 12 日，https：//cn. yna. co. kr/view/ACK20170512004100881？section = search。

⑤ 张俊杰：《朴槿惠新传：在苦难中微笑成长》，中央编译出版社，2015，第198页。

⑥ 《李明博：为创造第二个汉江奇迹而竭尽全力》，韩联社，2008 年 2 月 21 日，https：//cn. yna. co. kr/view/ACK20080221002200881？section = search；《第 18 任韩国总统朴槿惠就职演说》，韩联社，2013 年 2 月 25 日，https：//cn. yna. co. kr/view/ACK20130225001300881？section = search；《朴槿惠会见朝野两党党首 呼吁朝野为振兴经济合作》，韩联社，2015 年 3 月 17 日，https：//cn. yna. co. kr/view/ACK20150317002900881？section = search。

符合进步政权对民主化历史的态度，既是反思民主伤痕，也是启发观众警惕威权主义和捍卫民主社会。保守政权时期批判威权政府、弘扬民主抗争的威权政府/民主化运动题材电影大幅减少，仅有 3 部。这一时期出现的《国际市场》与保守政权对民主化历史的态度相吻合，侧重表现威权政府执政期间的经济发展以达到美化的效果。第二，韩国素来有紧密的政商关系，两种政权对民主化历史的不同态度会传导至整个电影产业。保守政权上台后，根据民主化运动事件改编的电影在投资、发行、上映等环节受到很大的影响。2012 年上映的《26 年》改编自"光州民主化运动"，这部电影早在 2008 年就开始计划拍摄，然而李明博政府上台之后投资方纷纷退出，导致电影无法如期完成，最后通过共筹方式才得以在 2012 年完成拍摄。[1] 2013 年上映的《辩护人》改编自"釜林事件"，在选择发行商时，韩国几大发行公司均表示拒绝，他们提出等待选举结果公布之后，根据当选政党情况，再决定是否发行这部电影。[2]

（三）对朝政策的进步与保守

1. 进步政权：奉行对朝友好、合作的政策

1998 年 2 月 25 日，金大中在就职演说中提出包括"积极促进南北之间的和解与合作"在内的三项对朝原则。[3] 金大中政府确立了对北包容政策（即"阳光政策"），其"根本宗旨是防止在朝鲜半岛再次爆发战争，进而南北实现和解与合作，并谋求共同的繁荣与发展"。[4] 2003 年上台的卢武铉政府继承金大中政府的对朝政策，进一步提出"和平繁荣政策"。这一政策"以南北经济合作为基础，进而促进安保发展，谋求东北亚的和平与共同繁荣"。[5] 尽管韩朝双方在这一时期发生过延坪海战等冲突，朝鲜在2006 年进行了首次核试验，但是进步政权始终坚持以对话协商的方式来解决分

---

① 《用电影包扎光州的伤口》，《东方早报》2013 年 5 月 5 日，http://culture.ifeng.com/gundong/detail_ 2013_ 05/05/24945169_ 0. shtml。

② 梁宇哲、徐敏华：《新导演的电影之路——〈辩护人〉导演映后谈》，《北京电影学院学报》2019 年第 2 期，第 66 ~ 72 页。

③ 《金大中总统就职演说》，《当代韩国》1998 年第 1 期，第 3 ~ 5 页。

④ 方秀玉：《反思金大中政府的对朝政策》，《东北亚论坛》2009 年第 5 期，第 55 ~ 63 页。

⑤ 金祥波：《试析卢武铉"和平繁荣政策"与韩朝关系的发展》，《东北师大学报》（哲学社会科学版）2008 年第 1 期，第 98 ~ 102 页。

歧，积极主动地改善韩朝关系。在政治领域，金大中和卢武铉先后两次访问平壤，达成《南北共同宣言》和《韩朝关系发展与和平繁荣宣言》。在经济领域，韩朝共同建设开城工业园区、开发金刚山观光旅游等项目，双方经济合作不断加强。在社会领域，"韩国对朝援助不仅增加了预算，并且有了实质性扩大"，①韩朝还定期举行离散家属团聚活动，扩大双边人文交流。

2. 保守政权：采取对朝强硬、威胁的政策

"李明博上台之后，一再强调要以'实用主义'理念指导韩国的对朝政策，要根据实用主义精神调整和修正其前任的对朝政策。"② 李明博政府主张"无核、开放、3000"政策，将朝鲜弃核作为韩国对朝经济合作和经济援助的前提，并通过强化韩美同盟关系，支持国际社会对朝鲜采取经济制裁、舆论谴责等方式迫使朝鲜放弃拥核。朴槿惠在上台之初试图改变李明博政府的强硬做法，提出"朝鲜半岛信赖进程"，试图增进南北互信。2016年1月6日朝鲜进行第四次核试验后，朴槿惠政府对朝鲜失去信任和耐心，再次采取对朝强硬立场：部署美国"萨德"反导系统，增加韩美军事演习，关闭开城工业园区，对朝实施单边制裁等。保守政权的施压行为适得其反，朝鲜在这一时期加快拥核进程，先后进行了五次核试验和多次导弹、卫星发射。韩朝之间的军事冲突也逐渐增加，例如2009年11月在西部海域发生的军事交火、2010年3月的天安号事件和当年11月的延坪岛炮击事件。韩朝之间针锋相对，导致朝鲜半岛紧张局势不断升级。

3. 对朝鲜战争题材电影和南北关系题材电影的影响

第一，两种政权对朝政策的转变会影响朝鲜战争题材电影和南北关系题材电影的创作数量。南北合作主题电影反映南北之间的和平与互助，这与进步政权所奉行的对朝政策相一致。朝鲜战争题材电影和南北对抗主题电影反映南北之间的分裂与对立，这与保守政权所采取的对朝政策相契合。因此，进步政权有利于南北合作主题电影的创作，保守政权有利于朝鲜战争题材电影和南北对抗主题电影的创作。从具体的数量来看，南北合作主题电影从进

① 宣玉京：《韩国对朝人道主义援助及其政策》，《现代国际关系》2012年第5期，第58～65页。

② 张旭东、王耀东：《"实用主义"的异化：李明博政府对朝政策困境的根源》，《东北亚论坛》2011年第4期，第44～50页。

步政权时期的 4 部下降到保守政权时期的 2 部，朝鲜战争题材电影和南北对抗主题电影分别从进步政权时期的 3 部和 7 部上升到保守政权时期的 6 部和 11 部。第二，两种政权对朝政策的转变会影响朝鲜战争题材电影和南北关系题材电影的叙事内容。保守政权重视加强韩美同盟关系，这一政治主张反映在一些电影中。《仁川登陆作战》展现出朝鲜战争期间美国对韩国的军事支持和两国团结的同盟关系，《国际市场》开篇讲述的兴南大撤退表现出美国在朝鲜战争期间进行人道救援的正面形象，这些有助于加深观众对韩美同盟的认识和肯定。保守政权对于朝鲜的负面舆论增加，这体现在南北关系题材电影中，该类电影在保守政权时期的反朝倾向更加明显。第三，两种政权对朝政策的转变会影响朝鲜战争题材电影和南北关系题材电影的社会反响。保守政权时期南北关系恶化，韩国民众对于朝鲜的防范和敌对心理增强。这会增加南北对抗主题电影的热度，多部南北对抗主题电影在这一时期获得很高的观影人次。与之相反，批判朝鲜战争、反思南北分裂的《与敌同寝》在保守政权时期遇冷，观影人次不足 25 万人，与进步政权时期上映的《欢迎来到东莫村》形成鲜明的对比。

四　两种政权影响韩国现代题材电影的方式

（一）经济层面：调整韩国电影振兴委员会的资助

韩国电影振兴委员会是由文化体育观光部授权成立的行业组织，负责审议并拟定有关韩国电影发展的重要政策，通过统筹管理电影发展基金以促进韩国电影产业在国内以及全球范围内的发展。电影发展基金自 2007 年 7 月起由韩国电影振兴委员会运营和分配，其规模达到 5000 亿韩元（约合人民币 30 亿元），包括政府出资的 2000 亿韩元、电影票分摊费 2000 亿韩元以及已有的电影振兴金库 1000 亿韩元三部分。在国内，韩国电影振兴委员会主要资助电影的策划和开发、制作、上映，资助艺术电影专用馆，投资电影现场等，涵盖电影产业链的各个环节。①

---

① 根据韩国电影振兴委员会官网（https://chi. koreanfilm. or. kr/01 _ intro/? mcode = 0401010000）公开的相关信息整理所得。

尽管韩国电影振兴委员会属于独立的行业组织，委员长及委员全部是来自文化艺术界的专业人士，但是委员会需要接受中央政府的财政拨款与监督，包括委员长在内的 9 名委员由文化体育观光部部长任命。因此，韩国电影振兴委员会难以在不同政权时期保持政治中立，在资助对象的决策上往往受到青瓦台以及文化体育观光部的干预。历任政府可以要求韩国电影振兴委员会对符合自己意识形态主张的电影项目加大资助力度，鼓励该类电影创作，或者对与自己意识形态主张相悖的电影项目减少资助，最终影响各类题材电影的创作数量。保守倾向的电影团体"韩国电影导演协会"在 2008 年 1 月 25 日（卢武铉政府任期末）发表声明批评韩国电影振兴委员会已经变节为资助民主化运动人士的组织，指责韩国电影振兴委员会与进步政权勾结了 10 年。[1] 2018 年 4 月 4 日，韩国电影振兴委员会委员长吴奭根承认在李明博、朴槿惠执政时期，委员会按照政府相关部门的指示炮制"文艺界黑名单"，并对上榜人物及机构采取各种限制措施，例如将其排除在资助对象之外。[2]

（二）政治层面：利用行政部门权力向个人施压

韩国宪法规定，韩国实行总统共和制，行政权属于以总统为首的政府。在行政体系中，总统居最高领导位置，之下是国务总理、国务委员及行政各部。总统通过国务会议行使行政职能，负责决定政府的各项重要政策。国务总理由总统任命，需经国会批准。国务委员（国务会议成员）由总统根据国务总理的推荐任命，一般同时担任各行政部门长官，只对总统负责。因此，韩国总统在行政体系中几乎不受约束和制衡，可以充分利用行政权力来为自身服务。保守政权时期，李明博政府和朴槿惠政府为了打压文艺界的左翼人士，利用国情院、国税厅等行政部门的权力向个人施压，限制他们的创作自由。

国情院由韩国总统直接管辖，负责搜集国内外的战略情报，有关企图颠覆政权的犯罪活动和国际犯罪活动的信息。虽然《国情院法》规定国情院

---

① 한승준，「영화지원정책이 이데올로기 경향성 연구：영화진흥위원회를 중심으로」，『행정논총』2010 年第 2 期，第 309 ~ 337 页。

② 《韩国电影振兴委员会就文艺界黑名单道歉》，韩联社，2018 年 4 月 4 日，https：//cn. yna. co. kr/view/ACK20180404003000881？section = search。

所有人员禁止参与政治活动，禁止滥用权力，① 但是作为秘密的情报组织，国情院直接对总统负责，很难受到公共监督，可以暗中监视个人并向其秘密施压。李明博政府时期，国情院主导成立"应对左翼艺人小组"黑名单，包括韩国作家赵廷来、导演李沧东、喜剧演员兼主持人金美花、歌手尹道贤等82名文艺界人士。受青瓦台指示，国情院自2009～2011年向上榜人士全方位施压，让他们退出节目。② 2015～2016年朴槿惠政府推进的"韩法交流年"相关活动中，联名发表时局宣言的9473名文艺界人士被列入黑名单，青瓦台指示推进相关文艺活动和项目时适用黑名单，情报部门也介入执行环节，并就此进行伺察。"文艺界黑名单真相调查及制度改善委员会"认为，鉴于"韩法交流年"活动规模较大，且多数活动在国外举行，尚未暴露的对民监察、审查、排斥事例应该不少。③

国税厅隶属于韩国企划财政部，负责国税的征收、减免以及催缴等工作。国税厅可以对经纪公司、电影投资公司、电影发行公司等进行税务调查，以此妨碍公司的正常运营，间接向个人施加压力。李明博政府为了迫使黑名单中的文艺界人士退出节目，对其所属的经纪公司开展税务调查。④

（三）社会层面：发挥执政阵营的推动作用

出于对电影的认同和肯定，韩国总统会公开观看一些符合自己意识形态主张的电影。进步政权的三位领导人都亲自前往电影院观看民主化运动事件改编电影，卢武铉和金大中在2007年观看了《华丽的假期》，⑤ 文在寅在2017年8月和2018年1月先后观看了《出租车司机》和《1987》。⑥ 保守

---

① 『국가정보원법』，법제처，2014-12-30，http：//www.law.go.kr/lsInfoP.do? lsiSeq = 166251 &efYd = 20141230#0000.

② 《韩情报机构检举李明博政府文艺界黑名单》，韩联社，2017年9月14日，https：// cn.yna.co.kr/view/ACK20170914002700881? section = search。

③ 《朴槿惠政府文艺界黑名单首次曝光》，韩联社，2018年4月10日，https：//cn.yna.co.kr/ view/ACK20180410002200881? section = search。

④ 《韩情报机构检举李明博政府文艺界黑名单》，韩联社，2017年9月14日，https：// cn.yna.co.kr/view/ACK20170914002700881? section = search。

⑤ 《用电影包扎光州的伤口》，《东方早报》2013年5月5日，http：//culture.ifeng.com/ gundong/detail_ 2013_ 05/05/24945169_ 0.shtml。

⑥ 《文在寅与〈出租车司机〉片中原型遗孀共同观影》，韩联社，2017年8月13日，https：//cn.yna.co.kr/view/ACK20170813001800881；《韩国票房：民运题材新片〈1987〉首登顶》，韩联社，2018年1月9日，https：//cn.yna.co.kr/view/ACK20180109001100881。

政权时期，朴槿惠在 2015 年 1 月与曾被派往德国的矿工、护士及离散家属一同观看了《国际市场》，在 2016 年 8 月观看了《仁川登陆作战》。①

作为国家元首，韩国总统象征和代表着整个国家，其公众影响力不言而喻。因此，总统公开观看电影会具有显著的推动作用，能够号召观众去观看相关电影，扩大电影的社会影响。以上文提及的电影为例，《华丽的假期》的观影人次达到 730 万人以上，居韩国 2007 年全部电影观影人次第三位。《出租车司机》和《1987》的观影人次分别超过 1200 万人和 720 万人。《国际市场》的观影人次达到 1400 万人以上，占据着韩国电影历来观影人次第四名的位置。《仁川登陆作战》的观影人次约 705 万人，是保守政权时期朝鲜战争题材电影中观影人次最高的一部。

五　结语

本文的意图不在于论证"政治决定艺术"或者"艺术附庸于政治"等观点，而在于探讨韩国现代题材电影为何会在进步政权时期和保守政权时期出现显著的变化。2017 年 5 月 10 日，共同民主党总统候选人文在寅当选韩国第 19 届总统，韩国再次进入进步政权时期。目前，文在寅政府执政已经超过 3 年，韩国现代题材电影呈现与金大中—卢武铉进步政权时期相同的特点。这些变化产生的根源在于进步政权和保守政权之间存在诸多意识形态主张的对立。两种政权在意识形态主张上的对立是由于进步阵营和保守阵营的形成，溯其根本是"冷战"期间朝鲜半岛分裂的特定历史产物。倘若朝鲜半岛的统一无法实现，今后韩国现代题材电影仍会受到政权更迭的影响。

---

① 《CJ 集团被爆为迎合朴槿惠喜好制作〈国际市场〉等大片》，韩联社，2017 年 1 月 16 日，https：//cn. yna. co. kr/view/ACK20170116001100881？section = search。

Affect of Regime Change on Korean Modern Themes Films
—Take Three Types of Modern Themes Films Released from 1998 to 2017 as Examples

He Hongfei, *Zhan Debin*

Abstract   The ROK's regime has changed every decade between the progressive camp and the conservative camp since 1997. With the change of the regime, the Korean war, the authoritarian government/the democratization movement and the North-South relations three types of modern theme films released in ROK show different characteristics, which are manifested in the number of films, narrative content and social repercussions. The root cause of these differences is that the progressive and conservative regimes have totally opposing attitudes towards democratic history and policies towards DPRK. The two regimes exert influence on ROK's modern theme films by adjusting the funding of Korean Film Council, exerting administrative power to put pressure on individuals and playing the driving role of the ruling camp.

Keywords   ROK; The Regime; Modern Theme Films; Progress; Conservative

复旦大学《韩国研究论丛》征稿启事

《韩国研究论丛》为复旦大学韩国研究中心主办的学术集刊，创刊于1995年，一直秉承"前沿、首创、权威"的宗旨，致力于朝鲜半岛问题研究，发表文章涉及朝鲜半岛问题研究的各个领域。

2005年，《韩国研究论丛》入选CSSCI首届来源集刊，2014年再次入选CSSCI来源集刊，并进入全国邮政发行系统。

《韩国研究论丛》用稿涵盖朝鲜半岛问题各研究领域，设置三个专题栏目：（一）政治、外交与安全；（二）历史、哲学与文化；（三）社会、经济与管理。

投稿时请注意学术规范。

（一）原创性论文。本刊论文出版前均经学术不端检测，有条件者请自行检测后投稿。同时，在本刊发表之前，不得在其他出版物上（含内刊）刊出。

（二）文章格式严格遵循学术规范要求，如中英文标题、摘要（200字以内）和关键词及作者简介（姓名、籍贯、工作单位、职务及职称、研究领域）；基金项目论文，请注明下达单位、项目名称及项目编号等。

（三）论文一般不超过10000字。

（四）稿件均为Microsoft office word文档（不接受其他格式文档），注释采用脚注形式，每页重新编号，注释序号放在标点符号之后。因需要分发审阅，不再接受纸质版论文。所引文献需有完整出处，如作者、题名、出版单位及出版年份、卷期、页码等。网络文献请注明完整网址。

（五）《韩国研究论丛》编辑部根据编辑工作的需要，可能对来稿文字做一定删改，不同意删改者请在投稿时注明。

（六）编辑部信箱：cks@ fudan. edu. cn，电话：021 - 65643484。

本刊将继承和发扬创刊以来形成的风格，注重学术性、前沿性、创新性、时代性，依托复旦大学，面向世界，努力反映当前最新研究成果。欢迎国内外同行不吝赐稿。

《韩国研究论丛》编辑部
复旦大学韩国研究中心

图书在版编目（CIP）数据

韩国研究论丛．总第四十一辑，2021年．第一辑／
复旦大学韩国研究中心编．－－北京：社会科学文献出版
社，2021.11
（复旦大学韩国研究丛书）
ISBN 978 - 7 - 5201 - 9138 - 8

Ⅰ．①韩…　Ⅱ．①复…　Ⅲ．①韩国 - 研究 - 文集
Ⅳ．①K312.607 - 53

中国版本图书馆 CIP 数据核字（2021）第 203171 号

· **复旦大学韩国研究丛书** ·

韩国研究论丛　总第四十一辑（2021 年第一辑）

编　　者／复旦大学韩国研究中心

出 版 人／王利民
组稿编辑／高明秀
责任编辑／许玉燕
责任印制／王京美

出　　版／社会科学文献出版社·国别区域分社（010）59367078
　　　　　地址：北京市北三环中路甲29号院华龙大厦　邮编：100029
　　　　　网址：www. ssap. com. cn
发　　行／市场营销中心（010）59367081　59367083
印　　装／三河市尚艺印装有限公司

规　　格／开　本：787mm × 1092mm　1/16
　　　　　印　张：18.5　字　数：306 千字
版　　次／2021 年 11 月第 1 版　2021 年 11 月第 1 次印刷
书　　号／ISBN 978 - 7 - 5201 - 9138 - 8
定　　价／98.00 元

本书如有印装质量问题，请与读者服务中心（010 - 59367028）联系